U0022330

臺灣 地方政府

李台京 著

三民書局

Politics

國家圖書館出版品預行編目資料

臺灣地方政府 / 李台京著.－－初版一刷.－－臺北
市：三民，2008
　　面；　公分
　　參考書目:面
　　ISBN 978-957-14-5090-2　（平裝）

　　1.地方政府 2.臺灣

575.33　　　　　　　　　　　　　　97016549

© 臺 灣 地 方 政 府

著 作 人	李台京
責任編輯	周明怡
美術設計	謝岱均
發 行 人	劉振強
著作財產權人	三民書局股份有限公司
發 行 所	三民書局股份有限公司
	地址　臺北市復興北路386號
	電話　(02)25006600
	郵撥帳號　0009998-5
門 市 部	（復北店）臺北市復興北路386號
	（重南店）臺北市重慶南路一段61號
出版日期	初版一刷　2008年9月
編　　號	S 571350

行政院新聞局登記證局版臺業字第○二○○號

有著作權‧不准侵害

ISBN　978-957-14-5090-2　（平裝）

http://www.sanmin.com.tw　三民網路書店

※本書如有缺頁、破損或裝訂錯誤，請寄回本公司更換。

自 序

　　時代演進，地方政府的意義與價值愈趨重要。政治上，地方政府逐漸承擔較大的公共責任，也實際運用了更多的公共資源。同時，地方政府也遭遇更大的壓力及挑戰。不論是先進或民主轉型的國家，地方政府的結構功能、政策及行政能力、跨域治理、績效管理等都是內政改革的目標。生活上，居民對地方政府公共服務的類型及品質要求也是與日俱增。近年來，有關地方政府的課程教學及個別專題研究數量的成長，證明它在學術上也已蔚為顯學。

　　四年多前，本人因緣際會接受三民書局邀約撰寫本書，作為大學及研究所用書。原應依約於兩年前完成，但是寫作期間卻經歷相當多的困惑與苦惱。一方面要將角色擴張、事務繁雜的地方政府濃縮於文字篇幅有限的結構中，實屬不易。另一方面，真正延遲進度的原因是許多國家地方制度變動頗多，我國地方自治法規與現況也不斷修改。因此，筆者曾經兩次大幅修改大綱與內容。

　　最後決定了撰稿三原則：第一、結合理論與實務；第二、重視世界趨勢與本土經驗；第三、提供讀者深度學習的參考資訊。本書主體章節的結構與內容兼顧法制規範及行為分析，也重視國外例證及本土發展。本書的方法論、參考書目及附錄，可以提供讀者發展深度學習。

　　寫作期間，本人得到許多關懷、期許與鼓勵。尤其對三民書局不吝時間耗費與耐心等待，以及編輯部的協助與辛勞，筆者深為感動並致感激之意。當代地方政府的領域及相關知識的研討仍在發展之中，內容錯誤或疏失難以避免，尚祈先進與讀者不吝指教。

李台京

2008 年 9 月

新竹市中華大學

臺灣 地方政府

目　次

第二篇　法規與組織

第三篇　政治過程與公共政策

第四篇　趨勢與展望

表 次

圖　次

前 言

　　地方政府自古有之，地方自治是現代國家憲政主義和民主化的產物。第二次世界大戰之後，臺灣地方政府經過主權移轉（1945 至 1947年）、戒嚴時期（1949 至 1987 年）、修憲及地方自治法制化（1987 至 1999 年）等三次政治變遷。《地方制度法》實施以來，地方政府行動能力增強了。但是，地方公共事務的領域擴大，公共服務的質量要求也提升了，這些壓力將考驗地方政府政策規劃與執行的能力。

　　1990 年以來，如何強化地方政府的角色與能力已經成為各國政府的關注焦點。例如：波蘭、捷克等民主轉型的國家，地方政府已實施地方自治。南韓、印度的政治民主化也延伸到地方層級。英國、美國、澳洲、紐西蘭等國的新政府運動，推行地方績效管理。日本在 1995 至 1999 年間推動地方分權的政治改革；2007 年的「平成大合併」將全國 3100 個市、町、村（類似臺灣鄉、鎮、縣轄市）減為 1807 個。丹麥地方政府不但推行績效管理政策，2006 年更將全國 13 郡改為 5 區，271 市減為 98 市，並於 2007 年 1 月正式運作。

　　本書內容以當代臺灣地方政府的法制與運作分析為主，以歷史脈絡和時代趨勢說明為輔。從國際視野觀察臺灣的地方自治，地方政府仍然在民主鞏固與民主深化的過程中發展。現階段，地方公共政策除一般事務之外，還要研擬組織最適化、跨域治理、永續發展等新的政策議題。

　　各章本文的註釋以「括弧註」為主，以頁腳註 (footnotes) 為輔。括弧註可瞭解資料來源，頁腳註用以補充或詳述正文的內容。內文使用的表、圖依各章先後順序排列。例如：表 2-1 為第二章第一個表格；圖 4-2 為第四章第二個圖示。

第一篇

學科與系絡

第一章 ▶ 緒 論

　　地方自治政府 (local self-government) 在歐美民主國家稱地方政府。除了美國、瑞典、挪威等國對地方自治的起源採取「居民先於國家」(住民自決) 的解釋之外，現代國家都以建國 (nation-building) 的法制規範地方制度。

　　我國以憲政法規 (《憲法》暨增修條文、《地方制度法》) 賦予地方自治團體「公法人」地位，並以憲政制度保障地方自治。地方自治團體依據「議會／強勢市長制」的分權制衡原理，建立權力分立 (或稱權力二元) 制的地方權威。地方公共政策的過程，結合了地方選舉、政策辯論、公民參與、決策執行等民主程序。

　　本書第一篇 (第一至四章) 將介紹地方自治的歷史脈絡、理論與研究方法，以及各國地方制度概要。第二篇 (第五至九章) 介紹我國地方自治的法制規範與結構功能。第三篇 (第十至十二章) 介紹地方自治的政治過程及公共政策。第四篇 (第十三至十五章) 介紹地方自治的最新趨勢與展望。

🖊 第一節　世界觀察

　　十九世紀歐美的憲政主義及政治發展，建立了現代民主的地方制度。從發展脈絡來看，構成地方自治政府的必要條件是：憲政民主與市民社會的公民參與。以下分別簡述英國、美國、法國、中國、臺灣等地史例：

　　一、英國的民主始於 1689 年的「光榮革命」。1830 至 1860 年間的國會改革建立了代議政府的民主制度。英國地方自治就在那個時期

開始發展。曼徹斯特 (Manchester)、須菲爾德 (Sheffield)、利物浦 (Liverpool) 等城市最先發生市民請願爭取地方自治。1835 年國會通過《市議會法》(The Municipal Corporation Act)，准許一百七十八個城鎮由繳稅公民選舉市議員，以組成議會制政府。當時，「特許市」(charted city) 的地位僅限於部分城鎮，直到 1885 年國會通過《地方自治法案》(Local Self-government Act) 全國才普遍施行。丹麥、挪威、瑞典等北歐國家大約也在同一時期實施議會政府（又稱權力一元制）的地方自治。如果以英國作為地方自治的源頭，迄今已有一百五十年。

　　二、美國雖然有「社會先於國家」的移民史實，然地方政府的法治規範仍以憲政法規為主。1639 年的《康乃狄格基本法規》(The Fundamental Orders of Connecticut, January 14, 1639) 是英國清教徒移民者以社會契約說理念擬定城鎮規章，並且就地選舉任期制的行政官員和代表以處理全體事務的美國文獻。❶ 托克威爾 (Alexis de Tocqueville) 觀察美國民主具有「城鎮的草根民主先於郡、州」，最後才是國家的傳統 (Tocqueville，2005: chap. 5)。因為美國制憲以十三州為成員，1789 年美國憲法反映的憲法規範就是聯邦政府與州的關係。憲法未規定屬於聯邦政府的權力（又稱剩餘權）全部屬於州。所以，美國地方政府的法規由各州政府制訂。

　　1868 年愛荷華州法官狄倫 (John F. Dillon) 審理州和地方政府的訴訟案裁定州勝訴。判決書中，他以兩者關係猶如母子說明地方政府是州的創造物。該判例不僅是「法官造法」的例證，「狄倫法則」(Dillon's Rule)❷ 也成為美國地方政府的規範之一。

---

❶　康乃狄格基本法規之中文譯文，參見摩禮斯 (Richard B. Morris) 編選，楊宗翰譯，《美國歷史文獻》(*Basic Documents in American History*)（香港：今日世界社，1964），頁 4–6。英文原文參見 http://www.constitution.org/bcp/fo_1639.htm。

　　三、法國 1789 年爆發大革命。當時人民在公社／城鎮 (commune) 試行自治。十九世紀地方自治法制化以後，建立「由民選市議會選舉市長，並接受內政部監督」的地方制度。該制度成為 1808 年普魯士史坦因男爵 (Lord Lorenz von Stein) 制定《都市法》的參考模式。之後，奧地利也採用此一模式。

　　四、中國在清末民初雖然有地方制度現代化的想法，但因政局不安，制度未定。1920 年 3 月 1 日孫中山先生在〈地方自治開始實行法〉中，提出「清戶口、立機關、定地價、修道路、墾荒地、設學校」六事試辦的構想，顯示現代化初期的困境與地方自治的需求。❸

　　五、臺灣在 1895 年被清朝以馬關條約割讓予日本。1898 年日本因「自由民權運動」（1882 至 1886 年）和明治維新的影響，實施「府縣制」。臺灣雖然在 1920 至 1930 年代發生「議會請願運動」和「地方自治聯盟運動」等自治運動，卻遭殖民政府的鎮壓。1945 年臺灣光復，省政府在 1950 年頒布《地方自治綱要》推行地方自治。當時威權體制授予的自治權雖然有限，卻也奠定地方選舉定期化、地方自治機關現代化的基礎。1990 年代的憲政改革，則落實憲法保障地方自治的意義與精神。

---

❷　Dillon's Commentaries on the Law of Municipal Corporations，參見 Clay Wirt, "Dillon's Rule," *Virginia Town & City*, August 1989, vol. 24, no. 8, pp. 12–15.

❸　羅志淵認為近代中國第一份地方自治文件是 1908 年（清光緒 34 年）「城鎮鄉地方自治章程」。參見羅志淵，《地方自治理論體系》（臺北市：商務，1960），頁 57。1912 年後，孫中山先生倡導民權主義與地方自治，對國人有啟發性的影響。地方自治開始實行法內容參見中國國民黨中央委員會編訂，《國父全集》(1–6 冊)（臺北市：編者印，1973）第 2 冊，頁 169–174。

🖊 第二節　當前趨勢

　　落實地方民主體制、提升地方治理能力已經是世界的主流價值。因為它能夠經由民主公共參與的過程，增強地方政府的職能，提升資源使用的能力，改善人民生活品質，並且強化國家的總體競爭力。

　　先進國家的地方政府早已具備法治化、民主化，以及自治習慣化的優勢。近二十年來，如何落實地方分權、發展跨域治理、提升績效管理是新的挑戰。例如：紐西蘭地方政府從 1989 年開始推動績效計畫。日本 1995 年施行《地方分權一括法》，1999 年 7 月國會以「包裹立法」一次通過四百七十五個相關法律的配套修正案，以落實地方分權的政策。❹2004 年英國地方政府協會也提出「未來是地方」(the future is local) 的策略管理計畫。

　　波蘭、捷克、俄羅斯、南非、阿根廷、韓國、印尼、菲律賓、墨西哥、印度等民主轉型的國家，在 1990 年代以修憲或修法的方式，推行全國性或區域性地方自治政府的運作規範。至於阿富汗、科索夫、伊拉克等處於內戰、貧困或非常狀態國家的地方政府則陷於困境。

　　提升人類住區的生活水準是聯合國二十一世紀的願景。1996 年聯合國人類住區規劃署 (The United Nations Human Settlements Programme) 發表「伊斯坦堡宣言」(Istanbul Declaration on Human Settlements of 1996)，呼籲各國中央政府要下放權力、推行地方分權，

---

❹　該法案名為《地方分權推進相關法律整備法律》(簡稱《地方分權一括法》)，係由 1995 年 7 月總理府成立的「地方分權推進委員會」經過五年通盤檢討和整理所提出的報告為藍本，經法定程序完成立法。參見內政部民政司羅瑞卿科長公務出國報告〈日本地方分權及市町村合併推動情形考察報告〉(2005.11)，頁 10。

並且將地方視為夥伴關係,才能有效解決人民居住環境與生活的問題。之後,該規劃署持續以許多專案計畫,提醒地方自治政府承擔較大公共責任之時,也應該建立「透明度、回應性、負責任」的運作能力。為了實現聯合國新世紀的願景,人類住區規劃署參考《地方自治政府歐洲憲章》(European Charter of Local Self-Government) (1985) 擬定《地方自治政府世界憲章草案》(*A Draft of World Charter of Local Self-government*),並於 2001 年排入聯合國大會年會議程。雖然聯合國大會尚未通過該憲章,地方自治是國家內政事務,國際性的倡導仍有時代性的影響力。

第三節 學科領域

　　地方政府是政治學門的分支,二十世紀中葉成為一個獨立的學科。地方政府與地方自治原是兩個不同的概念。從地方政府發展到地方自治,是一個長期、複雜的政治民主化歷程。

　　地方政府是政府組織的概念,以機關的層級、結構功能與統治職能為主要內容。地方自治則是民主政治過程的概念,以法治、自治權利、自由選舉、公民參與的過程為內容。對於從威權統治轉型到政治民主的國家而言,地方自治政府一詞具有重視民主或顯示民主轉型的特殊意義。但是對於歐、美民主國家而言,地方政府與地方自治政府二詞並無區別。

　　地方政府一詞,在層級的語意上還有兩種意思。廣義指中央政府(或聯邦政府)之下所有的「次級政府」❺ 都是地方政府。狹義僅指

---

❺　次級政府 (sub-government) 是「類概念」。一個國家只有一個中央(或聯邦)政府,卻有許多地方政府。那些在國家之下者都稱為次級政府。直轄市、縣(市)政府為次級政府的層級區分。

直轄市、縣（市）政府，及所屬鄉（鎮、市）直接和人民日常生活發生關係的地方政府。當代出版的百科全書、專書、期刊論文所稱的地方政府，是以狹義的都會、縣、市、鄉鎮政府的體制與運作為主。臺灣在 1998 年精省之後，《地方制度法》規範的是直轄市、縣（市）政府為主的制度與運作。本書在此採用狹義的定義。

介於中央和地方之間的區域政府各國名稱不同：美國、澳洲稱州 (state)，中國稱省 (province)，德國稱邦 (länder)，法國稱區 (region)。其議會稱 state congress，行政首長稱州長或省長 (governor)。

地方政府的學術領域已經從地方機構 (local institutions) 的制度研究，擴展到地方治理 (local governance) 的發展。因此，從傳統的組織結構與功能分析，到經濟建設、財政、交通、教育、公共衛生、警政、社會（含福利）、景觀建築、環保、文化觀光休閒、府際關係（或稱跨域管理）的政策規劃與執行，再到績效評估等公共事務都屬之。所以，當代地方自治政府研究已經從傳統法制，發展成政府及民間互動與整合的領域。

近二十年來，地方政府的改革與績效管理蔚為全球性運動，相關理論與實務新趨勢具有參考價值。在全球化民主化的影響下，我們需要引用歐美民主先進國家的理論或模型來詮釋本土經驗。

🖊 第四節　網路資訊

今日，越來越多的地方政府致力於地方行銷與溝通。國內可用的網路資料庫列舉如下：各直轄市、縣（市）電子化政府網站提供自治法規、組織結構、地方財政、行政統計、政策資訊等內容。中央政府機關的網路資訊：行政院法務部全國法規資料庫工作小組建置及維護的「全國法規資料庫」。行政院內政部網站公布之內政統計及行政資訊

(http://www.moi.gov.tw/)。行政院研考會地方發展處設置：地方績效管理、府際合作、跨域治理、永續經營等專題網站 (http://www.foryou.nat.gov.tw/default.htm)。考試院考選部歷年考試題庫，一般行政，普通行政科目中有地方自治考試試題 (http://www.moex.gov.tw/)。財政部國庫署業務概況項目中有地方財政部分的資訊 (http://www.nta.gov.tw/ch/08work/inf_a01_list02.asp?data_id=58)。學術機構除了論文發表之外，也有「國立臺灣大學地方與區域治理研究資料庫」（趙永茂教授主持）(http://gov.soc.edu.tw/)。國立政治大學社科所也有「高永光教授地方政治研究資料庫」(http://www3.nccu.edu.tw/~ykkao/news.htm)。

2008 年中，Google 英文 local government 的搜尋已有 76,500,000 網站。全球網路中臺灣地區的網路語言是繁體中文和英文，英文的關鍵字是 local government 或 local self-government。其他相關字如法國稱地方政府為 commune，美國地方政府有 municipality, city, town, borough, school district，或 special district。英國有 borough, district, parish, town。日本網站的都道府縣英譯 prefecture，市村町英譯 municipality, city, town。澳洲、紐西蘭稱 municipality, city, district, town。地方議會英文稱 council，議員通稱 councilors，男性議員為 councilman、女性議員為 councilwoman。縣市長稱 mayor，美國市經理稱 city manager，英美市政府另有行政長（香港譯為行政長官）稱 city administrator 或 chief administrator officer。我國區公所的區長（區行政長）英文譯為 chief administrator。

🖊 第五節　相關詞彙

詞彙上，地方政府、地方制度 (local institutions) 是傳統用語。中

國古代，將法與制度合用，簡稱法制。《中華民國憲法》第十一章地方制度，以及增修條文第九條第十二項的條文都使用「地方制度」名稱。我國使用「地方制度」一詞具有語用的功能和尊重憲法系絡的意義。

地方自治政府一詞源自清末對 local self-government 的翻譯。地方當局 (local authority) 是聯合國專門機構使用的名詞；它指擁有法定權威的地方機關。地方自治團體則是我國《地方制度法》中的用語。

第二章 ▶ 方法論

方法論引導我們用系統化與規則化的方法，去描述、解釋或預測所要研究的主題。經由不同的方法，我們可以豐富知識的內容。地方政府方法論是引用社會科學方法論的研究方法、研究途徑、理論及模型。上述概念是理解本章各節內容的基礎；因此，我們需要先簡介其涵義。

「研究方法」是資料蒐集的方式；研究者對於現象觀察與分析的基本方式不同，資料蒐集的方式就有差別。「研究途徑」可以幫助研究者選定核心主題的內容。「理論」是對於同一類現象發生的原因或導致的結果，進行描述、解釋或預測的一般性陳述。「模型」則是簡化理論或分析架構的圖像。

本章將介紹國內學術研究最常使用的質化、量化、歷史、比較等四種研究方法，制度、政策、理性選擇、行為分析等四種研究途徑，以及重要的理論與模型。除此之外，當代歐美流行的公共管理、地方治理，或當代新理論也有簡要的說明。

第一節 研究方法

壹、質化研究法

質化研究法 (qualitative methods) 用於探索主觀經驗與意義的研究。地方政府與自治的質化研究主要有兩種研究法。一種是政治學規範理論的論述，另一種是人類學、社會學使用的田野記錄 (field notes)、深度訪談研究法。第一種質化研究可以應用在民主轉型的政治變遷，

審議式民主的公共參與；第二種可以應用在個案的專題研究。

規範理論為價值論述。地方自治的本質是民主的命題，地方政府又是國家的次級體系，所以，民主理論的深化與運用就是地方政府與自治。當代還流行社群主義、審議式民主的落實。雖然地方實務的論述與個案研究會有「實然」的落差，可是規範理論的「應然」價值仍有目標取向的功能。

田野記錄、深度訪談是研究者經由參與觀察「環境與居民活動」的研究與記載 (Marsh & Stoker, 1998: 188-189)。經由歸納、分類、特徵研究，學者也可以進行抽象的意義和價值的分析。基本上，田野記錄是研究者融入所要觀察之環境、人物與事件的記載；因此，它具有原始資料 (raw data) 的意義。聚落、社區的田野記錄是研究地方社會與地方自治的基礎資料。例如：2005 年公共電視臺的紀錄片「無米樂」是對臺南農村社區的直接觀察及訪談。

深度訪談是訪談者選擇重要或具代表性的被訪者（行政首長、議員、官員、一般民眾、意見領袖或運動領導者），經由訪談引導 (interview guide)、開放式問題 (open-ended questions)、非正式探測 (informal probing) 等談話，可以發現行動者的價值、態度、行為意義等內容的規律性或變異性。政策研究需要對重要（或一般）利害關係人進行深度訪談，它可以自成研究分析的內容，也可以和其他分析架構結合成為一個綜合解釋的內容。這種研究方法的缺點是個別觀察、印象性記載、無法重複觀察、研究結果可以從個案作為推論的基礎，但是不易通則化。

貳、量化研究法

量化研究法重視以科學分析的因果律為基礎，經由變項設計（單一變項、雙變項、多變項）與數量計算，解釋因素之間的關連性，並

作為通則化及重複驗證的基礎。量化研究可以說明何時 (when) 與什麼 (what) 的參考，卻難以說明為什麼 (why) 的動機和意義 (Marsh & Stoker, 1998: 229)。

量化研究使用最多的是民意調查、政府統計資料分析。民意調查採取某一時空環境下，經由問卷設計，測量人們對某些人或事的想法與態度。樣本和母體的代表性、環境脈絡的差異性、問卷設計的技術、量表製作等技術是學習的重點。政府統計資料分析則是以政府統計為母體所作的研究分析。

國內常見的量化研究集中在地方選舉分析、施政滿意度調查、民意調查、績效評估、地方財政分析，以及交通、環保、社會福利等地方政策的民意調查。它的優點是時間短、可量化、可抽樣訪談、可以再檢證，也可以和田野記錄法、深度訪談法配合使用；缺點是民意調查的信度或效度不易掌握。另外，根據各級政府統計資料所作的敘述統計分析，或是資料庫及運算軟體的使用，在公共組織、人口與社會政策、教育、財政、環保等方面的研究，具有實用性的價值。

參、歷史研究法

歷史研究用於描述或解釋已經發生的事蹟。有的主題是上一世紀或更久遠的史實，有的則是最近幾年的活動。地方政府的歷史研究以制度史為主，地方經濟、地方社會或文化活動是新興的內容。國家圖書館、故宮博物院、中央研究院、臺灣大學圖書館近年來將部分臺灣地方史料建立數位檔案。另外，近期許多臺灣史專書、期刊論文、學位論文也發表許多地方研究的主題和成果。

書目閱讀也是重要的研究方法。透過各圖書館的書目或本書的參考書目與附錄，可得知目前已有的研究主題、受重視的理論、研究途徑以及分布概況。此外，書目閱讀也有認知引導、興趣提升，或研究

主題發展的功能。

肆、比較研究法

　　比較研究是政治研究的主要方法。它有分類歸納、區分異同，或者顯示優劣的功能。學術研究常用它作為事理解釋或經驗檢證的基礎。比較分析的設計 (comparative analysis) 可以聚焦在跨國比較、國內比較，或不同時期的比較。

　　近二十年來，地方政府比較研究不論質與量上都有顯著的成果。跨國比較研究有區域性的分析，例如：歐洲聯盟已出版系列性歐洲地方政府比較研究的專題報告或論文。英國也有貝利 (Richard Batley) 和史脫克 (Gerry Stoker) 等人 (1991) 比較歐洲地方政府的發展趨勢和特徵。聯合國亞洲及太平洋經濟暨社會理事會 1999 年出版《亞太地區的地方政府——十五國比較分析》。聯合國人類住區規劃署 2002 年公布世界二十八國地方政府比較研究。拉丁美洲也有各國地方政府比較研究專書。另外，有學者以個人或合作方式進行專題（如公共選擇理論、民主化和公共參與、領導模式、環境政策、城市治理等）。

　　一國之內的比較研究也很普遍。例如：《遠見雜誌》的二十五縣市競爭力調查（2004 年迄今），採用分類指標進行比較分析。趙永茂〈臺灣地方菁英民主價值取向的調查結果比較分析〉(1993、2001)，發現縣市、鄉鎮市民選議員、代表的教育程度，平等、程序民主等民主價值取向，出現退步訊號。民主轉型期間地方自治如何落實，民主鞏固如何從基層紮根的挑戰，值得深思與改進（趙永茂，2004）。

　　但是，比較研究有其困難與挑戰。第一、個別與整合的問題。如果重視「求同存異」的通則化，就會犧牲個別與細節。例如：跨國研究很難在一、兩個變項之外，找到其他條件完全相同的國家進行比較；第二、偏見的問題。如果研究者不能超越偏見，資料引用、測量與詮

釋的時候，會因價值因素而影響分析結果；第三、對於相同現象卻有不同意義的發現及處理。雖然比較研究有其難度，只要研究者注意專業倫理、強化研究設計、努力改正缺失，它仍是實用的方法。

第二節　研究途徑

不同的研究途徑 (approaches) 意指「探討的核心主題、基本假定，以及取得證據的合理方式」不同。本節介紹制度研究途徑、政策分析途徑、理性選擇途徑、行為分析途徑等四種。本書第二篇為制度研究途徑之實務，第三、四篇為其他三種研究途徑的運用。

壹、制度研究途徑

制度研究途徑以地方自治的法源及正式組織作為核心主題。相關的子題為：憲政法規及自治法規、公共行政、新制度主義。

一、憲政法規（憲法與解釋文、地方制度法、其他法律與規則）及自治法規（含自治條例、自治規則、自律規則、委辦規則）是地方政府的法源。某些國家的族群或地區享有特別法的待遇，例如：加拿大的魁北克省，美國印地安保留區，澳洲原住民自治區享有某些特權。

二、公共行政規範分析地方機關的結構與功能，地方人事行政，以及組織運作等事宜。例如：1999 至 2007 年間關於縣市議會與縣市政府之間的府會關係或一致政府／分立政府的互動研究的期刊論文、碩士論文超過四十篇（詳見附錄）。此外，整體或個別地方機關的運作分析、組織再造等也是熱門的主題。

三、新制度主義在 1980 年以來頗受重視。它強調正式組織的功能、制度變遷的可能與限制，以及制度中的角色與行為分析 (Kettl, 1993: 416)。角色分析又有全體論和原子論兩種模式。全體論著重結構性的

組織行為 (機關或單位之間的組織行為)；原子論則重視個人的認知與行為表現。

貳、政策分析途徑

1969 年伊斯頓 (David Easton) 在〈政治學的新革命〉(The New Revolution in Political Science) 一文強調公共政策的重要性之後，公共政策成為單獨的學科。公共政策分析地方政府「做什麼、如何做」的決策及政策執行。從公共管理導入公共行政與政策之後，如何減少管制、活化公共服務 (公辦民營、契約外包)、提倡公共參與、推動績效管理等，將使地方政府的角色從「管制者或服務提供者」學習轉化為「使能者」(the enabling authority)，以擴大政策運作的效能 (Batley & Stoker, 1991: 64–66)。此一分析途徑具有實用性。

地方公共政策的內容，主要是管制政策，以及公共服務。例如：縣 (市) 政府、議會組織自治條例、戶政、地政、建築、都市計畫、環境保護的主要性質是規範與管制性。至於經濟發展、公共運輸、社會服務、教育、文化觀光的目的則是提供公共服務。地方政府的政策規劃與執行，必須審度時勢及施政能力。

地方公共政策的期刊論文及學位論文快速發展(詳見附錄)。例如：近年來期刊論文的主題從法制層面擴大到地方經濟事務、地方醫療體系等。另外，國家圖書館全國博碩士論文資料庫 1999 至 2007 年間關於地方公共政策 (及其相關子題) 的學位論文也明顯增加。此一現象不但顯示此研究領域的重要性，也反映出公共事務的多樣性、延展性。

參、理性選擇途徑

理性選擇是英美學者偏好的政治理論，也是研究途徑。理性選擇的基本假設是自利、追求利潤最大化，以及權衡利害的判斷和選擇。

理性分析也重視競爭或互賴的情境、可運用的行動工具，或是偏好排序的選擇。

1980 年代以來流行的公共選擇理論屬於此一範疇。它運用經濟理性主義的行為假設處理公共事務的問題。公部門的供給與需要之間，可以驗證「替代方案」或由消費者選擇較佳的公共服務方案。例如：公辦公營、公辦民營、使用者付費、限制供給量、資格限定等公共選擇的可能性。

肆、行為分析途徑

政治行為分析始於 1930 年代「芝加哥學派」。它源於實證主義，強調「可觀察的行為與經驗證據」才是政治分析的焦點，並以「行為解釋可以檢測、再驗證」的經驗研究為主。行為分析法同時輔以測量、統計方法，以建立通則和理論架構。最初，實證研究較不涉及假設上的爭論或理論化過程。通則建立之後，就開始運作概念化、假設、通則、理論架構的驗證過程。實證研究非常重視研究的地點、時間、對象、主題、預期發現，因此行為分析常以專題分析的形式出現。

投票、公共參與（政治冷漠、效能感）、公民不服從、社會認同、組織行為等，是經常被觀察與分析的現象。這種研究途徑的優點是可以複製「如果 A 則 B」的因果分析。但是，可觀察與可檢測的行為忽視利益、動機的隱性因素。當然，研究者經驗分析的能力與經驗，以及地方環境（例如：城鄉差異）對於行為分析的接受度，也會影響此一研究途徑的效果。

1990 年代以來的後行為主義分析重視理論和觀察的關聯性，也加強經驗檢測的複雜性及嚴謹度。此外，對總體和個體政治行為的陳述和觀察，也重視分辨與檢測的區別。

🖊 第三節　理　論

　　理論（含分析架構或模型）是學者精心研究提出的系統化論述。理論具有描述與解釋現象、指導學習與研究、甚至預測的功能。不同的理論有不同的觀點、概念以及論述邏輯。使用範圍大的理論可稱為一般理論；使用範圍小的理論由於主體的限制，因而只能做部分解釋使用。

　　范埃弗拉 (Stephen Van Evera) 指出理論的結構包含概念、因果律的解釋或假設 (hypothesis) 以及前提條件。「因果律」指兩種可觀察現象之間規則的概率。「假設」是研究者對兩者變項（主變項、他變項）關係有無的猜測。「前提條件」則是導致現象發生的先發情境 (Evera, 2006: 8–9)。

　　本書介紹地方自治的理論（或模型）散見於各個章節的內容之中。本節擇要介紹政治學門之中和地方制度有關之國家體制、地方權威的類型、自治權利理論、政治過程分析、區域發展等學說。

壹、國家體制

　　1880 年政治學開始成為一門獨立的學科，國家體制與地方制度亦成為政治研究的主題之一❶。國家中心論者強調國家對地方制度有根本的影響。在此分述國家體制與地方制度的基本關係如下：

一、國家體制與地方制度

　　單一國 (unitary state) 的憲法將國家視為一個完整的單位。中央政

---

❶ 1880 年美國哥倫比亞大學創設政治學院使政治學脫離歷史學、倫理學、經濟學，成為大學獨立學科。1886 年該校創刊 *Political Science Quarterly*。

府是國家機器，強勢的中央政府決定地方行政區域、層級與職能。它清楚展示層級化的權威。中國、法國、希臘、以色列、義大利、日本、盧森堡、紐西蘭、沙烏地阿拉伯、新加坡、泰國、英國、越南等一百七十多國採用單一國。

聯邦國 (federal state) 由個別分立的州、邦、省或自治區，為解決共同問題或者尋求安全及平等地位，透過協議制憲，建立聯邦國家。因此，聯邦國多屬地方分權體制。美國、加拿大、巴西、印度、德國、奧地利、阿根廷、墨西哥、奈及利亞、俄羅斯、

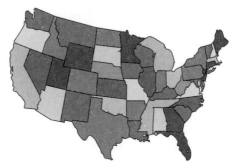

➡圖 2-1　美國為由五十州所組成的聯邦國。

瑞士、委內瑞拉、阿拉伯聯合大公國、馬來西亞、澳洲等二十餘國為聯邦國的體制。

單一國大多為中央集權，但也有例外。例如，英國 1988 年以前具有地方分權的傳統（現今績效管理的政策強化國會對地方政府的影響力）。馬來西亞雖為聯邦國，但是前總理馬哈迪在位三十餘年威權統治，1965 年禁止地方選舉，只舉辦聯邦、州的選舉。西班牙雖為單一國，國家卻特許 Catalonia 及 Basgue 兩地享有特別的自治權。

二、法律體系

法治國重視法律賦予行為者的法人資格、法定權利與義務。地方自治政府的法人屬性，在大陸法系及海洋法系國家有所不同。大陸法系以德國為代表，海洋法系以英國為代表，其法人資格與內涵分別說明如下：

大陸法系的法律有公法 (public law) 及私法 (private law) 的區別。

公法的對象是公法人，私法的對象是私法人。以德國為例，地方政府
為具備區域、居民、自治權等三種要素的公法人。雖然自治，它仍有
實現國家目的、服從國家特別監督的限制。

　　海洋法系以英國為例。英國的法人只與自然人（個人）區分，不
再作公法人、私法人的區別。海洋法系對於在法律上擁有締結契約能
力，並在訴訟法上保有財產之個體，都共同遵守普通法 (common law)
的規範，不再制定公法。普通法對法人最重要的規範是「越權行為」
(ultra vires) 的法理。法人與自然人在這個原則上有行為規範的根本區
別，自然人在法律禁止的事項之外可以做自己想做的事；而法人只能
做法律直接列舉的權限或默示授權事項，其他則屬越權。為了保障居
民或個人權益，對於地方政府的越權行為，可以由當事人提出訴訟，
或由地方團體的監察人 (statuory audit) 向法院請求判決。諾頓 (Alan
Norton) 指出英國地方政府是國會的創造物，國會立法可以打破傳統與
共識 (Batley and Stoker, 1991: 27)。因此，1980 年代柴契爾 (Margaret H.
Thatcher) 首相執政以後的地方政府因為國會立法與監督的影響，已經
從地方分權轉向中央集權。

貳、權力一元制、權力分立制的權威類型

　　詳見第三章第一節。

參、自治權利理論

　　地方政府的自治權是哪一種性質的權利？固有權利說、人民主權
說和制度保障說是三種基本的論述。不同的國家，因為歷史與國情不
同，採用不同的解釋。

　　固有權利說流行於北歐國家。其歷史解釋強調城市自治「先於」
國家建立；因此，地方自治是不可剝奪的固有權利。

人民主權說由日本學者提出，強調主權在民的重要。然而，一個國家只有一個主權，地方居民不能以主權對抗國家，否則會導致誤解或曲解主權的概念。

制度保障說源於德國的法律主權說。我國適用此說 (黃錦堂，2000: 12–13)。《中華民國憲法》有「地方制度」一章。修憲及地方自治法制化之後，司法院大法官第四九八號解釋更強調「地方自治為憲法所保障之制度。……地方自治團體設有地方行政機關及立法機關，……依法並有權責制衡之關係。中央政府或其他上級政府對地方自治團體辦理自治事項、委辦事項，依法僅得按事項之性質，為適法或適當與否之監督。地方自治團體在憲法及法律保障之範圍內，享有自主與獨立之地位，國家機關自應予以尊重。」因此，解釋我國地方自治權的理論為制度保障說。

肆、政治過程分析

政治過程的分析架構源自拉斯威爾 (Harold D. Lasswell)《政治：誰得到什麼？何時？如何得到？》(*Politics: Who Gets What, When, How*) (1936)。公共政策制定的分析模型常為菁英主義、多元主義和制度主義。菁英主義指地方事務由少數擁有權力的菁英制定政策。多元主義強調權力分化、利害關係人在地方公共事務中參與團體競爭的決策模式。這種模式較多運用於都會（城市）治理。制度主義重視地方自治團體法制面與正式組織依法運作的程序。

美國學者米爾斯 (C. W. Mills) 的《權力菁英》(*The Power Elite*) (1956) 以及 Floyd Hunter 的聲望調查法 (1953)，從城市研究指出地方事務實際上由資產階級、地方菁英所主導，地方選舉和地方政府不過是表象而已。臺灣的地方派系研究屬於此類。

多元主義（團體論）學者達爾 (Robert Dahl) 在《誰統治?》(*Who*

Governs? Democracy and Power in an American City) (1961, 2005) 分析十八世紀到 1960 年間美國康乃狄格州新哈芬市 (New Haven) 市的權力結構從寡頭壟斷到多元競爭的現象。多元主義觀察城市事務由不同利益的資產階級、工會代表、社區團體與官僚組織在多元勢力、利益競逐的過程之中，決定政策。

城市理論還有馬克斯主義 (學派)、成長機器理論、城市文化論等。莫勒奇 (Harvey Molotch) 提出以都市經濟成長為動力的「成長機器說」(1976)，摩倫可夫 (John H. Mollenkoopf)、史東 (Clarence N. Stone) 也重視以公部門為主體的「成長取向結盟」(1983) 與「政治企業家」(1987) 的概念 (陳東升，1995: 53–55)。英國的傑索普 (Bob Jessop) 提出「策略—關係取向」的研究途徑，提醒行動者選擇與行動的重要性 (王振寰，1996: 33–39)。城市理論正逐漸擴大地方自治研究的視野與解釋能力。

臺灣當代地方政治分析還常包括下列三種理論與實務 (詳見第十一章)：第一、選舉及權威結構出現縣 (市) 長及議會由同一政黨掌控的一致政府，或者分別由不同政黨掌控的分立政府現象；第二、審議式民主主張透過公民參與、公共對話的溝通途徑，提升民主理性的政策辯論與公共決策的價值 (Habermas, 2003: 318)。這種公共參與的過程，可以彌補代議制度的不足，此外，公民投票的機制更是直接民主的表現；第三、理性選擇理論 (theory of rational choice) 假設機關或個人都是理性的行為者。行為者是自利者，並且以利潤最大化為目標。但是，其他行為者也同樣行為時，就要尋求妥協與共識。

伍、區域發展

區域發展理論重視行政區域的發展規劃與管理。臺灣現有本島北部地區、中部地區、南部地區、東部地區，以及澎湖等離 (外) 島五

地區作為區域規劃及統計上的分類。學術界也已經研討廣域行政、區域政府、府際關係、跨域治理等理論的適用性。地方行政首長或地方政府也有倡導或試行的作法；但是，我國政策合法化和具體的政策內容仍未完備。所以，現階段最好以理念倡導時期視之。

第四節　當代新理論

1980 年代以來，公部門的規模 (scale)、範圍 (scope) 及方法 (methods) 已經出現瘦身、調整的變革趨勢。治理及公共管理所倡導的觀念與理論開始影響人們的認知與態度，並且改變政府某些角色與行事方式。

治理 (governance) 強調公共事務「不能也不宜」由政府所獨攬；政府需要導入市民社會的資源和協力管理的安排。1992 年聯合國教科文組織成立一個全球治理委員會 (The Commission on Global Governance)，專門研究治理的定義及相關事務。1995 年該委員會提出研究報告，陳述治理的定義如下：治理是各種個人及機構、公部門及私部門管理共同事務之諸多方式的總和，它是使相互衝突或不同的利益得以調和，並且採取聯合行動的持續過程 (Rhodes，1997: 25；李台京，2001: 3)。治理在實務運用上已有全球治理、國家治理、跨域治理、都會（城市）治理、地方治理等。地方治理重視地方政府必須和非營利組織、私部門共同發展協力夥伴關係，以處理公共問題或提升人民福祉。

目前國內已發展出許多地方治理相關的研究（江大樹，2006；呂育誠，2005，2007；李長晏，2007；紀俊臣，2006；許文傑，2003；許立一，2004；陳金哲，2006；趙永茂，2007；劉坤億，2003）。同一時期，將經濟學、管理學的某些觀念引入公共政策的新理論有：委託

代理人理論、官僚結果理論、制度選擇理論、公共選擇理論、交易成本理論 (Kettl, 1993: 416–418)。本土研究已有許多論文引用。上述理論內容簡介如次：

一、委託代理人理論 (principal-agent theory)

它將個體經濟學中「股東／經理人」的委託人／代理人關係應用於公部門的管理。公共管理可能出現不易有效控制代理人，或者履行契約承諾、績效薪酬等課責的問題 (Huges, 2006: 15–17)。但是，趨勢發展將可減少缺失、擴大效益。例如地方行政機關將某種事務（游泳池管理、垃圾回收、托兒所等）公辦民營或契約外包，就是此一理論的運用。實務上，地方機關可以參考成功的標竿案例，也可以從失敗個案檢討缺失，避免重蹈覆轍。

二、官僚結果理論 (bureaucratic outcomes theory)

官僚結果理論是 1980 年美國新右派發展的分析模型。公共行政的古典理論指出官僚體系常會抗拒改變。新政府運動推動的理念，強調選民的期待、施政的能力與績效才是重要的。官僚組織需要被改變，事實上也能夠被改變。地方選舉之後，縣市長如何運用獎勵和懲罰手段以改變公務員的行為與組織效能，將是政論檢視的項目。

然而，此一分析模型較難決定「主變項」為何。例如：獎勵和懲罰是要當成結果，還是過程？研究者如何克服「資訊不對稱」的問題？另外，組織內人事問題受政治與社會文化影響，有時不宜公開研討。所以此理論在研究上會面臨一些困難與挑戰。

三、制度選擇理論 (institutional choice theory)

制度選擇理論重視組織結構與環境之間互動的過程與結果。政務

官、公務員、利益團體等三種政治勢力的行為者在資訊不對稱的關係上，有追求「利益最大化」的理性，長期互動的結果，可能呈現某一勢力主宰或是多元均衡的狀態。

1990 年喬柏 (John E. Chobb) 和摩怡 (Terry M. Moe) 兩人研究美國地方教育改革，發現參與者的利益和政治勢力的因素，大於效率的衡量。改革時的制度選擇及政治運作，讓我們對組織的功能有不同的看法。他們發現改革時制度設計的規劃不是為了提升效能，而是反映政治利益的權力關係。規則被發現、影響與改變，反映了參與者的利益與權力關係。在這裡，效率不是指標，利害關係人的政治運作才是衡量的機制 (Chobb & Moe, 1990: 40–55)。

四、公共選擇理論 (public choice theory)

公共選擇理論與制度選擇理論關係密切。公共選擇理論強調某些公共服務的產出（例如：公共運輸、垃圾廚餘回收、老人安養、醫療、中小學教育、休閒遊憩設施、文化觀光），有公辦公營、公辦民營、公私合營、契約外包等替代方案及開放性。

五、交易成本理論 (transaction-cost theory)

交易成本理論是威廉森 (Oliver E. Williamson) (1986) 運用在公共管理的新制度主義經濟學，該理論強調公共服務要重視行政成本和交易盈虧的結果。它假定地方機關同樣以自利為行動取捨的標準，在不確定的環境中，地方機關會考慮與其他政府或民間組織發展策略合作關係，或是委外辦理，避免單獨經營不符合規模經濟的效益或虧損。因為運作過程之中行政機關會有討價還價的行為，這樣權威的服從關係就被交易成本的談判取代了。

地方政府在可以選擇作為或不作為的事務方面，交易成本是很重

要的影響因素。在府際關係、跨域治理，或者其他地方政府「得為」
的公共事務中，如何運用經濟的交易成本理論來發展組織之間的聯繫，
將是地方財政及地方公共政策的重要課題。例如：1996 年開始辦理的
宜蘭國際童玩節，2007 年（第十二屆）9 月活動結束後因交易成本因
素而停止辦理；反之，臺南市議會 1987 年決議將臺南市立醫院委託秀
傳醫院經營（1987 至 2007 年），創下「公辦民營」的成功例證。

　　此外，也有學者引介農業經濟學、農業推廣學、鄉村社會學、人
口學、社區研究、社會工作、休閒遊憩等學科應用於鄉村、社區研究
的可行性（蔡宏進，2007: 145–154）。可見，學術界對地方研究的興趣
仍在持續發展。

第三章 ▶ 各國地方政府概要

當代各國地方自治權威體系及政府類型，源自十九世紀以來歐美民主國家的地方制度。但是各國地方政府的名稱、層級、數量或結構功能卻不完全相同。本章將介紹各國現行地方自治政府的基本類型。第一節將分析地方權威體制的緣起、理論、特徵與代表者。第二節將介紹地方自治政府的七種類型，並舉例說明。第三節將介紹 1990 年以來，地方自治比較研究的趨勢和世界概況。

傳統分析，認為國體對於地方制度與自治權有決定性的影響，特別重視「大陸制／英美制，聯邦國／單一國，中央集權／地方分權」的區別（薄慶玖，2001: 19–37）。然而傳統靜態的分類忽視動態的因素，並且容易產生聯邦國優於單一國，英美制優於大陸制的誤解。例如：俄羅斯、馬來西亞雖為聯邦國，實際上實施中央集權制。澳洲、墨西哥、阿根廷也是聯邦國，但是州、省的權力及角色大於地方縣市自治政府。比較起來，單一國體的日本、南韓、臺灣的縣市地方自治，比上述國家縣市政府的職能較強。此外，美國、澳洲、加拿大的地方自治由州創立，不像德、法由憲法保障。然而，美、加等國的政治穩定，自治的歷史經驗較豐富，比起波蘭、印度、南非等國在 1990 年代憲政改革之後才開始大力推行的成效較優。所以，比較研究能夠顯示許多重要的現象。

🖊 第一節　地方權威的理論與類型

基本上，地方權威體制分為權力一元制和權力分立制兩大類別，以及七種地方政府類型（參見表 3–1）。類型的理論、特徵、優缺點，

以及主要採行國家，分別說明如後：

■⊒表 3-1　地方權威體制及七種地方政府形式

權力一元制	• 議會制 (council form) • 委員制 (commission form) • 議會／議員選市長制 (council and council-elected-mayor form) • 議會／市經理制 (council-city manager form)
權力分立制	• 議會／強勢市長制 (council-strong mayor form) • 議會／強勢市長（含行政執行長）制 (council-strong mayor and CAO form)
一元與分立混合制	議會／弱勢市長制 (council-weak mayor form)

壹、權力一元制

一、起源與發展

權力一元制始於英國。光榮革命 (1689) 建立了「國會至上」的政治原則以及「立法行政一元化」的內閣制政府。制度深化的發展，市議會 (city council) 成為地方權威的核心。約翰・穆勒 (John S. Mill) 1861 年出版的《代議政府》(*The Representative Government*) 更強化體制的理論基礎（逯扶東，2002: 467–470; McClelland, 2000: 548–551）。

1835 年的「特許市」及 1885 年《地方自治法》奠定英國以地方議會作為法定權威的制度，該制又稱為「議會集權制」。英國、瑞士、加拿大、澳洲、紐西蘭、北歐部分國家，以及美國、德國部分城市採用此制。

二、主要特徵

此制度的特徵包括：⑴市民選舉議員組織議會及委員會。議會產

生兼任行政部門決策、指揮及督導執行的主管人員；⑵議會（委員會）擁有決策權、人事權及立法權；⑶行政機關與人員對議會負責；⑷選舉是市民對議員及其能力認同與課責的方式。

三、優點及缺點

優點有：⑴立法與行政一元化。政策辯論、決策與監督行政執行的領導人員都在議會與委員會；⑵議會集權制易於訓練熟悉辯論、溝通、說服、共識、多數決的民主政治領導人才；⑶權力不易集中於個人。

缺點有：⑴議員會有政治分贓的弊端；⑵議員若缺乏共識，會有議而不決的拖延現象。

貳、權力分立制

一、起源與發展

法國政治思想家孟德斯鳩（Baron de Montesquieu）於 1748 年出版的《法意》（*The Spirit of Law*）一書中提出權力分立與制衡的理論基礎（逯扶東，2002: 239–298; McClelland, 2000: 333–391）。美國三權分立的憲法結構是第一個實踐此一政治原則的國家，運用在地方階層就是權力分立制的地方自治政府。因此，德國、法國有些學者比喻為總統制的地方版，也有人稱之為間接民主（民選議會）與直接民主（民選行政首長）的混合制。

權力分立制先由美國部分大城市採行，第二次世界大戰之後日本、中華民國、南韓、菲律賓、西德的美國占領區採行。1991 年德國統一後，更多的「邦」鼓勵縣市政府採行此制。英國倫敦市在 2000 年也採行此制。

二、主要特徵

此制度的特徵包括：(1)選民選舉或罷免議員及縣、市長，兩種選舉可同時舉行或分開辦理；(2)選民賦予議會及地方首長二元且分立的權力；(3)市長擁有行政權（強勢市長的行政權較弱勢市長完整）。議會有立法權、預算審查權、質詢權；(4)立法權—行政權的制衡關係，包括議會的不信任案，縣、市長的否決權，以及覆議通過則需執行或解散議會重行選舉的機制；(5)另有公民投票權。

三、優點及缺點

優點有：(1)結合直接民主與間接民主的精神，並在公民參與、議會、縣市長之間，形成較密切的聯繫；(2)權力分立與制衡，較易區別機關的政治責任與行政責任；(3)較易避免議會政治延宕或「滾木效應」。

缺點有：(1)地方選舉費用較多；(2)行政首長與議會易有衝突或僵局；(3)議會政治也可能因此衰微。

第二節 地方自治政府的類型

現今，民主國家地方政府的組織型態有議會制、委員制、議會／市經理制（簡稱市經理制）、議會／議員選市長制（法國）、議會／強勢市長制、議會／弱勢市長制、議會／強勢市長（含行政執行長）制等七種類型。

大多數國家地方政府的類型一致。例如：瑞典、奧地利、荷蘭、比利時、紐西蘭採行議會制；日本、臺灣、南韓等國採議會／強勢市長制；法國採權力一元制中的議會／議員選市長制。但是，美國地方政府形式由各州規定，因此，全美有各種類型的地方政府。另外，現

在的德國以議會／強勢市長制、市經理制為主流。英國除倫敦是採議會／強勢市長制之外，其他仍維持傳統的議會制。地方政府的類型的特徵及採用國家，說明如下：

壹、議會制

英國光榮革命之後，國會至上的政治原則，以及內閣制的代議政治，成為現代地方政府議會制的源頭。地方層級雖有地區、縣市或鄉鎮之別 (regional council, city council, or borough council)，但民選議會 (council) 皆擁有地方自治團體的法人資格和法定權威。

市民選舉議員組織議會，議會選舉議長或名譽市長（虛位職）。議會依法成立「應設」和「得設」兩種委員會，委員會下設執行長 (chief executive)，再下設行政單位主管 (director) 管理行政人員 (officers)。政策決策權在議會，一般事項由委員會決定，重要事項則由議會全體議員開會決定。行政部門隸屬議會，並執行議會決議 (Wilson and Game, 1998: 70–74)。

貳、委員制

委員制最早由瑞士實施。美國地方政府的委員制則始於 1901 年德克薩斯州的加爾維斯敦市 (Galveston)。1900 年該市受颶風侵襲，造成六千人死亡與重大財務損失，一些商人擔心議會制的政府能力無法勝任，聯名請求州長准許成立一個五人委員會擔負復建工作。次年，反對人士提起訴訟促使緊急修法重行選舉，結果五人全部當選新制的決策兼行政主管的委員。之後，德州休士頓 (Houston)，達拉斯 (Dallas)，沃斯堡 (Fort Worth) 等大城市採行此制，此制成為 1920 年代流行的地方政府型式。

委員制是由市民依法選舉五位（或七至十一人）委員，專任「立

法兼行政主管」（其中一人兼市長）雙重角色的職務。市委員會擁有決策與行政權。在人口少、組織規模小、公共事務少或共識大的地方政府採行此制，民主化的效率較高。此制優點是委員即議員，也是行政主管單位（省略議會制下設委員會、執行長）；缺點是缺乏監督及行政責任不明確。

委員制與議會制不同點，在於議會制的議員人數較多（例如選出十一至三十五位議員），並且要在議會中另外設立數個委員會（例如五至七個委員會）；委員制採委員會議，不再另設委員會。

1920 年美國有 500 個城市採用該制。1984 年降為 177 個；同年則有 3,776 個市採議會／市長制，2,523 個市採市經理制。1960 年甚至連最早採行的德州加爾維斯頓市 (Galveston) 也改為市經理制。德州在 1993 年全州已無委員制。現在，美國只有少數人口一千人以下的城鎮採行此制，由五至七名委員構成，一任四年。❶

參、議會／市經理制（簡稱市經理制）

此制乃查爾茲 (Richard S. Childs) 從民選委員制缺乏行政與專業的缺點，以資本主義思維結合改良主義（或稱進步主義）理念發展而成。有些美國學者稱這絕對是美國風格。最早實施的是 1912 年的南卡羅來納州桑托市 (Sunter, South Carolina)，1913 年俄亥俄州達頓市 (Dayton, Ohio) 也採用。現今，十至二十五萬人口的市、鎮採用最多，有些大城市也施行此制。1994 年統計，全美 7,284 個市政府，有 3,056（占 41.9%）採行此制，是全美排名第二的市政府類型。❷澳洲許多市政府也採行此制。

---

❶ Bradley R. Rice, "Commission Form of City Government," 參見 The Handbook of Texas Online, http://www.tsha.utexas.edu/.

❷ 同上。

此制度的特徵有：(1)民選議員組成議會，由議會選出議長、名譽市長、市檢察長、市監察官（後兩者監督行政職能）；(2)市議會立法提出市經理條件、職掌與待遇，並且徵求、審查、決議並任命市經理。市經理任命後有專業自主權，扮演行政管理者、政策規劃者、政策執行者角色 (The city manager fills the roles of manager, policy-maker, and political operator.)，但不是政策決策者，議會才是決策機關。所以，市經理執行議會決議，並對議會負責；(3)市經理須定期向議會提出工作報告、預算建議案或政策建議書。市經理有局、室主管的任命權。所有主管都以專業取向為主，不受地域、性別或其他限制；(4)由於全國採行的地方政府多，所以專業導向的人力資源與市場競爭也大。

肆、議會／議員選市長制（法國）

此制源於 1789 年法國大革命的公社民主。為紀念法國大革命的意義與影響，法國所有的縣、市、鄉、鎮不論面積與人口多寡，統稱為 commune。每個 commune 的最高權力機關就是議會 (council)，議員（任期六年，連選得連任）民選產生，然後由議會選舉市長。市長對議會負責，執行議會決議，提出預算案，任命祕書長及各單位主管，指揮並且監督行政機關運作。另外，國家賦予地方首長國家官署身分，執行國家賦予之任務。所以，市長具有雙重身分與角色。

法國學者曾比喻它類似由地方議會選舉任命的市經理制，但實際緣起與功能仍有不同。主要差異有：時間先後不同，身分角色不同（美國不賦予市經理市長身分，美國聯邦政府也不賦予市經理國家官員身分）。法國的民選議會／議員選市長制在歐洲影響了德國。1808 年至 1945 年德國及前身之普魯士地方政府就是採行此制，現今，某些德國城市仍續行此制。

中國現行由地方人代會選舉或罷免地方行政首長（例如：省長、

副省長，縣、市長，副縣、市長，鄉、鎮長，副鄉、鎮長）❸的形式
與此制相同。但是中國仍維持「四個堅持」的政治原則，尚未推行政
治民主化及自由選舉。

伍、議會／強勢市長制

美國五十萬人口以上的城
市，大多採行此制。例如：紐約
市 (New York)、底 特 律 市
(Detroit)、匹茲堡市 (Pittsberg)，佛
羅 里 達 州 的 傑 克 遜 維 市
(Jacksonville)。1990 年以來，紐約
州的洛契斯特市 (Rochester)、佛
州的聖彼得堡市 (St. Petersberg)、

➡圖 3-1 紐約市採行議會／強勢
市長制。圖為紐約時代廣場。

加州的聖地牙哥市 (San Diago)（完成立法，2006 年實施）也採行此制。

1950 年代以來，臺灣、日本、南韓、菲律賓等國實施的是這種體
制。1990 年德國統一之後，許多市政府改採此制。❹2000 年英國倫敦
市（目前唯一）改採此制。

此制度的特徵包括：(1)選民直接選舉議員及縣、市長；(2)選民分
別賦予議會及市長二元且分立的權力；(3)市長有完全自主的行政權（含

---

❸ 中華人民共和國《地方各級人民代表和地方各級人民政府組織法》第八
至 十 條 規 定 ， 詳 見 http://big5.gov.cn/gate/big5/www.gov.cn/ziliao/flfg/
2005–06/21/content_8297.htm。

❹ 1990 年之後德國地方研究的相關論文很多。例如：Hellmut Wollmann,
"Urban Leadership in German Local Politics: The Rise, Role and
Performance of the Directly Elected (Chief Executive) Mayor," *International
Journal of Urban & Regional Research*, March 2004, vol. 28, Iss. 1, pp.
150–165.

人事權、決策權、行政指揮與監督權)。議會則有立法權、預算審查權、質詢權、不信任權;⑷市長對議會通過的法案,有否決權,若議會再次絕對多數通過,則需執行法案或解散議會重行選舉(實際運作依法而定);⑸議會(議員連署提案)或市民(公民連署)得依法罷免市長;⑹市長與議會的政黨席位,會有一致政府或分立政府的現象。

此制的優點有:⑴結合直接民主與間接民主的精神,並在公民參與、議會、縣市長之間,形成較密切的聯繫;⑵選民對市長直接授權(empowerment),行政首長較易表現政策優位、決策及執行的行政作為;⑶可避免議會政治延宕或滾木效應的缺失。缺點有:⑴縣市長選舉較議員選舉的競爭激烈,地方派系的競爭也較明顯;⑵市長與議會較易發生衝突或形成僵局;⑶議會也可能較易衰微。

陸、議會／弱勢市長制

美國少數城市,例如:佛羅里達州的布拉登頓市 (Bradenton) 和聖荷港市 (Port St. Joe) 採行此制。此制的目的是限制行政首長的權力,以避免個人濫用權力,因而主張將權力分散。其特徵是:⑴市民選舉議員、市長以及警察局長、主計長、稅務長;⑵議會任命市監察官、檢察官、審計官,對地方政府越權行為或預算結算提出監督或訴訟;⑶市長僅任命消防、公務、觀光旅遊等主管。

此制優點為強化行政監督、避免濫權行為。缺點則為人事權、預算權等行政權力割裂,不易彰顯行政績效。因此,採行的地方政府已有減少之趨勢。

柒、議會／強勢市長(含行政執行長)制

此制乃 1980 年以來出現的改良制,又稱為強勢市長制與市經理混合制。經由市議會立法,在市長之下另外設立一個由市長任命的行政

專才稱為行政執行長（英文稱為 city administrator 或 chief administrator officer, CAO），以強化治理能力和績效管理的效能。

此制特徵為：在全球化城市競爭激烈的時代，對於行政首長充分授權，使市長可以專心處理政治及政策溝通事宜（含議會、公民參與、府際關係、城市外交）。行政方面的預算規劃、人事行政、組織運作以及行政管理等例行事務，交由專業聘任的行政執行長處理。他（她）由市長任命，當然對市長負責，盡心處理府內行政協調、管理工作。據統計，1985 年時美國有 65 個大城市採行；1991 年增加到 85 個。2005 年日本內閣建議都、道、府、縣在「知事」（縣市長）下設立由專業人員擔任的行政執行長，以提升行政效能和效率。

🖉 第三節　當代各國地方自治政府概況

何謂地方自治政府？根據聯合國《地方自治政府世界憲章草案》第三條，地方自治政府的定義包含職責與運作方式兩大要素。地方自治政府的職責是「在法律範圍內進行規則制定，據以管理職責上和居民利益有關之公共事務。」其運作方式是「透過自由、平等、祕密、直接選舉的過程，選出議會或代表會的成員與行政首長，以執行權力並對選民負責。」❺換言之，該定義顯示法治與民主程序的必要性。

全世界有多少國家推行地方自治？現在也沒有確切的統計數字。根據著名智庫「自由之家」(Freedom House) 公布《2006 世界自由報告》

---

❺ Article 3-Concept of local self-government, *Draft Text of A World Charter of Local Self-government*, "Consultations on decentralization and the strengthening of local authorities and their networks for implementation of the Habitat Agenda", Report of the Executive Director, 18th session, Nairobi, 12–16 February 2001, HS/C18/3Add.1.

(*Freedom in the World 2006*) 統計分析，全球 192 國家中現有 89 個「自由國家」，58 個「部分自由國家」，45 個「不自由國家」。其比率依序是 46%、30%、24%。若以「選舉式民主」(electoral democracies) 計算，2005 年止有 122 個國家採取選舉式民主。然而，並非推行選舉式民主的國家就同時實施地方自治。少數國家（例如：俄國、馬來西亞、印尼）只有全國和州（省）的選舉，還未推行地方性的選舉。所以，我們只能推算約有 89 至 122 國實施地方自治。全世界地方自治政府的總數有多少？迄今沒有這種統計。可能因為世界統計的工作難為、變動頻繁，所以只有各國的個別統計。

　　作者在此製作一個簡表（表 3–2），選擇二十八國地方自治政府統計概況作為一般現象的參考。本表第四欄政府形式類別參見第二節類型分類。本表雖然限於篇幅未能列舉更多重要的國家，卻已包括五大洲的區域性及主要國家，其代表性可以作為世界觀察的參考。

➡表 3–2　二十八國地方自治政府統計

國　名	國　體	地方自治有無	政府形式	地方自治法源	州省邦數目	縣市含城鎮或縣市＋城鎮	民選市議員、市長任期	備註（自治法規公布／修法年別）
瑞　典	單一	˅	1	憲法、法律	21	289	4 年	
丹　麥	單一	˅	近 4	憲法、法律	5	98	4 年	2007
芬　蘭	單一	˅	近 4	憲法、法律	6	432	4 年	1976
德　國	聯邦	˅	5, 4	基本法邦立法	16	439+12,320	6–9 年不等	1990s
瑞　士	聯邦	˅	2	憲法、法律	26	2,896		2000
奧地利	聯邦	˅	1	憲法、法律	9	2,417		
荷　蘭	單一	˅	1	憲法、法律	12	496	4 年	2002
法　國	單一	˅	4	憲法、法律	22 區 96 省	36,779	6 年	1982, 1992
英　國	單一	˅	1	法律		576	4 年	2000
比利時	單一	˅	1	憲法、法律	10	589	6 年	1993
義大利	單一	˅	4	憲法、法律	20 區 95 省	8,101	5 年	2001

西班牙	單一	∨	4		17	8,049		1985
葡萄牙	單一	∨	似5	憲法、法律		275	4年	1977, 1979
波蘭	單一	∨	5	憲法、法律	16	308+2,500	4年	1990, 2002
加拿大	聯邦	∨	1	州立法				
美國	聯邦	∨	都有	州立法	50	87,525	4年為主	
墨西哥	聯邦	部分			31	2,411	3年*	1994
巴西	聯邦	∨		憲法、法律	26	5,000	4年	1988
阿根廷	聯邦	部分		省立法	23	1,000	4年	1994
南韓	單一	∨	5	憲法、法律	16	232	4年	1987, 1998
日本	單一	∨	5	憲法、法律		47+18,07	4年	2000, 2007
臺灣	單一	∨	5	憲法、法律		25+369	4年	1999
印尼	單一	否			30	416		1999 省自治
菲律賓	單一		5		79	1,530		1991
印度	聯邦	∨	1, 3	憲法、法律	28		3–5年	1992
南非	聯邦	∨		憲法、法律	36	284		1996, 2000
澳洲	聯邦	∨	4,5	法律、州法	6	769	3或4年	1989, 1996
紐西蘭	單一	∨	1	憲法、法律	12	74	3年	1989, 1996

資料來源：Encyclopedia of the Nations, http://www.nationsencyclopedia.com/index.html; Local Government in Asia and the Pacific: Country Paper, http://www.unescap.org/huset;lgstudy/index.htm；國際城市管理協會，http://www.citimayors.com/；美國中情局各國國情簡介 The World Factbook 2006。

* 政府形式參見本章第二節七種形式說明。

**2007 年 1 月丹麥地方政府將 13 郡併為 5 區，271 市併為 98 市。2000 年英國倫敦市市長改為強勢市長直接民選，其他仍維持議會政府制。墨西哥市市長任期六年，其他各地市長任期三年；所有市長只限一任，不得連任。澳洲大多採市議會制，少數市長採直選制（連選得連任，並無次數限制）。印度市經理任期二至三年。日本 2007 年「平成大合併」市町村數目減少一半。

　　當代，因為資訊、交通、政策效能與行政效率等政府綜合能力的提升，以及認知、互動等影響，歐洲許多國家地方政府的總量在減少之中。歐洲聯盟一份 1995 年地方政府研究報告顯示：保加利亞、瑞典、丹麥、比利時、英國、德國等六個國家減量的比率占總數 60% 以上。奧地利、捷克、挪威、荷蘭等國也有 30–40% 的比率。下頁表 3–3 僅列舉 1950 至 1992 年地方政府數量減少較多的歐洲國家。

➡表 3-3　1950-1992 年歐洲地方政府減量國家

國　　家	1950	1992	數量 (%)
奧地利	3,999	2,301	−1698 (−42%)
比利時	2,699	589	−2980 (−78%)
保加利亞	2,178	255	−1932 (−88%)
捷　克	11,051	6,196	−4855 (−44%)
丹　麥	1,387	275	−1112 (−80%)
芬　蘭	547	460	−87 (−16%)
德　國	24,272	8,077	−16195 (−67%)
荷　蘭	1,015	647	−368 (−36%)
挪　威	744	439	−305 (−41%)
西班牙	9,214	8,082	−1132 (−12%)
瑞　典	2,281	286	−1995 (−87%)
英　國	2,028	484	−1544 (−76%)

資料來源：Council of Europe, 1995, "The Size of Municipalities, Efficiency and Citizen Participation," *Local and Regional Authorities in Europe*, no. 56. 摘自 Stephen J. Bailey 著, 左昌盛等譯, 2006, 地方政府經濟學, 頁 42, 表 2.1.

* 丹麥 2007 年再次減量為 5 區 98 市, 見本書頁 1.

壹、世界二十八國地方政府比較分析

　　近年來, 聯合國的專門機構開始重視各國地方政府的發展概況。2002 年 10 月聯合國人類住區規劃署發表一份地方政府跨國研究報告。❻該研究從亞洲、歐洲、美洲、非洲、大洋洲等五大洲的先進民主國家、開發中國家、民主轉型國家和落後國家之中, 選擇二十八個

---

❻　參見 "Decentralization in a global perspective, a review of twenty-eight experience," UN-Habitat, October 2002. Summary in "Dialogues on effective decentralization and strengthening of local authorities, report of the executive director," 19th session, Nairobi, 5-9 May 2003, Governing Council of the United Nations Human Settlements Programme, HSP/GC/19/7, pp. 3-6.

國家比較分析地方體制的「憲法和法律架構、民主化和公共參與，以及地方財政」在地方分權和地方自治運作的現況。該規劃署祕書處執行長在第十九屆大會（2003 年 5 月）提出研究報告，重點摘要如下：

一、憲法和法律架構

比較二十八國之後，最令人矚目的差別在於法源，以及地方政府角色與功能的安排。阿根廷、澳洲、比利時、加拿大、美國、以及其他一些國家的憲法，僅提及地方政府是政府的一個層級。該層級政府應受監督，施行的法律要由上一級政府（州、省）決定。因此，美國地方政府的組織模式與功能要從五十個州的州政府或相關資訊著手。阿根廷因為地區情勢不同，全國二十三個省，只有九個省立法規定城市自治。

現今已有許多國家以修憲或國會立法授與地方政府自治權利與責任。例如：墨西哥在 1999 年修憲，承認地方政府是政府的基本層級。日本、菲律賓、泰國修改憲法，強調地方自治與地方分權是國家改革的發展策略。伊朗過去二十多年期間，憲法及法律一直強調重視地方自治，但是最近幾年才開始在地方層級發生改變。印度 1992 年修改憲法，明確指出城市面臨的挑戰，以及國家應該加速權力下放與強化地方分權的政治過程。修訂的印度憲法還特別規定市議會的議員應有 1/3 婦女名額，顯示地方改革也要重視性別意義。巴西 2001 年 7 月公布《城市法》，明確規範市政府的權力、市民參與、代表性等自治事項，以充實 1988 年憲法修正案的精神。南非 1996 年憲法詳細規定地方政府的權威，明文規定中央政府和省政府不得影響或妨礙市政府的自治權或能力。波蘭 1990 年憲法規定，任何改變地方政府職能的措施，必須和公共收入的分配聯繫起來。

從正當性觀點來看，地方分權與地方自治政府是否一定要將憲法

或法律的規定視為先決條件，不同國家可能有其各自的看法。因為，各國歷史經驗不同，對地方政府授權的方式也有異。不過絕大部分國家都受到「由下而上」關於地方權利、服務和自行決策的壓力，那些壓力影響許多國家權力下放的深度。

二、民主化和公共參與

發展中國家和經歷政治／社會變遷的國家，明顯出現民主化和公共參與的改變。1980 年代許多社會主義國家發生這種事例。例如：1989年捷克首都及許多城市發生大規模示威抗議，要求政治改革。波蘭、東德的共黨政權在解體之前，被迫與反對人士達成協議，在地方推行民選代議機構。德國統一之後，1990 至 1997 年間已有將近一千五百次地方性公民投票。

南非取消種族隔離政策之後，民主化和公共參與明顯進步。然而，有的國家未必如此。1964 年馬來西亞聯邦政府利用該國與印尼衝突的機會，次年宣告停止地方選舉，至今仍未恢復。同樣情形發生在埃及，中央政府以國家安全、平衡地方發展和長期歷史經驗作為理由，採取中央集權政策；地方政府依賴中央決策而運作。

有些國家的地方經驗非常不同。1973 至 1988 年間，智利軍事政府雖然停止所有的地方選舉，可是皮諾契特軍政府推動地方服務的改革與措施，尤其在收入分配方面，頗有成效。儘管 1992 年後恢復地方選舉，智利地方政府的能力仍然未能超越當時的績效。

加拿大人口最多的安大略省 (Ontario) 在 1996 至 1998 年進行省會多倫多市 (Toronto) 的整併計畫。當時六個自治市抵制合併，可是憲法規定省對區域內地方政府改變之權；加上保守黨在基層動員的影響，安大略省完成了合併案。

民主化和公共參與也延伸到財政領域。例如：人口一百三十萬的

巴西阿雷格港市 (Porto Alegre) 在 1990 年代推行讓公民參與預算編製的計畫，結果該市的地方稅收因而增加三倍。巴西許多城市因而仿效實施參與預算的政治過程。

中國也有類似的事例。地方政府收入之中，有一大部分稱為「非編製預算收入」(off-budget revenues)。居民開始爭取透過地方人民代表會的機制，參與決策和監督的作用。例如：浙江省清德市人民代表會有將近 30% 的委員參加財政委員會，以討論並決定公共項目的類目，以及資金來源、使用和分配等事宜。

三、地方財政

整體觀察，世界各地地方政府的角色和責任，以及自行決定公共支出和資源使用的能力都在增長。然而，大部分地方政府的財政能力都無法支持所承擔的責任，即使憲法或法律像波蘭一樣明示地方財政權要與責任相符，資源短缺一直是真正的制約因素。因此，考量地方財政問題，中央與地方的關係就非常重要。貧窮的坦桑尼亞，雖然有地方改革與立法保障，可是 2001 年就發生中央政府將地方收入轉到中央，並對地方政府另外收取採購增值稅的現象。

比利時的中央與地方關係，提供另一種有趣的例證。中央政府對於自治市要求的財政自主權，是根據地方財政管理的成果作為衡量的標準，因而地方財政管理較好的自治市，自治權就會多一些。伊朗的例子也很特別。1997 年國會通過《分權法》之後，1999 年才舉行地方選舉，毫無疑問地，像德黑蘭這樣透過都市計畫和建築許可達到財政自足的地方政府，地位和政治分量就比較重要。

世界各國的中央和地方政府都在進行名目繁多的財政安排。中國的例子是市場經濟的改革對經濟制度造成衝擊，地方政府因此享有一部分非編製預算的收入，包含來自個人和企業對特定公共項目的捐款、

城鎮事業單位的利潤收入、規費收入、罰款，以及公有土地租借私人企業使用權的租金收入等等，在 1992 年就占了全部正式預算的 93%，在 1996 年非編製預算仍然占全部資金的 40%。可見地方參與和地方稅收的關係很密切。

　　印尼的地方政府近幾年才開始獲得自訂地方稅的權利。作法上，有的城市選擇將地方稅訂得高，以較多的收入用於地方服務；有的城市選擇將地方稅訂得低，以吸引企業投資、活絡地方經濟。美國許多城市採用第二種方式作為城市競爭的策略。在地方政府致力財政改革的時候，地方財政管理可能是要求的標準最高，同時也是最難正確處理的問題。

四、比較分析的結論

　　第一、不論地方分權的政治利益或公共支持有多少，堅定和持久的改革要有明確的法律，甚至憲法的基礎。這需要審慎考量當前中央與地方關係、自治政府的發展角色，以及國家對次級體系潛能的規劃；第二、國家推行地方分權的計畫，在市民社會活躍於地方階層的國家成效較好。市民社會的團體活動能夠發揮政治動員的能力，對於政黨和地方官員會有影響；第三、推動地方分權的政策必須把地方財政的能力併入考慮。中央與地方財稅關係要審慎評估，一般說來，地方分權應該看成是一種經由地方擴大財政能力與改善稅收的途徑，以達到國家整體有效發展的手段；第四、近十年之間，亞洲、非洲、拉丁美洲許多國家在地方政府改革方面採取許多創新的作法，值得先進國家參考與學習。許多國家因為地方政府能力的提升，能夠鼓勵各種公共參與，公共服務的意識，也能增加地方政府的責任感、透明度、效率與平等。然而，哪種機構、法律和財政才是最適合的選擇，卻是高難度的挑戰。

五、《地方自治政府世界憲章草案》的立法進度

1998 至 2001 年間，聯合國人類住區規劃署草擬《地方自治政府世界憲章草案》。它以歐盟 1985 年通過的《地方自治政府歐洲憲章》為範本，內容包含法治、民主、自由選舉、市民社會、公民參與的過程。草案初稿於 1999 至 2000 年間在世界各地分區研討之後，2001 年定稿。

2001 年聯合國大會討論《地方自治政府世界憲章草案》。會中贊成的國家以歐洲聯盟和「77 國集團」❼大部分的會員國；反對的國家除了對草案內容、詞彙和定義有異議之外，主因是尚未推動地方分權或地方自治。中國、美國的代表主張保留該案，因為草案與該國憲法不吻合。❽對美國來說，雖然早有地方自治與民主的事實，可是法律體系是由州憲法或州議會立法規範，聯邦憲法與國會立法不規定地方層級的領域。對中國來說，「以黨領政」的黨國威權體制，不合於西方自由主義的理念；實務上也還未實施自由選舉與地方自治政府的制度。

貳、亞太地區十五國地方政府比較分析

聯合國經濟及社會理事會的附屬機構——亞洲及太平洋經濟社會委員會認為，亞太地區經濟與社會快速轉型之時，許多國家的政府結構及體制卻緩慢地回應新的挑戰與壓力。未來各國將需要地方政府及

---

❼ 77 國集團 (Group of 77, G77) 是發展中國家於 1964 年 3 月在日內瓦召開第一屆「聯合國貿易和發展會議」時成立的國際組織，它也在聯合國大會中成為一個政治勢力。

❽ 參見 Consultations on decentralization and the strengthening of local authorities and their networks for implementation of the Habitat Agenda, Report of the Executive Director, 18th session, Nairobi, 12–16 February 2001, HS/C18/3Add.1, pp. 2–4.

市民社會共同攜手適應及面對時代的挑戰。亞洲及太平洋經濟社會委員會祕書處因而規劃此一專案。

　　1999 年由亞洲及太平洋經濟社會委員會出版《亞太地區的地方政府——十五國比較分析》(*Local Government in Asia and Pacific: A Comparative Analysis of Fifteen Counties*)❾。該研究挑選澳洲、孟加拉、中國、斐濟、印度、印尼、日本、吉爾吉斯、馬來西亞、紐西蘭、巴基斯坦、菲律賓、南韓、斯里蘭卡、泰國等十五國地方政府，分析其組織結構、地方治理能力的現況，並且提出發展建議。

　　該研究並未說明各國國體與政體的不同。❿內文強調殖民體制的歷史是中央集權的行政體制，雖然許多國家在二次大戰結束後獨立，國家建制及快速工業的需求，但依然維持殖民體制行政權威中央化的型態。十五個國家之中，紐西蘭的地方政府在結構、治理及能力方面，最契合地方自治的精神及績效。

　　各國地方政府的權威、權力、責任及功能都由國會立法規範。換言之，都是「制訂法」的模式。其中最特別的是澳洲 1988 年全國性公民投票，否決賦予地方政府更大權力的修憲案。澳洲人常戲謔地描述國情為：聯邦政府有錢、州政府有權（例如：警察、消防、學校屬於州政府權限⓫），地方政府只有 "3Rs"——地方稅，道路及垃圾 (rates, roads and rubbish)。由此可見，地方自治尚非澳洲人的最愛。

　　斐濟 1987 年軍事政變之後就停辦選舉。馬來西亞有 1976 年通過

---

❾　摘要參見 http://www.unescap.org/huset/lgstudy/comparisonl.htm。

❿　各國體制不同，在中央／地方關係採聯邦國內閣制的國家有澳洲、印度、馬來西亞；單一國內閣制為日本、紐西蘭、泰國；其他為單一國總統制。國家元首產生方式除泰國、馬來西亞、日本為君主國之外，澳洲、紐西蘭共尊英王為王，其他為共和國。

⓫　"Local government in Australia," http://en.wikipedia.org/wiki/Local_Government_in_Australia.

的《地方政府法》，可是依然只有國會及州議會選舉，地方選舉已停辦四十多年。泰國、印尼、吉爾吉斯、孟加拉、巴基斯坦等國地方官員由中央任命。菲律賓在 1991 年才有《地方政府法》(Philippine Comprehensive Government Code, 1991)。中國地方政府在改革開放政策之後，獲得發展經濟及自籌部分財務的授權。

　　民主化程度最高的地方政府是紐西蘭、日本。在地方自治、地方選舉、市民社會以及公民參與方面，這兩個國家獲得地方治理最多的好評，南韓次之，菲律賓、印尼則在近幾年逐漸推行地方分權的構想及政策。

　　該研究建議，各國地方政府領域需要在地方自治權、地方財政、行政革新、公民參與，以及中央—地方關係等領域進行改革。這些對於區域發展及面對二十一世紀的挑戰是必要的行動。

第四章 ▶ 臺灣地方政府發展簡史

臺灣地方政府史始於西元 1661 年鄭成功在臺南設立承天府。荷蘭殖民時期（1624 至 1661 年）因為僅以熱蘭遮城為駐地並未建立地方制度❶，所以不能計算。從鄭成功據臺迄今三百多年來，臺灣地方政府史可以分為四個時期：明鄭時期（1661 至 1683 年）、清治時期（1684 至 1895 年）、日治時期（1895 至 1945 年）、中華民國時期（1945 年迄今）。原住民的部落自治雖是原始型的地方治理，對現行體制沒有影響。

英國學者哈里斯（G. M. Harris）最早用「民主」和「利益」作為區別地方政府與地方自治的標準。其一、如果地方政府是中央行政體系的派出機關，地方首長由中央任命，作為中央代理人並執行中央政令，就是地方政府；其二、如果地方政府追求的是中央政府的利益，地方社區的利益是次要或被犧牲的，就是地方政府。反之，地方政府是法人組織，行政首長為民選，其職能又以社區之公共事務和利益為主，稱為地方自治（薄慶玖，2001: 6）。依據哈里斯的區分，臺灣推行地方自治是當代的事。本章將分為明清、日治與中華民國三個時期，說明各個時期的特色。

🖊 第一節　明清時期

1661 至 1683 年間，鄭成功在臺設承天府，下設天興縣、萬年縣（州）；1622 年日本曾稱臺灣為「高砂國」；十六世紀葡萄牙航海家稱

---

❶ 1632 至 1661 年荷蘭東印度公司曾以地區部落長老組成「地方會議」。因為沒有機關建置，我們不能視為地方制度之創設。地方會議之說參見施雅軒，《臺灣的行政區變遷》（臺北市：遠足文化，2003），頁 34-35。

福爾摩沙 (Formosa)；十世紀中國
《臨海水土志》稱「夷洲」，都不以
臺灣為名。1684 年，康熙政府開始
以「臺灣府」為地方政府名稱，並
且下設縣、廳的衙門機關（今之縣
政府）。所以，臺灣的地方政府建制
雖始於鄭成功，清治時期才開始以
臺灣為名的地方政府建制。下表為
明、清時期的行政區劃與沿革。

➡圖 4-1 十六世紀的臺灣有福
爾摩沙之稱。

➡表 4-1　1661-1895 年明清時期臺灣地方行政區

1661-1683	1684-1722	1723-1787	1788-1874		1875-1886	1887-1895
明鄭時期	福建省分巡臺廈兵備道					臺灣省
承天府 天興縣（臺南以北）萬年縣（臺南以南）澎湖設安撫司	臺灣府 (1684)臺灣縣（臺南）鳳山縣（左營）諸羅縣（嘉義）	臺灣府 臺灣縣↓分出澎湖廳(1723) 鳳山縣 諸羅縣↓分出彰化縣(1723) 淡水廳(1723)	臺灣府	臺灣縣 澎湖廳 鳳山縣 嘉義縣(1788) 彰化縣 淡水廳 噶瑪蘭廳(1810)	臺灣府	臺灣縣 澎湖廳 鳳山縣 恆春縣(1875) 嘉義縣 彰化縣 埔里社廳(1875) 卑南廳(1875)	臺南府	安平縣(1887) 澎湖廳 鳳山縣 恆春縣 嘉義縣
					臺灣府	臺灣縣 彰化縣 雲林縣(1887) 苗栗縣(1887) 埔里社廳
						臺東直隸州(1887)
				臺北府	新竹縣(1875) 淡水廳 基隆廳(1875) 宜蘭縣(1875)	臺北府	新竹縣 淡水廳 宜蘭縣 基隆廳 南雅廳(1894)

　　清代中國地方政府以州和縣為基本行政區。州縣數目因時期而變化。瞿同祖估計清帝國大約有一百個以上的普通州和大約一千二百到一千三百個普通縣。州縣級以下沒有正式政府存在，市鎮／鄉村只是社會聚落，沒有自治（瞿同祖，2003: 5）。州縣官稱知州、知縣，由中央任命。知州五品，知縣七品（首府知縣六品），官等雖然不高，在州縣扮演著核心角色。因為州縣政府所有的職能都由「知州、知縣」一人負責，其他上級政府的官員（知府、道臺、刑按使、布政使、巡撫、總督）只是監督官。雖然行政機關根據傳統「六部」（吏、戶、禮、兵、刑、工）的區分，外加承發房和值堂，共有八個單位，實際上，州縣官一人負責所有行政、財政、司法、工程、治安、軍務等事務（瞿同祖，2003: 30–34）。

　　清帝國在 1684 至 1895 年間統治臺灣總共二百十一年。臺灣府在 1684 至 1887 年的二百多年間隸屬福建省，1887 年才建制臺灣省。地方統治採文武分治的區分，臺灣總兵下轄十營約一萬兵力，官兵在福建招募，渡海來臺，分駐各地；文官經由科舉考試，由中央任免。基於傳統政治「本地人不在本地任官」的原則，縣丞、巡檢、通判統稱「印官」，都由大陸其他省人士來臺任職。

　　地方官府的主要功能有二：徵收錢糧、裁判爭訟。「印官」由於人地生疏，實際事務處理容易委諸「幕友」和「胥吏」。❷傳統官僚體制缺乏現代法治、分權、非人情化（非個人化）和功績制的結構，所以有人治、集權、個人化的特徵，以及濫權或貪污的缺失。

----

❷　幕友是「印官」個人財務運用所自行聘請的諮詢人員。「胥吏」由當地科舉落榜的人擔任。他們採包辦制，協助縣廳處理事務；因為官府不支薪，所以胥吏無償提供的勞務，得向人民收取規費。因此容易發生貪污、民不畏官、械鬥等陋規或弊端。參見戴炎輝，《清代臺灣之鄉治》（臺北市：聯經，1979），頁 617、627。

　　林玲玲研究《宜蘭縣文職機關之變革》指出，1812 至 1817 年間（嘉慶 17 年至同治 13 年）之間，臺灣府噶瑪蘭廳三十一任縣丞，四十八任通判，羅東二十一任巡檢，以及光緒年間設縣（1875 至 1895 年）之後的十二任知縣，都從大陸來臺任職。官員絕大多數為漢人，少數幾位滿族的旗人（林玲玲，1997: 43–59）。荷蘭萊登大學瑞芝薛德斯 (Jos C. N. Raadschelders) 研究歐洲行政史指出，史料多重視機關組織職權和結果的記載，卻極少關心行政官員的感受。臺灣地方政府史的研究，同樣有如此現象。

　　1722 年（康熙 61 年），清帝國在臺灣實施漢人與原住民分治的政策，訂定「番界」。地方行政區，分為縣、廳與街、庄、社（原住民）。縣、廳內有士紳擔任諮詢；街、庄、社也由士紳、頭目或地方人士擔任。所以，基本上是以官治為主、紳治為輔的統治方式，沒有現代公民政治參與的傳統。

　　清治時期的地方發展，以農業拓墾為主。受經濟發展與社會變遷的影響，臺灣的地方行政機關從十七世紀開始，隨著移民拓墾的發展，由南到北、由西到東而增加。1720 年代，地方社會已有布、糖、油、藥等「郊商」❸ 的組織；當時商人大多依附地方官員。

　　拓殖開發是人口遷徙的動力。《臺灣省通志》記載 1811 年南部人口占全臺近 70%，中部 17.6%，北部 13.2%；1893 年時南部人口遽減至 43%，中部 26.4%，北部 30.1%。以農產品及手工業為主的商業往來，大多發生在西部聯絡大陸沿海的河港城鎮。「一府二鹿三艋舺」指的是

---

❸　郊商始於 1720 年代的臺南府城，1770 至 1790 年間延伸到鹿港、艋舺（萬華）。「郊」是「行郊」的簡稱，類似今日商業同業公會。「郊」分兩大類，一種以商品區分，例如：布郊、糖郊、油郊、藥郊；另一種以貿易運輸業為主，泉州線的運輸業稱泉郊，跑廈門的船商稱廈郊。參見李筱峰，《快讀臺灣史》（臺北市：玉山社，2002），頁 49–51。

臺南、鹿港、萬華。此外，鹽水港、車港（鳳山縣）、笨港（雲林縣）、後龍（苗栗）、鹿港等人口在二至五萬人之間的城鎮；它們要比諸羅、鳳山、彰化、斗六、苗栗等地方行政中心繁榮（蔡勇美、章英華，1997: 41）。現代化的交通與產業建設，由巡撫劉銘傳推動。他先後完成基隆－臺北－新竹之間的鐵路、電力公司、自來水等基礎建設。

　　地方行政體系方面，清治影響後世較深的是以縣、廳與街、庄、社的劃分及層級（戴炎輝，1979: 620）。雖然縣、廳的數量與區域大小時有變動，以縣、廳為名的制度，沿用至日治時期。我國現在實施的縣、市，名稱雖然不同，行政區域大多依循舊制。其次，日治時期也沿用街、庄、社（原住民行政區，1930 年廢止），民國時期改街為鎮，改庄為鄉（張正修，2000, II: 746–748）。

第二節　日治時期

　　1895 年因甲午戰爭戰敗，臺灣被清廷割讓給日本。馬關條約協議兩年的過渡期（1895 至 1897 年），臺灣人民有留下或離開的自由選擇權。受到生活資源的限制，最後離開的人數計 4,456 人（占總人口的 0.2%），其中最著名的是板橋林家四子林爾嘉，遷移廈門鼓浪嶼。

　　殖民政府高壓統治始於 1898 年第四任臺灣總督兒玉源太郎頒布的《匪徒刑罰令》。該行政命令第一條規定「不問目的如何，糾結徒眾圖以暴力或脅迫達到其目的者，視為匪徒之罪」，其中又明訂「抵抗官吏或軍隊者處死刑」、「毀壞交通標誌以致發生危險者處死刑」。總督府運用行政命令及警察（必要時用軍隊、憲兵隊）迫使人民順從。「苗栗事件」(1912 至 1913 年)、「東勢角事件」(1912)、「噍吧哖事件」(1915)、「霧社事件」(1930) 是武力鎮壓與屠殺的行動。地方行政機關因此建立強制性權威的基礎。

日治時期，清制的「省—巡撫」改名為「總督府—總督」，改「縣—縣丞」為「縣（1935 至 1937 年改稱州）—知事」，改「廳—巡檢」為「廳—廳長」。所有知事、市尹、廳長、街庄長等行政人員都由臺灣總督府民政部指派及管理。同時，行政區劃和組織調整，也都以行政命令執行。日治期間臺灣的行政區域改變九次。1926 年的第九次改變，將行政區劃為五州三廳（臺北州、新竹州、臺中州、臺南州、高雄州，澎湖廳、臺東廳、花蓮港廳）（洪敏麟，1980: 2；施雅軒，2003: 120）。

臺灣總督府為了統治需要，引進某些現代化的行政措施。較為重要的政策影響如下：

1898 年開始土地調查，經七年時間完成，確立土地所有權、土地稅制度。1910 至 1914 年進行山地、林地調查，區分國有、民有地的面積與所有權。1901 年開始臺灣民事習慣調查（包含親屬、動產、不動產、商事、債權等習慣），作為行政、民法及司法參考。1903 至 1913 年間，織田萬編撰《清國行政法》，作為日治時期行政法制之參考。1905 年出版米、茶、砂糖、交通、工資、生活費等經濟調查報告，作為地方政府推行經濟政策與措施之參考。1899 年成立臺灣銀行，統一貨幣。1906 年縱貫鐵路全線通車，帶動經濟發展與城鄉關係。1919 年公布臺灣教育令，規定初等、中等教育體制及日臺學生隔離政策；1941 年改初等教育為六年制義務教育，統稱國民學校。八田與一監造的「嘉南大圳」1930 年完工，雲嘉南等地同時成立「水利組合會」（現名農田水利會）。

1905 年總督府公布全臺原住民調查統計，有 784 社 103,360 人。1910 年開始武力鎮壓，強迫歸順。1915 年將山地原住民改由警察署「理番課」管轄。1930 年霧社事件之後，全面廢除清制「社」的行政區，納入街、庄一般行政區劃管轄。另外，學者深入高山進行原住民田野調查的研究，伊能嘉矩以歷史人類學編製《臺灣番人事情》，成為原住

民分類及命名的主要依據。1935 年總督府警務局出版由岩城龜彥調查的原住民部落及經濟資料以《高砂族調查書》出版（遠流臺灣館，2000: 141, 144）。

　　機關體制方面，總督府廢除清制名稱與組織，改用現代名稱與機關區分，並且建立現代行政管理的基本資料。縣市警察局（下轄分局、分駐所）建立戶籍與治安體系；衛生局（下轄所）建立地方公共衛生體系；教育局（下轄中、小學校）建立國民教育體系。

　　至於最基層的傳統「保甲制度」（十戶一甲，十甲一保），乃以街、庄、社等基層編組，延攬士紳、族長等人擔任，二年一期，成為協助警察及行政機關（衛生、教育）的輔助組織。有的縣、廳也雇用少數本地士紳擔任顧問。基本上，日治時期仍以官治為主、紳治為輔。

　　1935 年（昭和 10 年）4 月總督府公布臺灣州制、臺灣市制、臺灣街庄制，實施街、庄議會（今之鄉、鎮代表會）限額投票。同年規定，州（廳）、市、街庄為法人團體，享有部分自治權。州（廳）會、市會、街庄協議會可組成意見機關。州（廳）會會員由下級議會間接選出，市（街庄）協議會議員一半官選，一半民選。同年 11 月 22 日舉辦首次地方選舉，採用大選舉區（各區選五名以上），選票及計票方式採「單記非讓渡投票制」❹。1937 年之後因為戰爭因素，地方議會與選舉活動全部停止。

　　在殖民政府農業與公共衛生政策輔導下，臺灣人口穩定成長。臺北因為總督府和日本運輸聯絡之便，成為政治、經濟、與文化中心；基隆亦因此成為最重要的港口。高雄及高雄港遲至 1930 年間日本準備軍事侵略東南亞，開始軍需工業的發展。當時的設施，戰後成為高雄工業區的基礎。

---

❹　1950 年迄今，臺灣地區地方選舉一直使用這種選票與計票方式。

🖊 第三節　中華民國時期

　　1945 年 9 月 20 日中日戰爭結束後，中華民國政府在臺設立「臺灣省行政長官公署」，其權力相當於日治時期臺灣總督府。1947 年 4 月 22 日改名臺灣省政府，其功能為執行國家任務之地方行政機關。1949 年 5 月 20 日因為大陸變局，臺灣警備司令部依《戒嚴法》（1934 年公布）宣告臺灣地區戒嚴，至 1987 年 7 月 15 日零時解嚴止，計三十八年；戒嚴時期，人民言論自由、出版自由、集會、遊行、請願、組織政黨與結社等公民權利受到限制。

　　觀察臺灣當代地方自治演進歷程，明顯呈現漸進式的發展軌跡。我們可以分為地方自治綱要時期（1950 至 1993 年），憲政改革之後有省縣自治法與直轄市自治法時期（1993 至 1999 年），以及地方自治法制化時期（1999 年迄今）等三個時期。前面兩個時期，省政府擁有某些資源及行政權，《地方制度法》施行之後，省虛級化並成為行政院派出機關。

壹、地方自治綱要時期（1950 至 1993 年）

　　《中華民國憲法》公布於 1946 年 12 月 25 日，第十一章地方制度明訂省縣自治（第一一二至一二八條）。其中，第一〇八條第一款規定，「省縣自治通則」由中央制定地方執行。1950 年代中央政府遷臺後，輿論及國民大會代表，曾經建議立法並推行地方自治，中央的決策是暫不立法。然而，國際「冷戰」及兩岸情勢又產生推行地方自治的需求，變通之道就是威權體制之下的有限自治模式。

　　《臺灣省各縣市實施地方自治綱要》（以下簡稱《地方自治綱要》）於 1950 年 4 月 24 日由臺灣省政府委員會公布。《地方自治綱要》實施期間，經過十一次大幅度的修正。此外，省政府另外頒布十六種自治

規程、細則、辦法等實施地方選舉與自治的相關規定。當時以行政命令規範體制的程序雖然不夠民主，實質上卻有經驗累積、漸進發展、積極進取的效果。❺1950 年實施至 1999 年廢止的《地方自治綱要》，在穩定與改良的漸進過程中，建立臺灣地方自治的基礎與習慣。

我們列舉該時期的重大政策與事蹟有：

一、建立地方「立法—行政」權力分立制的二元體系。

二、行政區劃調整（參見表 4-2）。

三、地方政府層級維持省（院轄市）—縣（市）—鄉（鎮、市）三級制（1998 年精省，地方制度由三級減為二級）。

四、地方執行許多「中央決策」的重要政策。例如：本島地方政府組織結構與人事行政的統一（離島及偏遠地區另案調整）；教育政策實施「省辦高中、縣辦初中、鄉鎮辦小學」的分工規劃，以及後來的九年國民義務教育政策；經濟方面，輔導農會、漁會、中小企業組織，以推動地方發展。

五、省政府設立省訓團，提供地方層級公務員在職訓練與再教育的機會。

六、都市化與經濟發展，人口快速流動。1961 至 1991 年間前二十名的都市排序，在十五至四十萬人口之間的城鎮變化最大（參見表 14-1）。

七、威權體制影響較深遠的是以黨領政的運作方式。由於黨政運作的影響，大部分地方政治塑造了「侍從依賴的關係」。明顯的現象是地方依賴中央，職業與社會團體依賴政黨或政治人物。而地方政府的

❺ 紀俊臣列舉省政府在 1950 至 1998 年間，《地方自治綱要》修正十一次；此外頒布十六種重要自治規程、細則、辦法等關於地方政府組織、地方選舉的規定。紀俊臣，《地方政府與地方制度法》（臺北市：時英，2004），頁 371-372。

績效考核，係以執行中央政策的能力為主。

八、1979 年美國承認中國以後，地方選舉明顯出現所謂「黨外人士」勢力的政治競爭力。地方政府逐漸發生縣、市長與議會多數，分屬不同政黨的「分立政府」現象（不同於先前的「一致政府」）。

九、1987 年 7 月 15 日零時起解除《戒嚴法》。集會、遊行、結社、組黨、言論、出版等自由權回歸憲法保障，市民社會的發展獲得紓解。然而，地方派系、金錢政治、黑道勢力在地方政治的不良影響，引起社會關注。

➡表 4-2　1945 年迄今臺灣省縣市行政區劃演變

光復前	光　　復　　後					
1926年7月1日改組	1945年12月11日	1950年9月8日	1967年7月1日	1968年7月1日	1979年7月1日	1982年
臺北州	臺北縣 臺北市 基隆市	臺北縣 宜蘭縣 陽明山管理局 臺北市 基隆市	臺北縣 宜蘭縣 陽明山管理局 基隆市	臺北縣 宜蘭縣 基隆市	臺北縣 宜蘭縣 基隆市	臺北縣 宜蘭縣 基隆市
新竹州	新竹縣 新竹市	桃園縣 新竹縣 苗栗縣	桃園縣 新竹縣 苗栗縣	桃園縣 新竹縣 苗栗縣	桃園縣 新竹縣 苗栗縣	桃園縣 新竹縣 苗栗縣 新竹市
臺中州	臺中縣 彰化市 臺中市	臺中縣 彰化縣 南投縣 臺中市	臺中縣 彰化縣 南投縣 臺中市	臺中縣 彰化縣 南投縣 臺中市	臺中縣 彰化市 南投縣 臺中市	臺中縣 彰化市 南投縣 臺中市
臺南州	臺南縣 嘉義市 臺南市	臺南縣 嘉義縣 雲林縣 臺南市	臺南縣 嘉義縣 雲林縣 臺南市	臺南縣 嘉義縣 雲林縣 臺南市	臺南縣 嘉義縣 雲林縣 臺南市	臺南縣 嘉義市 雲林縣 臺南市
高雄州	高雄縣 屏東市 高雄市	高雄縣 屏東市 高雄市	高雄縣 屏東市 高雄市	高雄縣 屏東市 高雄市	高雄縣 屏東縣	高雄縣 屏東縣
臺東廳 花蓮港廳 澎湖廳	臺東縣 花蓮縣 澎湖縣	臺東縣 花蓮縣 澎湖縣	臺東縣 花蓮縣 澎湖縣	臺東縣 花蓮縣 澎湖縣	臺東縣 花蓮縣 澎湖縣	臺東縣 花蓮縣 澎湖縣

資料來源：臺灣省統計年報，1989，卷 48。

說明：1.臺北市自 1967 年 7 月 1 日起改制院轄市。陽明山管理局自 1968 年 7 月併入臺北市。

　　　2.高雄市自 1979 年 7 月 1 日起改制院轄市。

　　　3.臺北縣自 2007 年 10 月 1 日起升格為準直轄市。

貳、省縣自治法與直轄市自治法時期（1993 至 1999 年）

1990 年 6 月，「國是會議」建立修改《憲法》以及地方自治法制化的共識。從 1990 年開始的修憲改革，創下十年六次修憲的紀錄。❻ 1992 年 5 月 27 日第二屆國民大會第四次臨時會通過凍結《憲法》第一〇八條制定省縣自治通則的規定、第一一二至一一五條，和第一二二條條文之限制，以及修訂憲法增修條文，作為立法之準備。

1992 年中內政部經十二次聯席會議研擬《省縣自治法》、《直轄市自治法》的草案。9 月底報行政院，經八次審查會議，於 1993 年 4 月 29 日院會通過，函請立法院審議。1993 年 6 月立法院一讀通過，交由內政、法制兩委員會聯席審查；1994 年 7 月 7、8 日第二屆立法院分別通過《省縣自治法》、《直轄市自治法》，同月 29 日總統公布施行。此一政治性法律，將地方自治綱要的成規轉化為法律的形式。

然而，省長、直轄市長民選的結果，自治權實際由省長和直轄市長獲得較大的權力；行政團隊的職能大於省、市議會的制衡。其中，省長的行政權更明顯地擴大。1996 年 12 月 28 日「國家發展會議」中，中國國民黨與民進黨兩大政黨以減少地方層級、增加行政效率、節省財政支出等理由，達成推動精省的共識。

參、地方自治法制化時期（1999 年迄今）

「國家發展會議」之後，內政部研擬《省縣自治法》、《直轄市自

---

❻ 1990 年代，於 1991、1992、1994、1997、1999、2000 年共有六次修憲的活動。這可以解釋為因應國家特殊政治情勢，採取漸進式修憲以避免激烈政治衝突的階段性共識（或妥協）的修憲策略。可是，相對地，憲法為根本大法的嚴肅性，與憲法成長需要普遍尊重的價值因而減弱。

治法》合併為單一的《地方制度法》草案，同時協調精省的立法安排。當時擔任內政部民政司司長的紀俊臣，回憶《地方制度法》草案於 1998 年 12 月 3 日經行政院第二六〇六次會議通過，次日函請立法院審議。第三屆立法院於 1999 年 1 月 13 日凌晨完成三讀。朝野能在不到一個半月完成影響深遠之立法，政黨協商與政治共識的效果實為主因。❼ 隨後，1 月 25 日《地方制度法》經總統公布實施，完成地方自治憲政主義的法律程序。

　　《地方制度法》雖然未能連同其他配套法律（諸如《財政收支劃分法》、《行政區劃法》）和細則，如同日本 1999 年《地方分權一括法》一次修改相關的配套法律，我國也邁出關鍵的一大步。《地方制度法》通過之後，地方自治在我國已經具有「國家制度保障說」的學術理論基礎。

---

❼　當年擔任內政部民政司司長的紀俊臣回憶研擬草案與立法過程，參見紀俊臣，〈地方自治法規的分類與效力定位〉，翁興利編，《地方政府與政治》（臺北市：商鼎，1999），頁 160–161。

第二篇

法規與組織

第五章 ▶ 法治主義的地方自治

　　自《地方制度法》(1999) 公布施行之後，我國地方自治便邁入法治主義運作的時代。法理上，地方自治是憲法所保障的制度。地方自治團體是公法的獨立行政主體，它在憲法許可的自治與自主權限範圍之內，國家機關應予尊重。

　　本章從法治的觀點說明《地方制度法》的意義與功能、公法人資格之地方自治團體、憲政法規與自治法規等內容。

第一節　《地方制度法》的意義與功能

壹、《地方制度法》的意義

　　《地方制度法》具有憲政主義 (constitutionalism) 的意義，以及制定法、成文法的特徵。憲政主義有三個特徵：法治 (rule of law)、有限政府 (limited government)、法定程序 (due process)。其中，有限政府係指政府的權力與角色有限。

　　《地方制度法》是國家法律。我國法律要件規定，國家法律之立法與廢止，應經立法院審議通過，並經總統公布。《中央法規標準法》第二條規定：「法律得定名為法、律、條例或通則。」第五條規定應以法律訂定者：「一、憲法或法律有明文規定，應以法律定之者。二、關於人民之權利、義務者。三、關於國家各機關之組織者。四、其他重要事項之應以法律定之者。」

　　法律體系上，我國為大陸法系。因此，自治法規由立法機關制定（不是習慣法），其形式則為成文法。截至 2007 年底為止，《地方制度

法》已經修正六次（修正條文包括第四、七、九、二十六、五十六、五十七、六十二、八十八條），足證該法為因應理念及環境因素而依法定程序修正的合法性與實用性。再次，我國《地方制度法》的母法是《憲法》暨憲法增修條文，這與美國地方政府是州創造物的位階也不同（參閱第二章第三節）。

貳、《地方制度法》概要

　　《地方制度法》的條文共計八十八條，內容分為五章。第一章總則，包含法源、用詞定義、地方自治團體層級與組織、名稱變更、行政區劃與組織調整等規定。第二章規定省政府與省諮議會的職權、組織、與功能。第三章地方自治的本文（第十四至七十四條），分為五節。第一節（第十四至十七條）規定地方自治團體的定義與職權、居民的資格、居民的權利與義務；第二節（第十八至二十四條）概括列舉自治事項的內容、共同事項（跨域管理或稱府際關係）的處理原則、自治團體的責任、以及合辦事業設立程序；第三節自治法規（第二十五至三十二條）包含自治法規分類、制定程序、罰則、法律優位原則、以及公布與施行程序；第四節自治組織（第三十三至六十二條）規定地方立法機關、地方行政機關的組織原則、職權、以及立法－行政的互動關係；第五節自治財政（第六十三至七十四條）規定地方財政收支之法定項目、預算編制、財源規劃等。第四章中央與地方及地方間之關係（第七十五至八十三條）規定地方自治監督、權限爭議的解決途徑、停職、解職、代理、補選事宜。第五章附則（第八十四至八十八條）其他適用法律之規定。

參、《地方制度法》的功能

　　《地方制度法》實施之後，它具有下列各項功能：

　　一、落實法治主義 (rule of law)。法理上，地方自治係憲法所保障之制度，地方自治團體依法自治，地方自治法規若有適法性的爭議，可以聲請司法院大法官解釋。自治權的權力劃分若有爭議，需要尋求立法院修法解決之。法治主義可以具體實踐。

　　二、《地方制度法》第十八、十九條對於直轄市、縣市自治事項的規定相同。可見，直轄市、縣市法定職權相同。

　　三、賦予地方自治團體（地方立法／行政機關之總稱）積極與有為的角色與職能。

　　四、開啟內政及地方改革的機制。《地方制度法》實施之後，幾乎牽連所有內政法規的修改工程。有的已經完成修法（例如：《地方稅法通則》、《公共債務法》、《公民投票法》），有的尚未完成立法或修法（例如：行政區劃法）。地方自治團體可以根據中央及地方法規，進行因地制宜的改革措施。

　　五、尊重地方自治的功能。《地方制度法》實施之後，爭議較多的是自治事項概括性文字（或稱綱要立法）的權力範圍。雖然爭議未能完全免除，但是制度安排與主要行動者的互動關係已有較多良性協商的經驗與政策互動的尊重。

第二節　公法人之地方自治團體

壹、公法人

　　《地方制度法》第一次將地方自治團體定位為公法人。先前，《地方自治綱要》、《省縣自治法》及《直轄市自治法》(1994) 都稱「省縣為法人」、「直轄市為法人」。法人雖然也是法律所創設，得為權利義務主體之集合體（社團法人或財團法人），可是法人可由人民自願依法申

請成立或解散，公法人則不行。法人由《民法》（一般法）所規範，和《地方制度法》（特別法）不同，民間組織不具行使公權力的資格。所以，法人與公法人有本質上的差異。

何謂公法人？公法人的概念使用於公法理論，德國使用最廣。公法人最初專指國家，隨著法治國地方分權的歷史演進，國家以「高權行為」透過法律創立其他公法人。因此，公法人的成立，源於國家法律所創設；同理，法律修改或廢止，可以消滅公法人❶。現今，省、區都不是公法人。省是行政院的派出機關，區是直轄市／市的派出（執行）機關，僅具行政執行的功能。

公法人由國家單獨立法創立，並賦予執行公權力的組織。公法人有五個特徵：⑴公法人之目的由國家賦予；⑵公法人之設立基於國家之意思；⑶公法人並無自我解散之自由；⑷公法人服從國家之特別監督；⑸公法人被賦予公權力之職務，能對管轄的人、地、事行使依法強制執行的公權力，其職員具公務人員地位（張正修，2000, I: 12–13）。

公法人在法律授權範圍內，可制定規章，課徵費用，執行權力，同時具有自主組織權。公法人的權利能力也有可能侵犯其他行為者（自然人或法人），因此要面對《訴願法》、《民事訴訟法》、《行政訴訟法》等相關條文❷之規範。

我國目前只有兩種公法人。一種是依據《地方制度法》規定，實施地方自治具公法人地位的地方自治團體。另一種是依據《農田水利

---

❶ 大法官解釋，釋字第四六七號（1998 年 10 月 22 日）；吳庚，《行政法理論與食用》，增訂十版（臺北市：三民，2007），頁 159–162。

❷ 《民事訴訟法》第二條；《行政訴訟法》第三十條：對於公法人之訴訟，由其公務所在地之法院管轄；當中央或地方機關為被告時，由該機關所在地之法院管轄。《行政訴訟法》第三〇五條規定債務人為中央或地方機關或其他公法人者，並應通知其上級機關督促如期履行。

會組織通則》規定：農田水利會秉承國家推行農田水利事業之宗旨，由法律賦予其興辦，改善，保養暨管理農田水利事業，而設立之公法人。兩者公法人的差別為：地方自治團體是屬地性（地域性）公法人，農田水利會是屬物性（水區、水資源）的公法人。

我國學術界、輿論界對於是否增加公法人的見解頗為紛歧。例如：政黨、公立大學可否改為公法人？行政法人或是健保基金會可否成立公法財團？另有蕭代基等人建議參考荷蘭、法國、德國作法，成立「流域地方自治團體」管理河川與流域自然資源的構想，設立「流域地方自治團體」的專責機構（蕭代基、張瓊亭、郭彥廉，2003: 14–17）。上述看法都只是個人意見或輿論 (public opinion)。法治國依法論法，唯有法律明文規定者，才是國家高權賦予之資格，否則，就不是公法人。

貳、地方自治團體

《地方制度法》採用地方自治團體 (local self-governing body) 一詞以涵蓋權力分立制的兩種機關：地方行政機關，地方立法機關。

稱謂上，我國直轄市、縣、市行政機關統稱為縣市政府，其立法機關稱為縣市議會。鄉（鎮、市）行政機關統稱鄉（鎮、市）公所，其立法機關稱鄉（鎮、市）民代表會。地方行政首長與民意代表依法由地方選舉產生，分別行使職權，兩者並有權責制衡的關係。

內政部地方制度法英譯直轄市政府為 the government of the special municipality，縣政府為 county government，市政府為 city government，議會為 county council 或 city council，鄉（鎮、市）公所為 township office，代表會為 township council。

第三節　憲政法規與自治法規

壹、憲政法規

　　憲政法規 (constitutional law) 包含規範國家權力分配與運作的憲法、法律和其他規定。我國憲政法規關於地方自治的規定有：《憲法》及修正條文、大法官解釋文、《地方制度法》、其他相關法律（例如：《財政收支劃分法》、《預算法》、《審計法》、《選舉罷免法》、《地方稅法通則》、《中央統籌分配稅款分配辦法》）。

　　因此，《地方制度法》第三十條關於自治法規之位階（又稱法律優位原則）❸規定如下：

　　一、自治條例與憲法、法律或基於法律授權之法規或上級自治團體自治條例牴觸者，無效。

　　二、自治規則與憲法、法律、基於法律授權之法規、上級自治團體自治條例或該自治團體自治條例牴觸者，無效。

　　三、委辦規則與憲法、法律、中央法令牴觸者，無效。

　　四、第一項及第二項發生牴觸無效者，分別由行政院、中央各該主管機關、縣政府予以函告。第三項發生牴觸無效者，由委辦機關予以函告無效。

　　五、自治法規與憲法、法律、基於法律授權之法規、上級自治團體自治條例或該自治團體自治條例有無牴觸發生疑義時，得聲請司法院解釋之。

---

❸　我國法律優位原則參見《中央法規標準法》第十一條規定：「法律不得牴觸憲法，命令不得牴觸憲法或法律，下級機關訂定之命令不得牴觸上級機關之命令。」

司法院大法官在 1999 年《地方制度法》實施之後受理之相關事權解釋案，迄今已有釋字第四九八、五二七、五五〇、五五三號解釋文。其要點摘要如下：

・釋字第四九八號（1999 年 12 月 31 日）解釋地方自治行政機關公務員❹有無到立法院各委員會備詢之義務？

　　地方自治團體為憲法所保障之制度。地方自治團體設有地方行政機關、立法機關，……依法並有權責制衡之關係。中央政府或其他上級政府對地方自治團體辦理自治事項、委辦事項，依法僅得按事項之性質，為適法或適當與否之監督。地方自治團體在憲法及法律保障之範圍內，享有自主與獨立之地位，國家機關自應予以尊重。立法院雖得邀請地方行政機關有關人員到會備詢，但基於地方自治團體具有自主、獨立之地位，以及中央與地方各設有立法機關之層級體制，地方公務員除法律明定應到會備詢者外，得衡酌到會說明之必要性，決定是否到會。若未到會備詢，立法院不得據此以為刪減或擱置中央補助款預算之理由，以確保地方自治之有效運作。

・釋字第五二七號（2001 年 6 月 15 日）解釋地方行政機關職位設立與人員任用，以及聲請司法院解釋之規定。

　　地方自治團體依法享有自主組織權及對自治事項制定規章並執行之權限。其機關之組織應制定組織自治條例並公布施行之後，機關所設之職位依法定程序任命人員。……地方行政與立法機關對於議決事項發生爭議時，應依《地方制度法》第三十八、三十九條等規定處理，尚不得向司法院聲請解釋。

---

❹　公務員指依法考選銓敘取得任用資格，在法定機關擔任有職稱及官等之常業文官人員。

· 釋字第五五○號（2002 年 10 月 4 日）解釋《全民健康保險法》第
  二十七條規定地方政府補助保險費是否合憲？

　　憲法第一五五、一五七條，及增修條文第十條第五項明定國家應
推行全民健康保險。國家推行該制度之義務，係兼指中央與地方而言。
因此，1994 年 8 月 9 日公布，1995 年 3 月 1 日施行之《全民健康保險
法》，係中央立法並執行之事項。有關執行該制度之行政經費故應由中
央負擔，責由地方自治團體補助之保險費，係指保險對象獲取保障之
對價，除由雇主負擔及中央補助部分保險費外，地方政府予以補助，
符合憲法規定要旨。

　　地方自治團體受憲法制度保障，其施政之經費負擔與財政自主之
事項，固有法律保留原則之適用，但於不侵害其自主權核心領域之限
度內，中央依據法律使地方分擔保險費之補助，尚非憲法所不許。

　　法律之實施須由地方負擔經費者，如本案所涉……，於制定過程
中應予地方政府充分之參與。行政主管機關草擬此類法律，應與地方
政府協商，以避免片面決策可能造成之不合理情形，並就法案實施所
需財源事前妥為規劃；立法機關於修訂相關法律時，應予地方政府人
員列席此類立法程序表示意見之機會。

· 釋字第五五三號（2002 年 12 月 20 日）解釋臺北市政府因延期辦理
  里長選舉，被內政部以違背《地方制度法》第八十三條第一項規定，
  經報行政院依同法第七十五條第二項予以撤銷；臺北市政府不服，
  乃聲請解釋。

　　《地方制度法》第八十三條第一項規定：「直轄市議員、直轄市長、
縣（市）議員、縣（市）長、鄉（鎮、市）民代表、鄉（鎮、市）長
及村（里）長任期屆滿或出缺應改選或補選時，如因特殊事故，得延

期辦理改選或補選。」其中特殊事故為不確定法律概念，賦予該管行政機關相當程度之判斷餘地。本件既屬地方自治事項又涉及不確定法律概念，上級監督機關為適法性監督之際，固應尊重該地方自治團體所為合法性之判斷，但如其判斷有恣意濫用及其他違法情事，上級監督機關尚非不得依法撤銷或變更。

憲法設立釋憲制度之本旨，係授予釋憲機關從事規範審查（參照憲法第七十八條），除由大法官組成之憲法法庭審理政黨違憲解散事項外（參照憲法增修條文第五條第四項），尚不及於具體處分行為違憲或違法之審理。本件……係行政處分，……該爭議之解決，自應循行政爭訟程序處理。

臺北市如果認為行政院之撤銷處分侵害其公法人之自治權或其他公法上之利益，自得由該地方自治團體，依《訴願法》第一條第二項、《行政訴訟法》第四條提起救濟請求撤銷，並由訴願受理機關及行政法院就監督機關所為處分之適法性問題為終局之判斷。

《地方制度法》第三十條法律優位原則已經明示憲政法規優於自治法規的順序。所以，地方自治不是唯我獨尊。同理，推動地方自治不僅需要《地方制度法》，也需要其他憲政法規配合修改（例如：2000年日本的《地方分權一括法》）才能避免「制度陷阱」的缺失。

貳、自治法規

自治法規是地方自治團體組織與運作的法源。電子化政府推行之後，行政院全國法規資料庫 (http://law.moj.gov.tw/) 類別與檢索有地方法規類目。各直轄市、縣（市）政府電子網站也公布現行自治法規的內容，並可列印。受法治主義及自治權的影響，自治法規的數量將呈增加趨勢。本節將依法規分類、名稱使用、制定程序，以及法律優位原則，分別說明。

一、分　類

《地方制度法》第二十五、二十九、三十一條規定，地方自治法規包含自治條例，自治規則，自律規則，以及委辦規則四種。從性質與功能來分，自治條例為地方自治團體法規的主要法源；自治規則依自治條例賦予行政執行之需要，由行政機關制定，並依性質分別定名為規程、規則、細則、辦法、綱要、標準或準則；委辦規則是執行上級政府機關委辦事項，依授權內容函報核定後發布執行者；自律規則是地方立法機關規範議員或代表的規定。若從自治法規來源區分，地方立法機關制定自治條例或自律規則；地方行政機關依據自治條例訂定自治規則，或依據上級政府機關規定訂定委辦規則。自治法規分類歸納如下：

㈠依自治法規的來源區分

1.地方立法機關：自治條例、自律規則。

2.地方行政機關：自治規則、委辦規則。

㈡依功能及性質區分

1.自治條例：包含機關設立之母法、居民權利義務、公辦產業組織、其他地方立法機關認定之重要事項。

2.自治規則：包含行政執行之規程、規則、細則、辦法、標準、準則、綱要或要點。

3.委辦規則：執行上級政府或機關委辦事項之行政規定。委辦規則是否制定，由被委託辦理之政府決定。如果制定應函報委辦機關核定後發布，其名稱準用自治規則的公文分類。

4.自律規則：議會內部自律規範。《地方制度法》第三十一條授權

各地方立法機關「得」訂定，並非「應」制定。例如：南投縣議會已訂定自律規則。

二、自治條例

　　自治條例是地方立法機關審議通過，並由地方行政機關公布施行者。《地方制度法》第二十八條規定，必須以自治條例規範的事項有四：⑴法律或自治條例規定應經地方立法機關議決者；⑵創設、剝奪或限制地方自治團體居民之權利義務者；⑶關於地方自治團體及所營事業機構之組織者；⑷其他重要事項，經地方立法機關議決應以自治條例定之者。

　　條文中值得注意的是第四項。地方立法機關議決為「重要事項」者，行政機關就應尊重其決議，改以自治條例定之。因此，各地方自治團體施行的自治條例數量不一致。2007 年 10 月全國網路法規查詢系統顯示，花蓮縣有一百六十四種自治條例，彰化縣一百一十種，臺北市九十一種，新竹縣二十六種。其他各縣市在四十至六十種之間。

　　但是，議會立法時也不能有過度擴張權限的提議。例如：臺中縣議會某議員提議在縣內分區設立「議政服務中心」，內政部函釋：現行法規均無規定，因此該提議「於法無據」❺。嘉義縣議會 2007 年曾決議通過《發給議員退職金自治條例》，亦因沒有法源遭內政部撤銷。

㈠自治條例罰則之權限

　　《地方制度法》第二十六條第二、三、四項條文規定：

　　1.直轄市法規、縣（市）規章就違反地方自治事項之行政義務者，得規定處以罰鍰或其他種類之行政罰。但法律另有規定者，不在此限，

---

❺　內政部編印，2002，《地方制度法及解釋彙編》，頁88。內政部已函告「議政服務中心」沒有法定地位。

其為罰鍰之處罰，逾期不繳納者，得依相關法律移送強制執行。

2.前項罰鍰之處罰，最高以新臺幣十萬元為限；並得規定連續處罰之。其他行政罰之種類限於勒令停工、停止營業、吊扣執照或其他一定期限內限制或禁止為一定行為之不利處分。❻

3.自治條例經各該地方立法機關議決後，如規定有罰則時，應分別報經行政院、中央各該主管機關、縣政府核定發布；其餘除法律或縣規章另有規定外，直轄市法規發布後，應報中央各該主管機關轉行政院備查；縣（市）規章發布後，應報中央各該主管機關備查；鄉（鎮、市）規約發布後，應報縣政府備查。

㈡上項條文，值得注意的有四件事

1.鄉（鎮、市）沒有制定罰則的權限。

2.核定與備查的差異在於法定決策權的歸屬。核定係指上級政府或主管機關，對於下級政府或機關所陳之事項，加以審查，並作成決定，以完成該事項之法定效力之謂；備查係指下級政府或機關就得全權處理之業務，依法完成法定效力後，陳報上級政府或主管機關知悉之謂。

3.直轄市、縣市在自治條例規定的罰則只有罰鍰及行政罰兩種。罰鍰最高以新臺幣十萬元為限，並得連續處罰；行政罰限於：勒令停工，停止營業，吊扣執照，或其他一定期限內限制或禁止一定行為之不利處分等四種。其他未列舉事項，例如「撤銷許可」並非法定職權。

4.自治條例議決後，如訂有罰則，應分別報經行政院，中央各院主管機關，縣政府核定後發布。其餘法規亦應報上級政府與主管機關備查，其目的為再確認「適法性與適當性」，以免公布實施之後引發爭議。

---

❻　2008 年 2 月行政院版《地方制度法》修正草案，最高罰鍰為三十萬元。但是，立法院尚未排入議程。

㈢內政部彙編的實務案例

・案例一

　　高雄市曾有《高雄市各級學校教師及職員出勤差假管理自治條例》(2000) 規定請假扣薪之罰則。內政部函示，教職員與學校關係為「特別法律關係」或稱「特別權力關係」，地方政府在對象上，不能規範一般行政法人民為對象，也不能在行政罰權限內，另創類似「懲戒罰」的罰則。

・案例二

　　臺東縣綠島鄉公所擬向遊客徵收清潔維護費。內政部函釋，地方政府只能向居民徵收垃圾清潔費。至於風景特定區之清潔維護費及其他收入（例如門票），由專設之風景特定區經營管理機構，報呈觀光主管機關核准，才能實施（內政部地方制度法及解釋彙編，2002: 104–105）。

・案例三

　　自治條例要有地方自治團體全名，但是不能冠以行政機關名稱，也不能省略「自治」兩個字。例如：高雄縣美濃鎮代表會曾經通過《美濃鎮公所基層建設工程執行監督條例》的名稱就有二個錯誤。[7]第一、名稱應使用高雄縣美濃鎮，不是美濃鎮公所；第二、要使用「自治條例」，不能簡稱本條例，以區別中央與地方法規的位階及用語。[8]例如：《臺灣地區與大陸地區人民關係條例》，《勞工保險條例》等屬於中央

---

[7]　內政部編印，2002，《地方制度法及解釋彙編》，頁 31。內政部內民字第 8806611 號函適法性疑義之參考例證。

[8]　同上，頁 30。案例解釋強調法規體系的區隔與重要性。

法規;《臺北市房屋稅徵收自治條例》、《桃園縣地方稅自治條例》、《雲林縣村里鄉編組及調整自治條例》等屬於地方法規。

三、自治規則

自治規則由地方行政機關訂定,其名稱有規程、規則、細則、辦法、綱要、標準、準則。若該規則是行政機關內部作業的規定,訂定後直接「下達」。若與民眾或其他機關組織、團體有關,公文處理程序就要發文給相關機關團體。自治法規實務中發現,「綱要」幾乎不被使用;規程、規則、辦法、標準、細則、要點等名稱,使用最多。例如:

(一)**縣政府地政類**

《屏東縣各地政事務所組織規程》
《屏東縣都市計畫特殊公共設施保留地地質查估標準》

(二)**縣政府建設或文教類**

《花蓮縣畸零地使用規則》
《屏東縣廣告物管理細則》
《屏東縣漁港管理辦法》
《宜蘭縣縣庫支票管理辦法》
《桃園縣文化藝術財團法人設立許可及監督準則》
《臺北縣各鄉鎮市改善民俗實踐委員會設置要點》
《臺北市立高級中學組織規程準則》

(三)**鄉鎮公所自治規則**

《花蓮縣玉里鎮公共造產基金收支保管及運用辦法》

第六章 ▶ 地方機關的結構與事權

地方自治有四個要素：地方機關、自治權、行政區域以及居民。本章將介紹我國地方機關的結構與功能，以及地方自治事項的內容。下一章將介紹行政區域和居民。

🖊 第一節　權力分立制的地方機關

我國地方自治團體屬權力分立制。縣（市）議會、縣（市）政府分別又稱地方立法機關、地方行政機關。何謂機關？機關 (institutions) 指依據政府組織法規設立，行使公權力之組織。❶

地方立法機關以代議理論為基礎。代議理論反映現代政治與生活的聯繫。因為謀生與多元社會的結構，居民不必要、也不能夠全部直接參與公共事務。因此，代議政治成為民主政治的常軌。直轄市、縣（市）的代議機關稱議會，鄉（鎮、市）稱民代表會。地方選舉的代議士稱為縣（市）議員，鄉（鎮、市）民代表。代議民主的良窳，呂亞力認為決定於代議機關與代議士和人民之間的紐帶 (linkage) 是否適當而密切，以及代議士的素質。❷

地方行政機關的理論以公共行政（行政學）為主，公共管理為輔（參閱本書第二章第三節）。直轄市、縣（市）政府組織自治條例是地

---

❶ 我國政府組織法規依層級分為中央組織法規及地方組織自治條例兩種。例如：《中央行政機關組織基準法》(2004 年 6 月 23 日公布)。地方政府組織法規有內政部頒布之《地方立法機關組織準則》、《地方行政機關組織準則》，以及縣市政府組織自治條例，各局、處組織規程等。

❷ 呂亞力，《政治學》，修訂三版（臺北市：三民，1995），頁 194。

方行政機關的法源。各一級單位及所屬機關依據組織自治條例訂定組織規程，參見圖 6-1。

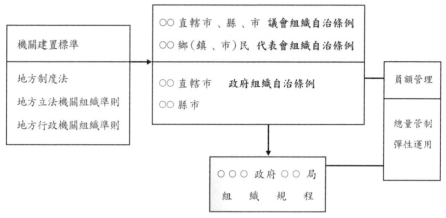

■圖 6-1　自治法規與地方機關關係圖

　　地方自治團體依據自治條例設立地方立法／行政機關，其結構參見圖 6-2。地方立法機關稱議會、代表會，例如：臺北市議會、桃園縣議會、臺中市議會等，以及臺北縣板橋市民代表會、屏東縣長治鄉民代表會等。其行政機關統稱為政府、公所，例如：臺北市政府、臺北縣政府、臺南縣政府等，以及桃園縣中壢市公所、高雄縣美濃鎮公所、花蓮縣吉安鄉公所等。

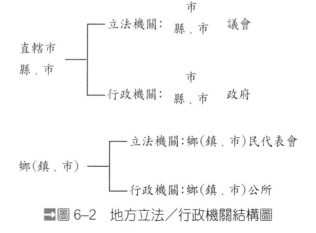

■圖 6-2　地方立法／行政機關結構圖

第二節　地方立法機關：議會、代表會

壹、地方立法機關的組織與功能

一、人民選出無給職❸議員、代表組成議會、鄉（鎮、市）民代表會，並於每屆成立大會推選議長、副議長，主席、副主席。

二、地方議會的功能：立法，審查總預算和決算，質詢，覆議，其他（例如：公聽會）。

三、議員權利：代表權、出席權、發言權、質詢權、表決權。尚無「文件調閱權」❹。

四、縣市議會分為大會及委員會兩種。委員會分兩種：依法應設程序委員會，並得設其他委員會若干。鄉（鎮、市）民代表會得設小組審查議案。

五、會議有「會別」、「會次」的區分。會別分為定期會、臨時會兩種。會次依序訂為第○○次會議。每次會別另訂會期天數的限制。

六、議會行政由祕書處掌理，下設五至九組、室。

---

❸ 地方民意代表法定為無給職，但得支研究費，開會期間得酌支出席費、交通費、膳食費等。

❹ 2008/2/1 行政院送立法院之《地方制度法》修正草案指出：為強化地方自治立法權能，建議修法賦予文件調閱權。雖然尚未完成修法，但地方行政機關人員指出，實務上已有「非正式」的文件閱讀行為。

貳、議員人數由內政部管制總額

➡表6-1　直轄市、縣市、鄉鎮市議員、代表人數總額管制

直轄市	人口150萬人以下	上限			
議員	44	52			
縣市人口	20-40萬人	40-80萬人	80-160萬人	上限	
議員人數	33	43	57	65	
鄉鎮市人口	1千人以下	1萬人以下	5萬人以下	15萬人以下	上限
代表人數	5	7	11	19	31

資料來源：內政部《立法機關組織準則》第五、六、七條。

一、保障名額規定：⑴直轄市原住民人口超過四千人，應有一名原住民議員。縣、市、鄉（鎮、市）平地原住民人口一千五百人以上者，應有一名代表名額。原住民議員在四人以上者，其中應有一名婦女名額；⑵各選區議員達四人以上者，應有一名婦女議員，每超過四人者，多增一人。

二、2007年各直轄市、縣（市）人口、議會席次及委員會數量統計，參見表6-2。

➡表6-2　2007年各縣市議會席次及委員會數量統計表

縣市名	總人口	選區	議員席次	委員會數目	議會行政（組、室）
臺北市	263萬	7	52	9	10
高雄市	151萬	5	44	8	9
臺北縣	377萬	12	65	8	7
宜蘭縣	46萬	12	34	7	5
桃園縣	191萬	12	59	9	7
新竹縣	48萬	11	34	*8	5

苗栗縣	56 萬	8	38	*7	6
臺中縣	154 萬	10	57	*9	7
彰化縣	131 萬	9	54	*7	7
南投縣	53 萬	7	37	*7	6
雲林縣	72 萬	6	43	6	6
嘉義縣	55 萬	7	37	*9	6
臺南縣	110 萬	10	50	8	6
高雄縣	124 萬	10	54	8	6
屏東縣	89 萬	16	55	6	7
臺東縣	23 萬	14	30	*8	6
花蓮縣	34 萬	10	33	8	5
澎湖縣	9 萬	6	19	*6	5
基隆市	39 萬	8	32	6	5
新竹市	39 萬	5	32	5	6
臺中市	104 萬	7	46	*9	6
嘉義市	27 萬	2	24	6	5
臺南市	76 萬	7	41	7	6
金門縣	7 萬	6	18	5	5
連江縣	0.9 萬	4	9	4	5

資料來源：(1)內政部民政司，http://www.moi.gov.tw/dca/regime01.asp；(2)人口資料統計至 2007 年 1 月；(3)議員席次根據中央選舉委員會 2005 年第十六屆縣市長、縣市議員，2006 年直轄市長、市議員選舉公告。

* 委員會下設專案小組。

參、議會會期與限制

　　一、會期及會次限制：《地方制度法》第三十四條規定地方議會及代表會，每屆除成立大會之外，定期會每六個月開會一次。每次會期會含例假或停會在內，會議日數規定如表 6–3：

➡表 6-3　地方議會會期及日數

	定期會		延長會議	臨時會
直轄市議會	70 日之內	41 人以上，40 日	10 日	10 日
縣（市）議會	40 人以下，30 日	20 人以上，16 日	5 日	5 日
鄉（鎮、市）民代表會	20 人以下，12 日		5 日	3 日

定期會之質詢日數，縣（市）不得超過會期總日數 1/5，鄉（鎮、市）民代表會不得超過 1/4。此外，延長會期不得質詢。臨時會直轄市每十二個月不超過八次，縣（市）不超過六次，鄉（鎮、市）不超過五次。

二、地方立法機關除法定結構外，不得成立「議政服務中心」等組織。

三、鄉（鎮、市）自治條例沒有制訂「罰則」之權限。

四、直轄市、縣（市）政府自治條例應依法公布，始生效力。自治條例訂有罰鍰（上限十萬元）及行政罰則（限於勒令停工、停止營業、吊扣執照或其他一定期限內限制或禁止行為），需分別報上級政府或中央主管機關核定後發布（《地方制度法》第二十六條）。委辦規則由委辦機關核定後發布。委辦事項，若核定機關有修正意見經核定後，無須再送議會審議。自治條例規範人員對象，限於行政區內一般居民。不適用於「特別法律關係」（或稱特別權力關係）之人員（例如：學校教職員）。

第三節　地方行政機關：政府、公所

直轄市政府、縣（市）政府就是地方行政機關的總稱，其職責（或稱功能）包括：依法辦理自治事項、執行中央機關委辦事項、監督下

級機關（區公所）或督導鄉（鎮、市）。

　　本節介紹地方行政機關的一般組織原則，並且列舉直轄市、縣（市）、鄉（鎮、市）等不同層級的組織結構，以及機關內部行政單位的結構圖例。地方政府組織或機關體系可以從電子政府網站閱讀。

壹、詞義與分類

　　政府、機關、組織、單位是一般用語。地方行政機關內部分支稱單位或機關。現行地方行政機關的分類可依層級、事務或職權、業務及內部單位、對外行文能力等差異區分為四類，分述如下：(1)依層級分為一、二級。例如：縣（市）政府民政處❺是一級單位，戶政事務所是二級機關；(2)依事務或職權分為一般單位、所屬機關、獨立機關（稱委員會）（參見圖 6-3）；(3)縣（市）政府也依單位服務對象為民眾或內部機構區分為業務單位和幕僚單位兩種類型。業務單位指執行事項於外部的組織，例如：民政處、建設處、交通處、財政處等。幕僚單位又稱輔助單位，包含祕書、會計、人事、主計、研考、資訊、法制、政風、公關（新聞）等輔助或支援機關內部運作的單位（參見圖 6-4）；(4)另依機關是否具單獨對外行文能力分為府內處、府外局兩種。各種分類圖示如下：

---

❺　縣（市）政府一級單位原稱局、室。2007 年 7 月 11 日《地方制度法》第六十二條修正公布之條文為：「前項縣（市）政府一級單位定名為處，所屬一級機關定名為局，二級單位及所屬一級機關之一級單位為科。」內政部《地方行政機關組織準則》第十五條亦修正為：「縣（市）政府一級單位為處。」直轄市尚未修改，仍依舊制。

一、地方行政機關依事務性質區分

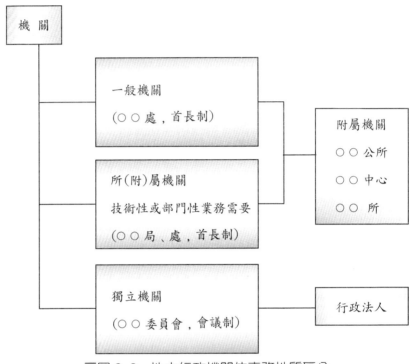

■ 圖 6-3　地方行政機關依事務性質區分

　　機關依事務性質分為一般機關、附屬（所屬）機關、獨立機關三種。縣（市）政府一般單位以民政處、財政處、教育處等一般事務為主。其決策及管理模式為「首長制」，主管稱處長。所屬機關以技術性或專門性業務需要，設立隸屬之專責機關。例如：警察局、衛生局、消防局、環保局、地方稅務局。獨立機關是依法獨立行使職權，自主運作，不受其他機關指揮與監督，領導模式為「合議制」機關。例如：臺北市政府法規委員會，高雄市政府原住民委員會，新竹市立國中小校長遴選委員會。

二、地方行政機關內部單位依功能區分為業務單位及輔助（幕僚）單位兩種

直轄市(臺北市政府內部機關上限32個)
　　　(高雄市上限29)
縣、市政府（14–23）
鄉（鎮市區）公所（6–13）

縣政府

業務單位：處或局
執行本機關職掌事項之單位

輔助（幕僚）單位：處或課
秘書、總務、人事、主計、研考、資訊、法制、政風、新聞等單位

➡圖 6–4　地方行政機關依功能區分

三、依有無單獨「對外行文」能力區分府內處、府外局❻

　　府內處指縣市政府執行民政、財政、建設、教育等一般性業務或幕僚單位，其對外公文往來都要以縣、市行政首長之名行之；府外局則授權機關局長名義行文。因此，府內處、府外局公文書的名稱有別。例如：新竹市政府建設處、新竹市政府交通處、新竹市政府觀光處為府內單位。新竹市文化局、新竹市消防局、新竹市環保局是府外機關。其餘類推。

　　《地方制度法》實施之後，各縣（市）對於交通局、文化局等單位因事務性質、單位所在地、參考其他縣市經驗或行政首長更迭等原因影響，劃歸府內、府外的作法不一。例如：2001 年有十個縣、市成

---

❻　府內／府外是參考日本地方政府內部單位劃分的概念。

立交通局。臺北市、桃園縣、臺中縣、高雄縣的交通局是府外局；臺北縣、新竹市、臺中市、嘉義市、嘉義縣、臺南市等六縣市交通局是府內局。再如，臺中市文化中心 1990 年改制為文化局，2002 年初又從府內一級單位改制為府外局，成為附屬一級機關。❼

貳、人事行政及員額管制

內政部頒布《地方行政機關組織準則》，參照行政院人事行政局計畫編制員額之計畫行政，對地方政府之職等及員額有總量管制之上下限。例如：副縣（市）長之規定，直轄市設副市長二人，祕書長一人，縣（市）設副縣（市）長一人，人口超過一百二十五萬以上增設一名副縣長，主任祕書一人。另外，人口三十萬以上縣轄市設副市長一人，鄉（鎮、市）公所主任祕書一人，由首長任命，並隨同首長離職。

直轄市、縣（市）政府根據總員額各自決定內部組織與人員配置。政務官為民選行政首長（直轄市長、縣市長、鄉鎮縣轄市長），以及行政首長任命之機要、諮議或參事與部分一級主管。行政人員分為政務官，公務人員（事務官）及約聘人員。地方公務人員依法考試並依編制員額申請、銓敘職等、分發任用。約聘、約雇人員依地方政府預算編列聘雇之。

地方行政首長對公務人員僅有人事轉調的裁量權。為避免基層公務員「不當調任」，《公務人員任用法》第十八條於 2002 年修法明定：同官等內調任低職等職務，除自願者外，以調任低一職等之職務為限，均仍以原職等任用，且機關首長及副首長不得調任本機關同職務列等以外之其他職務（仉桂美，2005: 27）。由於考銓制度為憲法規定中央立法之法規，我國地方公務人員享有合法之保障。

---

❼　《中央行政機關組織基準法》用詞定義，附屬機關指為處理技術性或專門性業務之需要，劃出部分隸屬權限及職掌另成立之專責機構。

參、機關及行政編組的差別

依行政層級劃分,直轄市、縣(市)政府、鄉(鎮、市、區)公所設立機關。村(里、鄰)為行政編組,名義上以村(里、鄰)長住所為辦公室。

另外,行政法人是執行特定公共事務具公法性質及法律人格的組織。2004 年起行政院研考會「政府組織再造」計畫已提出「地方化、法人化、委外化、去任務化」的原則。未來,有可能出現地方層級的行政法人。

肆、縣政府組織例證

一、宜蘭縣政府(組織圖請參考縣府網站)

㈠縣府一級單位十五處

十個業務單位:民政處(七科)、財政處(六科)、建設處(四科)、工商旅遊處(四科)、工務處(五科)、教育處(六科)、社會處(五科)、農業處(七科)、勞工處(三科)、地政處(五科)。

五個幕僚單位:祕書處(六科)、計畫處(五科)、主計處(四科)、人事處(四科)、政風處(三科)。

㈡縣府一級機關六局

警察局(五分局)、消防局(十五分隊)、地方稅務局(一分局)、衛生局(十二衛生所、一慢性病防治所)、環境保護局、文化局(二館)。

㈢所屬二級機關

　　共二十二個業務單位之所屬機關。包括：戶政、地政、原住民等
事務所，以及動植物防疫所、漁業管理所、殯葬管理所等。

㈣所屬教育機關

　　高中、國民中學二十四校，國民小學七十六校。

二、鄉（鎮、市）公所、區公所

　　內部機關以一層級為限。組織名稱為課、室、所、隊、館。例如：
臺北縣淡水鎮公所組織為：民政課、財政課、建設課、農業課、兵役
課、祕書室、人事室、主計室、政風室、清潔隊、圖書館、托兒所。
而基隆市安樂區公所組織則為：民政課、社政課、兵役課、經建課、
會計主任、人事管理員（參見該鎮、區公所網站組織圖）。

第四節　自治／委辦事項、部際關係

壹、事項的類別

　　地方公共事務依權力運作關係分為自治事項 (autonomous
affairs)、委辦事項 (delegated affairs) 與共同辦理事項 (affairs working
together)。本節介紹自治及委辦事項。共同辦理事項涉及府際關係或跨
域治理事務，將於第十三章說明。

　　《地方制度法》第十四條規定：直轄市、縣（市）、鄉（鎮、市）
為地方自治團體，依本法辦理自治事項，並執行上級政府委辦事項。
本條文顯示地方自治團體「雙重」的法定角色：辦理自治事項、執行

上級政府委辦事項。

　　何謂自治事項? 何謂委辦事項?《地方制度法》第二條有定義。自治事項: 指地方自治團體依憲法或本法規定，得自為立法並執行，或法律規定應由該團體辦理之事務，而負其政策規劃及行政執行責任之事項; 委辦事項: 指地方自治團體依法律、上級法規或規章規定，在上級政府指揮監督下，執行上級政府交付辦理之非屬該團體事務，而負其行政執行責任之事項。

　　自治事項與委辦事項有何異同? 自治事項與委辦事項的相同之處在於都是地方機關處理的公共事務。不同之處則在於事務性質及內容、責任、權力地位、經費等五個要點。分述如次:

一、事務性質不同

　　㈠自治事項為法定授權事務，地方政府有「應為」或「得為」的自主權。

　　㈡委辦事項由上級政府交付辦理，具有時效與個案的性質。

二、所負責任不同

　　㈠地方自治團體要負政策規劃及行政執行的責任。

　　㈡委辦事項僅負行政執行責任。其名稱因為準用自治規則，仍「應函送地方立法機關查照」(2008 年 2 月行政院送立法院《地方制度法》第二十九條修正草案)。

三、權力地位不同

　　㈠地方自治團體以公法人的獨立自主地位辦理自治事項。

　　㈡處理委辦事項時，只需地方行政機關以國家官署地位執行公權力。

四、經費來源不同

㈠自治事項的經費，由地方編列預算（自行籌措）。

㈡委辦事項的經費，由上級委辦機關負擔。

五、事務內容不同

自治事項明確列舉在《地方制度法》的條文之中。委辦事項由上級政府個別協調聯繫，不易列舉。明顯例證為 1995 年口蹄疫防制期間，行政院農委會緊急委託地方政府辦理病死豬掩埋或焚化事宜。

貳、自治事項的內容

《地方制度法》第十八、十九條列舉直轄市、縣（市）十三項法定自治事項。條文內容如下：

一、關於組織及行政管理事項如下：

㈠直轄市公職人員選舉、罷免之實施。

㈡直轄市組織之設立及管理。

㈢直轄市戶籍行政。

㈣直轄市土地行政。

㈤直轄市新聞行政。

二、關於財政事項如下：

㈠直轄市財務收支及管理。

㈡直轄市稅捐。

㈢直轄市公共債務。

㈣直轄市財產之經營及處分。

三、關於社會服務事項如下：

㈠直轄市社會福利。

㈡直轄市公益慈善事業及社會救助。

㈢直轄市人民團體之輔導。

㈣直轄市宗教輔導。

㈤直轄市殯葬設施之設置及管理。

㈥直轄市調解業務（縣無調解業務）。

四、關於教育文化及體育事項如下：

㈠直轄市學前教育、各級學校教育及社會教育之興辦及管理。

㈡直轄市藝文活動。

㈢直轄市體育活動。

㈣直轄市文化資產保存。

㈤直轄市禮儀民俗及文獻。

㈥直轄市社會教育、體育與文化機構之設置、營運及管理。

五、關於勞工行政事項如下：

㈠直轄市勞資關係。

㈡直轄市勞工安全衛生。

六、關於都市計畫及營建事項如下：

㈠直轄市都市計畫之擬定、審議及執行。

㈡直轄市建築管理。

㈢直轄市住宅業務。

㈣直轄市下水道建設及管理。

㈤直轄市公園綠地之設立及管理。

㈥直轄市營建廢棄土之處理。

七、關於經濟服務事項如下：

㈠直轄市農、林、漁、牧業之輔導及管理。

㈡直轄市自然保育。

㈢直轄市工商輔導及管理。

㈣直轄市消費者保護。

八、關於水利事項如下：

㈠直轄市河川整治及管理。

㈡直轄市集水區保育及管理。

㈢直轄市防洪排水設施興建管理。

㈣直轄市水資源基本資料調查。

九、關於衛生及環境保護事項如下：

㈠直轄市衛生管理。

㈡直轄市環境保護。

十、關於交通及觀光事項如下：

㈠直轄市道路之規劃、建設及管理。

㈡直轄市交通之規劃、營運及管理。

㈢直轄市觀光事業。

十一、關於公共安全事項如下：

㈠直轄市警政、警衛之實施。

㈡直轄市災害防救之規劃及執行。

㈢直轄市民防之實施。

十二、關於事業之經營及管理事項如下：

㈠直轄市合作事業。

㈡直轄市公用及公營事業。

㈢與其他地方自治團體合辦之事業。

十三、其他依法律賦予之事項。

《地方制度法》第二十條規定下列各款為鄉（鎮、市）自治事項：

一、關於組織及行政管理事項如下：

㈠鄉（鎮、市）公職人員選舉、罷免之實施。

㈡鄉（鎮、市）組織之設立及管理。

㈢鄉（鎮、市）新聞行政。

二、關於財政事項如下：

㈠鄉（鎮、市）財務收支及管理。

㈡鄉（鎮、市）稅捐。

㈢鄉（鎮、市）公共債務。

㈣鄉（鎮、市）財產之經營及處分。

三、關於社會服務事項如下：

㈠鄉（鎮、市）社會福利。

㈡鄉（鎮、市）公益慈善事業及社會救助。

㈢鄉（鎮、市）殯葬設施之設置及管理。

㈣鄉（鎮、市）調解業務。

四、關於教育文化及體育事項如下：

㈠鄉（鎮、市）社會教育之興辦及管理。

㈡鄉（鎮、市）藝文活動。

㈢鄉（鎮、市）體育活動。

㈣鄉（鎮、市）禮儀民俗及文獻。

㈤鄉（鎮、市）社會教育、體育與文化機構之設置、營運及管理。

五、關於環境衛生事項如下：

鄉（鎮、市）廢棄物清除及處理。

六、關於營建、交通及觀光事項如下：

㈠鄉（鎮、市）道路之建設及管理。

㈡鄉（鎮、市）公園綠地之設立及管理。

㈢鄉（鎮、市）交通之規劃、營運及管理。

㈣鄉（鎮、市）觀光事業。

七、關於公共安全事項如下：

㈠鄉（鎮、市）災害防救之規劃及執行。

㈡鄉（鎮、市）民防之實施。

八、關於事業之經營及管理事項如下：

㈠鄉（鎮、市）公用及公營事業。

㈡鄉（鎮、市）公共造產事業。

㈢與其他地方自治團體合辦之事業。

九、其他依法律賦予之事項。

直轄市、縣（市）的自治範圍與職權相當大。表 6-4 的事項類目對照表，顯示地方層級與事權的差異（縣大於鄉、鎮、市）。例如：鄉（鎮、市）沒有勞工行政，都市計畫、經濟、水利等自治事項；環境衛生只有廢棄物清除及處理事項；公共安全（例如：治安、防災救災）沒有警政、警衛事項；教育只有社會教育，沒有學校教育、學前教育的項目。

▶表 6-4　直轄市、縣（市）、鄉（鎮、市）自治事項類目對照表

自治事項	直轄市	縣（市）	鄉（鎮、市）
1.組織及行政管理	✓	✓	✓
2.財　政	✓	✓	✓
3.社會服務	✓	✓	✓
4.教育、文化、體育	✓	✓	部分
5.勞工行政	✓	✓	×
6.都市計畫及營建	✓	✓	×
7.經　濟	✓	✓	×
8.水　利	✓	✓	×
9.衛生及環保	✓	✓	部分
10.交通及觀光	✓	✓	✓
11.公共安全	✓	✓	部分
12.事業經營	✓	✓	✓
13.其他依法賦予之事項	✓	✓	✓

參、部際關係

部際關係 (interagency relations) 係探討縣（市）政府內「不同單位或機關」之間政策執行的互動關係。例如：臺北市區公所由民政局督導；當臺北市社會局某些業務委託區公所社會課執行時，就發生府內機關的部際關係。依照常理，縣（市）長負行政領導、決策與監督之責；行政首長對府內不同單位或機關互動的爭議有行政裁決權。近十年來許多縣（市）政府持續擴充內部單位，部際關係的問題有可能愈益明顯。

部際關係始於 1970 年代美國公共行政學界發展政策執行的研究途徑。它與府際關係相關，但是領域較小。府際關係指中央／地方，或者縣（市）之間的互動；部際關係則是直轄市、縣（市）政府內部機關或單位之間，政策執行過程中發生業務處理的相關活動。

例如：我國社會福利政策從 1990 年代開始大幅成長，同一時期，地方政府的角色與功能亦明顯成長（官有垣、王湧泉，2000）。各直轄市、縣（市）政府社會局雖然設立安養院、家扶中心，或是運用契約外包、與非營利組織協調合作辦理社會服務事項；但是，仍有一些照顧弱勢者的資格審核、津貼發放、急難救助等行政業務需要經由行政系統執行。

李翠萍運用權責關係、資訊流通、資源交換、部際文化等四個面向比較研究臺北市、高雄市社政單位的部際關係（李翠萍，2007: 97）。以臺北市為例，體制的權責關係為民政局第一科（區里行政）督導十二區公所，第四科（戶籍行政）督導十四戶政事務所。各區公所下設民政課、兵役課、健保課、社會課、經建課等業務單位。而區公所業務工作績效考核，民政占 51%，社會占 12%。當北高兩市社會局委託區公所社會課辦理社政業務時，分別依據《臺北市政府各機關業務權

限委任委託區公所執行作業要點》、《高雄市政府授權區公所業務作業計畫》之行政命令辦理。因為部際關係，互動上可以發展平等、合作的關係。

　　委辦的業務協調通常透過公文、電話、協調會、說明會來進行溝通。執行經費則由委託單位編列預算支用。然而，人力及業務費（加班費、郵資、影印費）經常是基層人員面對的額外負擔。所以，高雄市曾經發生區公所因加班費及反應時間不足而拒絕委託。此外，兩市區公所社會課也曾抱怨社會局不重視基層由下而上的政策建議，只在乎由上而下的執行工作。該研究最後建議：良好的部際關係應重視權責關係明確、部際關係有效溝通、充足資源互動、建立互信文化的經驗與發展（李翠萍，2007: 117–120）。

　　良好的部際關係可以強化地方政府的整體效能，提升政策執行的行政效率。同時它提醒領導階層除了目標管理與督導，也要重視執行單位之間的溝通、資源互補、與互動互信的能力。

第七章 ▶ 行政區域與居民

行政區域是土地與功能結合的概念。行政區域的建置有歷史背景，也有功能和穩定性的需求。近幾年，雖然行政區劃成為公共議題，事實上，直轄市、縣（市）的邊界仍是長期不變。居民的身分與資格，也是當代公共政策的重要議題。❶ 1990 年以來，歐美國家對身分與資格的主題投入許多研究與政策的資源。因為，身分與資格的界定，涉及人口計算、權利分享與責任分擔，也與資源分配、體制承載、共識凝聚有關。對地方政府而言，區域與居民攸關政策規劃、預算編製、以及執行運作的實際事務。

本章前兩節將介紹地方行政區域的現況與調整議題的內容，後兩節介紹居民的權利與義務。

🖋 第一節　地方層級與行政區劃

地方行政區域是國家次級體系，依層次不同分別規定於憲法及法律之中。各國通例，行政區劃重視歷史傳統、地理特性、文化差異、習慣延續、社會成本等因素，因此較少更動行政區域。

國家的次級體系通常以某個層級作為主要結構。主要結構的數量及區域是穩定的、長期不變。例如：德國的邦、美國的州、日本的（府）縣。現今，我國次級體系的主要結構是直轄市、縣（市）。因為，省可

---

❶　身分與資格的議題，有公民、原住民、移民（例如：外籍新娘）、外勞等政策辯論，在意識形態上也有自由主義、多元主義、社群主義的研討。參見 Ronald Beiner (ed.), *Theorizing Citizenship* (New York: State University of New York Press, 1995)。

以虛級化，鄉（鎮、市、區）的區劃、功能也可以調整。

壹、外國行政區劃調整例證

法國基層的 commune 區劃自 1789 年以來極少變動。雖然法國政府鼓勵千人以下的 commune 合併。然而，法國保守勢力極強，推行不易。其他歐洲國家，大多採小鎮體制。所以，行政區人口稀少並非特例。歐洲城鎮人口常在萬人以下，有的甚至不滿一千人（黃錦堂，2000：363）。

1982 年法國在中央政府與縣 (department) 之間，增加「廣域行政」的二十二個區政府 (regional government)，於是國家的垂直結構從三級制變為四級制政府。區政府採「議會制」以區議會為權威機構，主要目的是規劃並提升區域經濟及社會發展；次要功能是分擔中央政府責任，以及中央與地方政策聯繫的角色。義大利、西班牙、印尼、俄羅斯等國，已採取類似此種強化上層政府功能的策略。

日本與丹麥則是以績效管理為目的，合併地方行政區域。日本於 1995 年推動《新町村合併特例法》（昭和 40 年 3 月），以「住民自決」程序將「町、村」（類似我國鄉、鎮）減量或者合併到市。丹麥更是全面進行地方區劃整併的國家。丹麥於 2005 年立法推行地方政府改革計畫以 2006 年為轉型年，2007 年 1 月 1 日起，全國 271 個市 (municipalities) 合併為 98 個市，13 個郡 (counties) 重組為 5 個區 (regions)。這是當代地方行政區劃全面調整的一個例證。

行政區域大小各有優缺點。理論上，小行政區的優點是易於管理，情感易於凝聚，人民較易直接參與；缺點則是資源、人才不足、發展不易、易於操縱與控制。相對地，大行政區的優點是人力與資源多、盈虧調節較易；其缺點是不易治理、社會較冷漠疏離、發生區域割據的問題（薄慶玖，2001：55-57）。行政區劃的政治因素複雜，有時甚至

會有衝突；但是，社會變遷和資源效應是當代重要的影響因素。觀察近十年的變化，大行政區似乎成為當代趨勢。

貳、我國地方行政區域概況

歷史及實務顯示，行政區域因為人口及事務增加而增設；反之，也會兼併與減量。臺灣清治時期縣廳制（表4–1），日治時期的州廳制（曾劃分小廳制與大州制），以及現在的縣市制（表4–2）反映行政建制及人口的關係。

1950年以來，兩岸分裂分治中的地方政府是以臺灣省和福建省的金門縣、連江縣（俗稱馬祖）為運作中的地方行政區域。臺灣省二十一縣市的結構和行政區劃是1950年9月由省民政廳公布的（表4–2）。之後，有改制升格的臺北市(1967)、高雄市(1979)兼併鄰近縣市部分鄉鎮。1982年另增新竹市、嘉義市兩省轄市。一般稱臺灣二十三縣市；或者加上福建省金門縣、連江縣稱臺閩地區二十五縣市（含院轄市）。各行政區的建制與發展都有歷史源流（參見第四章）。

1950至1999年間，我國的憲政體制將地方分為三個層級：省、直轄市是第一級；縣、市（或稱省轄市）是第二級；鄉（鎮、縣轄市、區）稱為第三級（簡稱三級制政府）。精省之後，地方自治的層級有二級：直轄市、縣市，鄉（鎮、縣轄市）；區公所為直轄市及市政府的派出機關。

地方層級和行政區域劃分，除了辨識的功能之外，還有行政資訊資料蒐集與分類的功能。所以精省之後，臺灣省仍是行政統計的類目。此外，行政院經濟建設委員會的「臺灣地區綜合開發計畫」以經濟發展及都市計畫❷功能，將臺灣劃分為北、中、南、東四個區域。雖然

---

❷ 經建會都市計畫以五萬人以上之鄉（鎮、市）、縣（市）、直轄市稱「主要都市」。2002年共計九十三個。

它們沒有法源,卻是行政資訊的重要類目。行政資訊所稱的北部區域:包括臺北市、基隆市、新竹市、臺北縣、桃園縣、新竹縣及宜蘭縣等七縣市。中部區域:包括臺中市、苗栗縣、臺中縣、彰化縣、南投縣及雲林縣等六縣市。南部區域:包括高雄市、臺南市、嘉義市、嘉義縣、臺南縣、高雄縣、屏東縣及澎湖縣等八縣市。東部區域:包括花蓮縣及臺東縣等二縣市。北、中、南、東的區域概念,已經成為內政部、財政部等其他部會使用中的行政概念。行政院中部辦公室、行政院南部辦公室也以此作為區域範圍。

參、鄉(鎮、市、區)的變動

近五十年,調整較大的是直轄市、縣轄市的區域調整。例如:1967年,南港、士林、景美、木柵、北投、內湖等六鄉(鎮)由北縣併入臺北市。1979年,小港鄉併入高雄市。1982年新竹縣香山鄉併入新竹市。

過去半世紀以來,鄉(鎮)因為政治地位(縣政府所在地)、人口增加或者經濟發展的原因,鄉(鎮)數目減少,升格為縣轄市的數目增加。根據內政部2007年行政資訊統計,現有三十二個縣轄市為:板橋市、三重市、永和市、中和市、新莊市、新店市、土城市、汐止市、蘆洲市、樹林市、宜蘭市、桃園市、中壢市、平鎮市、八德市、竹北市、苗栗市、豐原市、大里市、太平市、彰化市、南投市、斗六市、太保市、朴子市、新營市、永康市、鳳山市、屏東市、臺東市、花蓮市、馬公市(鄉鎮市數量見表7-1)。

표 7-1 2007 年臺閩地區鄉鎮市區村里鄰數

年及地區別	鄉鎮市區數					村里數			鄰 數
	合計	縣轄市	鎮	鄉	區	合計	村	里	
2007 年總計	368	32	61	226	49	7,826	2,993	4,833	147,342
臺灣省	335	32	58	219	26	6,859	2,958	3,901	128,558
臺北縣	29	10	4	15	−	1,016	177	839	21,648
宜蘭縣	12	1	3	8	−	235	122	113	3,738
桃園縣	13	4	2	7	−	471	160	311	11,056
新竹縣	13	1	3	9	−	182	91	91	3,019
苗栗縣	18	1	6	11	−	271	106	165	4,591
臺中縣	21	3	5	13	−	411	188	223	7,712
彰化縣	26	1	7	18	−	589	325	264	9,047
南投縣	13	1	4	8	−	261	128	133	4,251
雲林縣	20	1	5	14	−	387	226	161	6,364
嘉義縣	18	2	2	14	−	357	268	89	5,319
臺南縣	31	2	7	22	−	521	300	221	9,723
高雄縣	27	1	3	23	−	441	289	152	9,353
屏東縣	33	1	3	29	−	464	324	140	7,465
臺東縣	16	1	2	13	−	147	86	61	2,708
花蓮縣	13	1	2	10	−	177	105	72	3,655
澎湖縣	6	1	−	5		97	63	34	1,404
基隆市	7	−	−	−	7	157	−	157	3,350
新竹市	3	−	−	−	3	120	−	120	2,165
臺中市	8	−	−	−	8	214	−	214	5,172
嘉義市	2	−	−	−	2	108	−	108	1,778
臺南市	6	−	−	−	6	233	−	233	5,040
臺北市	12	−	−	−	12	449	−	449	9,485
高雄市	11	−	−	−	11	459	−	459	8,406
福建省	10	−	3	7	−	59	35	24	893
金門縣	6	−	3	3	−	37	13	24	756
連江縣	4	−	−	4	−	22	22	−	137

資料來源：內政部統計處內政統計年報。

🖊 第二節　行政區劃的議題與觀點（含原住民自治）

壹、行政區劃的議題與觀點

一、數量／法源

　　1990 年代以來，行政區劃的議題經常出現。因為人口消長、社會變遷、統獨效應、行政效能等因素，使它成為一項政策議題。但是，輿論的意見並不一致。各種學術研討會、報章論述、選舉政見曾提出將臺灣劃分數省，或增設直轄市的意見；也有將臺灣省二十一縣市合併為十大縣，或縮小行政區增量為三十縣市的建議。此外，2004 年、2008 年總統大選期間，也有增設區域政府，或行政區劃再調整的政見被提出。現今，各種說法都只是輿論，不是政策。1982 年以來，直轄市、縣（市）的數量長期不變（參見表 4-2）。

　　體制上，內政部是《行政區劃法》（行政法類）的起草機關，重視原則及程序問題。內政部於 1993 年開始草案起草研究工作。2001 年內政部舉辦「推動地方政府組織改造」分區座談會的意見徵詢，曾有人建議先取消鄉（鎮、市）長及代表選舉，行政區劃才有可能推動。❸然而，這又涉及《地方制度法》修法的困難。2002 年 9 月 18 日行政院會第二八○四次會議通過鄉（鎮、市）改制為派出機關。2003 年行政院第二八五○次院會討論通過《行政區劃法》草案二十二條內容（紀

---

❸　2005 年內政部「推動地方政府組織改造」分區座談會會議紀錄，參見 http://www.moi.gov.tw/dca/news.asp?id=1494。紀俊臣關於鄉鎮市合併、調整與行政區劃研究，參見紀俊臣，2004: 235–258。

俊臣，2004: 224)。行政院的草案雖然送達立法院，可是立法院擱置該草案。2005 年 2 月立法院以「屆期不續審」之法定程序理由，將上屆未審之法案退回行政院。2008 年 2 月，行政院再次將該法案函送立法院審議。

《行政區劃法》草案規範「省、直轄市、縣（市）或其他行政院核定之區域」的新設、廢止或調整。鄉（鎮、市、區）區域調整由直轄市、縣（市）自治條例規定。行政區劃的考量因素很廣，族群特性、人口、語言、文化、資源分配、財政收支劃分、產業及經濟發展、國土規劃、自然生態、生活圈或生態圈等都是相關因素。

未來，行政區劃可以由內政部或直轄市、縣（市）政府提出；人民或團體亦得向主管機關提出建議。為尊重民意，行政區劃的計畫還應辦理民意調查及公聽會。主管機關內政部審議行政區劃計畫時，應邀集學者、專家、社會公正人士十一至二十五人以合議制方式審議。其他地籍、戶籍、稅籍、車籍等行政業務之移轉交接，以及機關（構）、學校、組織之財產人員編制與業務之移轉交接，亦作原則性之規範。

二、人口因素

人口是地方發展非常重要的因素。臺灣北部的縣（例如：臺北縣、桃園縣）人口持續增加，其他地區的縣人口成長緩慢，有的甚至衰退（例如：2006 年澎湖縣總人口 91,785 人，老年人口比率 15.03%）。

人口是鄉鎮升格為城市的重要指標。縣轄市的成長很快（參見上節），院轄市也將是另一指標。2007 年《地方制度法》第四條修訂：縣人口達二百萬人以上得為準直轄市。臺北縣據以升格為準直轄市即為例證。同法第七條：「不涉及行政區域劃分、調整者，亦得經縣議會通過，由內政部轉報行政院升格為直轄市」之規定，預留升格的法源。

但是，鄉鎮人口如果長期流失或稀少是否仍須維持建制呢？例如：

2006 年高雄縣茂林鄉人口只有 1,767 人。地方機關的開銷實際由上級
政府負擔。此外，各縣境內人口分布與結構也有失衡的現象。例如：
2006 年臺南縣二市七鎮二十二鄉總人口 1,106,690 人。其中 55.43% 集
中於永康市、新營市、仁德鄉、歸仁鄉、佳里鎮、麻豆鎮、新化鎮等
七個鄉（鎮市）。永康市 208,919 人 (18.68%) 最多，新營市 78,742 人
(7.12%) 次之。人口最少的龍崎鄉只有 4,406 人 (0.4%)，其次左鎮鄉
5,712 人 (0.52%)。❹不僅如此，臺南縣人口老化嚴重，2005 年已有十
七鄉鎮高齡人口超過總人口比率 14% 以上，其中，龍崎鄉更高達
22.73%，左鎮鄉 21.86% 次之。如何面對人口嚴重流失及老化的鄉？已
經成為公共政策的新議題。

　　臺灣能否在縣境之內進行合併鄉鎮的構想呢？仉桂美曾質疑現有
309 鄉（鎮、市）的必要性（仉桂美，2005: 101）。紀俊臣的研究建議，
將鄉（鎮）人口少於六萬人，原住民鄉少於五千人者予以合併。如果
依其建議，全臺將有二十三個鄉受到影響（紀俊臣，2004: 213）。人口
數是他（她）們研究的主要指標。未來，《行政區劃法》草案通過之後，
自治條例將有法源進行鄉鎮合併的調整。除此之外，新制度主義、公
共管理導入「交易成本論」強調減少公共支出、增加管理績效的理論，
也可以強化政策倡導的效應。

　　行政區劃是複雜的政治議題，存在某些困難及挑戰。1980 年以來，
內政部營建署成立七個國家公園，以及交通部觀光局成立十三個國家
級風景區屬於由上而下、功能性管轄權的調整。此外，部分土地因管
轄或發展之便由中央機關移交地方，或者縣市交換之外，極少有行政
區劃的變動。臺北縣升格為準直轄市並未改變行政區域。

　　如果臺中縣、臺中市合併為直轄市，該政策將涉及行政區域變更。

---

❹　臺南縣政府主計處，〈臺南縣人口結構與特性之分析〉（2006年），參見
　　http://www.tainan.gov.tw/。

如果臺中、桃園相繼升格，將出現多直轄市的現象（黃建銘，2008：294）。未來，只要凝聚共識，行政區劃依法定調整的變更就有可能發生。

貳、原住民自治

　　1950 年以來原住民為主的住區稱「鄉」。清治時期原住民設「社」，日治前期延續該制。「霧社事件」之後取消「社」改稱鄉，迄今仍稱鄉。臺灣現於十二個縣中，有三十個原住民鄉，其分布如下：臺北縣烏來鄉；桃園縣復興鄉；新竹縣五峰鄉、尖石鄉；苗栗縣泰安鄉；臺中縣和

➡圖 7-1　臺灣目前有三十個原住民鄉。

平鄉；南投縣信義鄉、仁愛鄉；嘉義縣阿里山鄉；高雄縣茂林鄉、桃源鄉、三民鄉；屏東縣三地門鄉、霧臺鄉、瑪家鄉、泰武鄉、來義鄉、春日鄉、獅子鄉、牡丹鄉；宜蘭縣南澳鄉、大同鄉；花蓮縣秀林鄉、萬榮鄉、卓溪鄉；臺東縣金峰鄉、海瑞鄉、達仁鄉、延平鄉、蘭嶼鄉（紀俊臣，2004：206-208）。

　　《地方制度法》第五十七條規定山地鄉鄉長以山地原住民為限。那是現行原住民自治的地方法規。此外，《地方制度法》第三十三條有民意代表的保障名額。例如：直轄市原住民人口在四千人以上，縣市、鄉（鎮、市）原住民人口在一千五百人以上者，應有議員、代表的保障名額。另原住民議員、代表名額在四人以上者，應有婦女當選名額。

　　《行政區劃法》草案第十九條說明原住民自治區行政區域範圍之劃設、變更及廢止，另以原住民自治區劃法研擬法律規定。

🖌 第三節　居民身分與資格

　　現代人第一層法定身分是國籍的區別。由於經濟難民與環境難民增加，英、美、法、德、澳洲等國的新移民政策，對居留或永久居留的審核趨嚴，對公民資格的授予更加嚴格。

　　在法治國家，法律除了規定國籍的身分之外，還有國內行政區居民與其他資格的界定。例如：我國《戶籍法》有居民設籍的規定。擁有我國國籍，旅居外國者，稱為本國僑民；外國人旅居我國者，稱為外國僑民。許多國家已經對於本國或外國僑民，每年在國內或國外居住日數設定期限（例如：一百八十日或九十日），其目的是為了要更具體的區分權利或義務的運作標準。

　　地方自治團體也有居民身分及資格的界定。例如：居民年滿六十五歲，設籍滿四（或六）個月的老人，可以依直轄市、縣（市）政府規定，申請老人福利補助。又如，地方民意代表戶籍遷出該行政區域四個月以上者，依《地方制度法》第七十九條解除職務。可知，各直轄市、縣（市）政府自治條例除身分之外，還有其他資格的規定（例如居住期限、年齡、教育等）。

　　在少數民族方面，美國愛斯基摩人或印地安人保留區內的自治法規，設有身分資格的辨識標準，也有不同於一般公民的特別權利與責任規範。

　　身分資格、權利義務的議題，也經常出現於地方公共事務的相關討論之中。例如：社區活動中心是否外借他人使用？直轄市市立高中（尤其「明星」中學），應否限制外縣市學生跨區就讀？國民小學的母語教育，採取單一或多元教學？地方政府為鼓勵人口成長，推行婦女生育補助金、學童獎助金政策，資格與條件如何規定等等。當各地的

地方自治出現明顯落差之後，施政重心與治理能力的差異，將使不同區域的居民，享有不完全一致的權利與義務。因此，法定身分、資格，以及權利義務的認知和實踐，將愈受重視。

　　本節將分別介紹我國《地方制度法》及其他法規，關於法定身分、資格的分類，以及居民的權利、義務的一般規定。此外，也舉例介紹某些地方政府自治條例所作之特別規定，作為參考。

壹、居民的要件

　　《地方制度法》第十五條規定「中華民國國民，設籍在直轄市、縣（市）、鄉（鎮、市）地方自治區域內者，為直轄市民、縣（市）民、鄉（鎮、市）民。」因此，我國居民的界定，包含國籍、設籍兩個要件。

　　國籍取得即成為國民，取得方式有血統原則、出生地原則、申請歸化等三種。血統原則（又稱屬人主義），指子女出生時其國籍以父母國籍為依歸。我國與歐洲各國採用此原則；英、美採出生地原則（又稱屬地主義），將國籍授與出生於該國領土內的人；申請歸化則有居住期限（我國規定繼續五年以上）、年齡（滿二十歲）、良民證明、財產能力與其他規定條件。國籍喪失，則依申請放棄的規定程序辦理。

　　何謂設籍？設籍指依《戶籍法》設籍程序，完成戶籍遷入之登記。戶籍遷入、遷出之登記，是我國各種行政資訊的計算準據。直轄市、縣（市）人口計算、政府財政規劃、社會福利預算編製等等，都以戶籍統計作為母體。

　　寄籍指因工作或生活離開戶籍登記地而暫居外地者。現今，地方政府對寄籍並未嚴格規定。然而，選舉權、社會福利等某些權利，是以本籍作為要件。因此，本籍與寄籍仍有居民資格和權利的差別。

貳、居民的其他身分與資格

　　居民是一般身分。生活中另有其他特別身分的界定，例如：設籍的居民，依年齡區分，有未成年、公民、老人等三種不同的身分。二十歲以下者為未成年居民；滿二十歲以上，享有獨立行為能力，並且享有政治權利者稱公民；公民之中，依《老人福利法》規定年滿六十五歲者，稱為老人。

　　《原住民身分法》（2001 年 1 月 1 日實施）規定，山地原住民或平地原住民依法應向戶籍機關登記，其身分證應有原住民身分之註記。

　　身分之外，某些地方政府另有特殊資格與權利的規定。例如：各縣市申請兒童免費疫苗注射、公立幼稚園入學、老人福利、殘障救助、免費門票等政策，就有居住期間、是否褫奪公權、年齡、貧戶等資格的規定。

參、旅居國外之僑民

　　擁有我國國籍的國民或公民，離境六個月之後，內政部出入境管理局會通知各地方戶政機關分類管理。長期僑居外國之後，可能因故喪失居民身分，入境之後需要重新申請登記，並居住一段期間之後，才能再履行權利與義務。一般多有親自辦理與限制代理的規定。

肆、外籍人士

　　外國人在臺申請居留，由於移民法尚未立法，外國人若申請「外僑居留」，須向內政部入出境管理局個別申請；若要「歸化」，須向內政部民政司申請。特殊有貢獻人士（例如：傳教士、醫生、護士）的長期居留，則由內政部專案辦理。外籍人士暫居各地，能否享受地方政府非公民資格的權利或其他事宜，除一般規定之外，採個別專案申

請核覆方式辦理。

　　大陸地區人民在臺定居或居留，則依立法院通過年度數額表、內政部規定《大陸地區人民在臺灣地區定居或居留許可辦法》辦理。

第四節　居民的權利與義務

壹、法定的權利與義務

　　《地方制度法》第十六條規定：直轄市民、縣（市）民、鄉（鎮、市）民之權利如下：

一、對於地方公職人員有依法選舉、罷免之權。

二、對於地方自治事項，有依法行使創制、複決之權。

三、對於地方公共設施有使用之權。

四、對於地方教育文化、社會福利、醫療衛生事項，有依法律及自治法規享受之權。

五、對於地方政府資訊，有依法請求公開之權。

六、其他依法律及自治法規賦予之權利。

　　《地方制度法》第十七條規定：直轄市民、縣（市）民、鄉（鎮、市）民之義務如下：

一、遵守自治法規之義務。

二、繳納自治稅捐之義務。

三、其他依法律及自治法規所課之義務。

　　上述權利內容，除道路、路燈等公共設施因為「公共財」具不可分割的屬性之外，其他權利項目都有「依法」行使之規定。例如：地方公職人員選舉依《選舉罷免法》規定。此外，各地方政府也有關於地方自治行使創制、複決之權的規定，例如：《金門縣公民投票自治條

例》（2004 年 11 月 29 日）。

　　但是，關於地方教育文化、社會福利、醫療衛生事項，因為地方財政與政策內容之不同，城鄉差異或地方落差的現象已經愈益明顯。具體內容，要根據地方自治法規的資格、條件及其他規定辦理。

　　關於義務方面，簡言之是遵守自治法規及納稅兩項。《地方稅法通則》修正後，地方行政機關的規費收取，以及稅收將會有因地制宜的差別。服兵役是國民對國家的義務，不在地方義務之列。但是，地方若有安全或其他需求，地方自治條例仍然可以立法規範居民的法定義務。❺

　　因此，特殊規定要參照其他法律，以及地方自治法規辦理。

貳、公民責任是不是義務？

　　當代，社群主義論者主張，孩童教育或公民責任的行為事項，常有超越法律的某些內容，例如：志願工作時數。由於法治主義依法行為，我們認為那只能視為道德勸說，或者社會壓力的作用。地方自治關於居民權利義務的規定，依法行政當然以自治法規的規定作為居民「行為或不行為」的法定標準。因此，公民素質、公民精神、公民責任等概念，屬於人文素養的領域，不是法定義務。然而，我們也知道公民素質、公民責任、人民道德標準高的社區或地方，地方自治的績效當然有正面增強的成就。

---

❺　荷蘭地方政府原有強制男性公民參加搶救海堤的勞務規定；我國 1930 年代有「勞動服務」的規定。目前，急難發生時地方的緊急措施仍可課責居民某些義務。

第八章 ▶ 地方選舉罷免及訴訟

我國現有七種民選地方公職人員，分別是：(1)直轄市市議員；(2)直轄市市長；(3)縣（市）議員；(4)縣（市）長；(5)鄉（鎮、市）民代表；(6)鄉（鎮、市）長；以及(7)村（里）長。每屆民選地方公職人員的任期四年。直轄市長、縣（市）長、鄉（鎮、市）長有連任一次限制外，其餘無連任次數限制。

本章分節說明地方選舉罷免的意義與功能、重要程序、以及選舉監察與訴訟的內容。

第一節　地方選舉的意義與功能

壹、地方選舉的意義

地方選舉具有草根民主的意義。它依據法治及自由選舉的活動，經由競爭性機制由公民直接選出議員及行政首長，依法管理任期內的地方公共事務。同理，民選之公職人員亦得由該選區公民依法罷免。

《公職人員選舉罷免法》（以下簡稱《選罷法》）第十四條規定，除受禁治產宣告尚未撤銷者外，年滿二十歲國民有選舉權。因為沒有強制投票的規定，所以我國選舉權性質屬於「權利說」❶。

---

❶ 選舉權的性質有權利說、義務說，及權利兼義務說等三種類型。多數國家採權利說：公民得自由決定行使或放棄投票權；義務說視投票為公民責任，除法律許可原因外實施強制投票。阿根廷、巴西、澳洲、新加坡、厄瓜多爾等國採行；權利兼義務說只是學理分類，不易實施。

《選罷法》第三條規定各種選舉除另有規定外，以普通、平等、直接及無記名投票方法行之。普通選舉指選民資格沒有教育、性別、財產、族群的限制；平等指沒有地位等級的差異，亦即「一人一票，票票等值」；直接選舉指選票能夠直接造成候選人當選與否；無記名投票又稱祕密投票（選票上不記投票人姓名）。地方選舉尚無通訊投票等其他規定，所以法定方法仍為普通、平等、直接及無記名投票。

➡️圖 8-1　地方選舉具有草根民主的意義。

　　地方選舉罷免選務行政的經費，由地方政府依法編列預算支付。候選人除保證金及個人競選費用外，不必負擔選舉機關選務行政的費用。所以，地方選舉也是依法行政的公費活動。

貳、地方選舉的功能

　　地方選舉的功能有：政治甄選、建立正當性、提供代表性、影響政策及政治訓練。分述如下：

一、政治甄選

　　地方自治是民主的基礎。地方選舉就成為甄選政治菁英的主要方式。1942 年熊彼得 (Joseph Schumpeter) 在《資本主義、社會主義與民主》(*Capitalism, Socialism, and Democracy*) 一書中，將選舉視為民主政治的制度安排。它是候選人透過競爭選票的過程，贏得擔任公職的機會。

二、建立正當性

　　選舉顯示民主政治的「同意原則」，也是居民對民選行政首長和議

員合法「授權」(empowerment) 的表示。選舉期間若有重大政策辯論，當選者亦因此獲得政策推行或調整的正當性。

三、提供代表性

雖然地方選舉為象徵性意義，但多數決的選票也的確產生民選首長及議員代表的代表性，並由他（她）們代表居民運作地方政府。

四、影響政策

地方選舉可以定期檢視地方公共政策的事務內容，以及某項政策是否持續、修正、或改變。因此，地方選舉的辯論及選後的施政，對地方政策會有影響。

五、政治訓練

地方選舉對選民有政治權利與民主運作的政治社會化功能。對於從政人士，則提供熟悉民主程序、接受選舉規範、合法爭取選票，以及擔負政治責任等民主過程的政治訓練。

第二節　地方選舉的程序

地方選舉最重要的法源是《選罷法》。行政院中央選舉委員會網站公布的選舉法規還包括法律、法規命令、行政規則等三類。

地方選舉重要的程序如下：設立選舉委員會（選務機關）、發布選舉公告、受理候選人登記、審定候選人資格、辦理候選人抽籤決定號次、公告閱覽選舉人名冊、競選活動、分送選舉公報及投票通知單、投票及開票、公告當選人名單、發給當選證書。

壹、設立選舉委員會

《選罷法》第七、八條規定直轄市、縣（市）選舉委員會（以下簡稱選委會）組織規程均由中央選委會擬訂，並報請行政院核定。其組織「隸屬中央選舉委員會，各置委員若干人，由中央選舉委員會提請行政院長派充之，並指定一人為主任委員。」

直轄市、縣（市）長及議員選舉，由中央選舉委員會主管，並指揮、監督各直轄市、縣（市）選委會辦理之。鄉（鎮、市）民代表及鄉（鎮、市）長選舉，由縣（市）選舉委員會辦理之。村（里）長選舉，由直轄市、縣（市）選委會辦理。前二項之選舉，直轄市、縣（市）選委會於鄉（鎮、市、區）設立選務單位，並接受中央選舉委員會之監督。

《選罷法》第十一條規定選委會辦理事項為：⑴選舉、罷免公告事項；⑵選舉、罷免事務進行程序及計畫事項；⑶候選人資格之審定事項；⑷選舉宣導之策劃事項；⑸選舉、罷免之監察事項；⑹投票所、開票所之設置及管理事項；⑺選舉、罷免結果之審查事項；⑻當選證書之製發事項；⑼訂定政黨使用電視及其他大眾傳播工具從事競選宣傳活動之辦法；⑽其他有關選舉、罷免事項。

現今，地方選舉已舉辦數十年。依慣例，各地方選委會主任委員多由行政首長或副縣（市）長兼任，副主任委員由民政處長兼任。因為業務執掌關係，選委會行政人員亦包含民政處及鄉（鎮、市、區）民政課兼任之公務員負責行政協調與執行事宜。

貳、發布選舉公告

各地方選委會應於公職人員任期或規定日期屆滿四十日前，發布選舉公告。公告中應載明選舉種類、選舉區、投票日期、投票起、止

時間、競選經費最高金額，以及候選人申請登記起止日期、時間與地點、應具備之表件及份數、領取書表之時間與地點以及應繳納之保證金數額。

參、受理候選人登記

候選人登記應於投票日二十日前公告。選委會受理登記期間，縣（市）公職人員，不得少於五日；鄉（鎮、市）長及代表與村（里）長選舉之登記不得少於三日。

肆、審定候選人資格

選委會除就候選人繳交之資料證件，審查該候選人之積極資格外，並向有關機關查證其消極資格，據以審定候選人之資格。

一、候選人之積極資格為年齡限制

一般規定選舉人年滿二十三歲，得於其選舉區登記為議員、代表候選人；直轄市長、縣（市）長候選人須年滿三十歲❷；鄉（鎮、市）長候選人須年滿二十六歲。

二、候選人消極條件之一為良民條件

《選罷法》第二十六條規定下列情事之一者不得登記為候選人：(1)動員戡亂時期終止後，曾犯內亂、外患罪，經依《刑法》判刑確定者；(2)曾犯貪污罪，經判刑確定者；(3)曾犯《刑法》第一四二條、第一四四條之罪，經判刑確定者；(4)犯前三款以外之罪，判處有期徒刑以上之刑確定，尚未執行或執行未畢者。但受緩刑宣告者，不在此限；

---

❷ 直轄市長候選人原訂三十五歲，2007 年 11 月 7 日修正公布之《選罷法》條文將其改為三十歲。

⑸受保安處分或感訓處分之裁判確定，尚未執行或執行未畢者；⑹受破產宣告確定，尚未復權者；⑺依法停止任用或受休職處分，尚未期滿者；⑻褫奪公權，尚未復權者；⑼禁治產宣告，尚未撤銷者。

三、候選人消極條件之二為身分限制

《選罷法》第二十七條規定下列人員不得登記為候選人：⑴現役軍人；⑵服替代役之現役役男；⑶軍事學校學生；⑷各級選委會之委員、監察人員、職員、辦理選舉事務人員，以及投票所、開票所工作人員；⑸其他（例如：經判決當選無效確定者，不得登記為該次補選之候選人）。

伍、辦理候選人抽籤決定號次

經審定合格之候選人，由選舉委員會於候選人名單公告三日前，辦理公開抽籤決定其姓名號次。

陸、公告閱覽選舉人名冊

一、選舉人條件

我國地方選舉的選舉人條件分為積極條件及消極條件。積極條件為國籍、年齡、居住期間的規定。具體言之，中華民國國民❸年滿二十歲，繼續居住（以設籍為主）滿四個月以上者為積極條件；消極條件為受禁治產宣告尚未撤銷者不得選舉。

二、選舉人名冊

我國選舉人名冊不需居民提出申請，因為選舉是公民權利的前提。

❸ 投票前憑本人國民身分證領取選票，即是國民國籍查核的具體行動。

選舉人名冊由戶籍機關統一編造一式四份，一份於投票日十五日前，於各村、里辦公處公開陳列選舉人名冊，公告期間不得少於三日，供民眾閱覽。選舉人發現名冊有錯漏情形，得申請更正。選舉人名冊經公告更正後確定，於投票日三日前公告選舉人人數。其他三份，一份交鄉（鎮、市）公所存查，一份存縣市選舉委員會，一份交投票所發票使用。

選舉人名冊編造後，除依法使用外，不得以抄寫、複印、錄音或任何方式對外提供。

柒、競選活動

競選活動開始前一日，除了由選舉委員會公告經審定合格之候選人名單外，並公告競選活動期間之起止日期及每日競選活動之起止時間為上午七時起，至下午十時止。各級政府機關不得從事任何與競選宣傳有關之活動。

我國《選罷法》並無期前活動之限制規定，因此，活動前到處懸掛或豎立標語、看板、旗幟、布條等廣告物，應由直轄市、縣（市）政府依《廢棄物清理法》、《建築法》、

■圖 8-2　選舉前到處懸掛競選旗幟的景況。

《消防法》、《道路交通管理處罰條例》、《公寓大廈管理條例》、《招牌廣告及樹立廣告管理辦法》、《公路兩側公私有建築物與廣告物禁建限建辦法》等相關規定處理。

捌、分送選舉公報及投票通知單

投票日二日前，將選舉公報及投票通知單分送選舉區各戶。

玖、投票及開票

投（開）票工作人員應參加選委會舉辦之講習。地方公職人員選舉之投票日，除部分補選為星期日外，均定在星期六，當天放假，以便選舉人有充分時間前往投票。投票時間，自當日上午八時起，至下午四時止。

投票所設兩組人員，一組由主任管理員領導的選務服務人員若干人，另一組由主任監察員與監察員組成。

投票所投票完後，立即改為開票所，原地進行開票工作。開票時，採公開方式，逐張唱名開票，並開放民眾參觀。開票完畢後，開票所主任管理員與主任監察員立即以書面宣布開票結果，除須把開票結果報告表張貼在投開票所門口外，同時應將同一內容之投開票報告表副本當場簽名後，交付推薦候選人之政黨，及未受政黨推薦候選人所指派之人員。

各開票所完成統計後，立即將投開票結果送達鄉（鎮、市、區）選務中心作彙計，傳送至各直轄市、縣（市）選委會，輸入電腦，進行統計。各選委會將投開票結果，透過電腦連線，傳送中央選舉委員會計票中心統計；並由電視臺、廣播電臺於現場實況轉播，向民眾報導。中央計票中心同時並以網際網路、電傳視訊，提供各大眾傳播媒體、政黨、候選人隨時查詢最新開票統計進行情形。

各選委會於當選人名單公告後十日內，應將各候選人在每一投票所得票數，列表寄送各候選人。

拾、公告當選人名單

投票日後七日內，由選舉委員會依審定選舉結果公告當選人名單。各縣市政府統計年鑑、內政部民政司、中央選舉委員會選舉資料庫都

有歷屆地方選舉結果分析資料。

拾壹、發給當選證書

各種公職人員選舉當選人之當選證書，由各選舉委員會製作，發給當選人。

第三節　地方罷免的程序

《選罷法》第七十五至九十二條規定罷免案（含地方公職人員）的一般規定。罷免案的法定程序如次：原選區提議人→罷免提議書→選委會審查→連署人連署→被罷免人答辯書→選委會公告罷免案投票事宜→罷免案投票→公告投票結果。過程中重要的事項分述如下：

壹、罷免案之提出

罷免案以原選區選舉人總數 2% 以上為提議人，並有領銜人三人提出，填具一份罷免提議書，五千字內之罷免理由書（正副本各一份），提議人名冊二份（填具身分證號碼及戶籍地址）向選委會提出。現役軍人、替代役之現役役男、公務人員不得為提議人。

罷免案未徵求連署前，經提議人總數 2/3 以上同意，得以書面向選委會撤回。

貳、連署人

選委會審查後函告提議連署人自收到通知次日起十日內領取連署人名冊，並於一定期間內（直轄市議員、直轄市長、縣市長三十日；縣市議員、鄉鎮市長二十日；鄉鎮市民代表、村里長十日）徵求原選區選舉人總數 13% 以上連署。未依規定辦理者視為放棄罷免提議。

罷免提議人於徵求連署期間得設立罷免辦事處。機關、學校、人民團體、常定投（開）票所不得設立。政黨辦公處不在此限。

參、答辯書

罷免案成立後，選委會將罷免理由書副本送交被罷免人，於十日內提一萬字內之答辯書。

肆、罷免案投票

罷免案投票應於成案後三十日內為之。投票人數不足原選區選舉人總數 1/2 以上，或同意罷免票數未超過 1/2 有效票以上者均為否決。❹罷免案否決者，在被罷免人任期內不得再提議罷免。

罷免案通過者，被罷免人（或罷免案進行中辭職者）四年內不得為同一公職候選人。

🖊 第四節 選舉監察與選舉訴訟

壹、選舉監察

選舉監察的目的是確保選務活動超然公正，依法執行。中央選舉委員會訂頒《各級選舉委員會執行監察職務準則》以及《投票所開票所監察員推薦及服務規則》，提供實施選舉監察法規命令的依據。選舉委員會成立監察小組進行全程監察，除配合檢察機關處理刑事案件外，並負責執行違反選舉之行政罰鍰案件之取締工作。各投票所、開票所設置監察員監督事務管理人員，或者選舉人有無違法之情事。

---

❹ 雲林縣林內鄉 2003 年 9 月 20 日舉辦鄉長罷免案，陳河山鄉長因焚化爐興建案被提議罷免。但是，票數未通過。

　　各投票所、開票所應置主任監察員及監察員，名額由直轄市、縣（市）選舉委員會斟酌各投票所、開票所選舉人數定之。監察員資格、推薦程序及服務規則，由中央選舉委員會訂定。一般由政黨推薦，或由選舉委員會從地方公正人士、機關、團體、學校人員，大專院校成年學生遴派。監察員經派充後，必須參加講習；未經核准而不參加講習者，視為放棄，由各該選舉委員會另行遴派。

　　主任監察員及監察員應於投票開始半小時前到達指定之投票所、開票所，佩帶證件執行職務，並應簽到簽退，在投票、開票未完畢前不得離去。主任監察員未能按時到達現場時，應由到達之監察員互推一人暫行代理其職務。

　　關於秩序維持、無效票認定、開票報告表，以及有效票無效票裝袋密封之作業，主任監察員都應會同投開票所的主任管理員一同簽章辦理。

貳、選舉訴訟

　　選舉訴訟由法院審理，採地方法院、高等法院二審制。為保護當事人權益，受理法院應於六個月內審理終結，不得延宕時日。選舉訴訟分為選舉無效和當選無效兩種。

一、選舉無效之訴

　　指地方選舉委員會辦理選舉期間之違法行為，足以影響選舉結果者，檢察官、候選人，得自當選人名單公告之日起十五日內，以各該選舉委員會為被告，向管轄法院提起選舉無效之訴。

二、當選無效之訴

　　當選人有：⑴當選票數不實，足以影響選舉結果之虞者；⑵有暴

力或賄選行為介入選舉之情事者。選舉委員會、檢察官或同一選舉區
之候選人得以當選人為被告,自公告當選人名單之日起十五日內,向
該管轄法院提起當選無效之訴。當選人參選時之資格不符規定者,於
任期屆滿前,均得提起當選無效之訴。

　　選舉訴訟由檢察官、候選人或選舉委員會提出,選民只能協助提
供資訊或證據。選舉無效以選務機關為訴訟對象,若法院判決選舉無
效,該次選舉缺乏法定效力,應另行擇期舉辦;當選無效之訴訟對象,
則限於個別當選人。

參、訴訟案例

　　地方選舉的訴訟主要為當選無效,其訴訟之原因又以賄選為最多。
當選無效的選舉訴訟經法院判決確定之後,依《地方制度法》第七十
九條規定由上一級政府解除職權或職務。同法第八十一、八十二條有
補選規定。近幾年來重要案例如下:

・案例一

　　2002 年高雄市第六屆市議員選舉,前議長朱安雄賄選案為地方選
舉的重要案例。該賄選案有四十人被起訴,其中三十四位市議員(市
議會議員總數為四十四名)遭起訴。歷經一年司法程序,2004 年 4、
5 月二審判決,其中十八位議員依法解職。依據《地方制度法》第八
十一條規定,議員總額 3/10 出缺且任期未過半時必須全面補選;單一
選區超過半數缺,該選區進行補選。由於補選事宜法未明定,經中央
選舉委員會和高雄市政府協調後,該市五個選區除第一選區之外,其
他四個選區及原住民名額都於 2004 年 7 月 16 日依法補選,以完成該
屆任期。

· 案例二

　　2005 年臺東縣長當選人吳俊立當選後遭起訴，二審判決有罪、解職，2006 年初內政部依法辦理縣長補選，鄺麗貞當選。

　　選舉訴訟的案例雖然仍會發生，法治與端正選舉風氣則是地方選舉持續正常運作的不二法門。

第九章 ▶ 地方財政

　　地方財政是在國家規範與協助之下，地方政府為執行職務，對財貨取得、使用與管理之活動。財政自主雖是地方自治的理想，但在國家高權及國家發展目標下，中央政府會介入地方財政。

　　地方財政是各國普遍的難題。在我國，因為財政系統複雜、資訊不透明、政治介入、政治責任不易釐清等因素，屬較不易研究的領域。然而，財政與公共政策息息相關，地方自治的實踐與地方財政的現況、問題、解決之道密不可分。趨勢上，法治、透明度、課責的原則與機制，將引導地方財政成為正當、合理、公開的公共領域。

　　由於各國地方財政收支結構不同，歷史法制有別，本章焦點以我國地方財政的基本概念、體制及實例為主。

🖊 第一節　地方財政的基本概念

　　地方財政的指標是以年度預算與審議、財貨收支管理、決算，以及盈虧調整的過程為內容。國家貨幣（例如：新臺幣千元、百萬元）為其計算的單位。總預算（法定預算）指經過地方立法機關審議，並經公布的預算。總決算指主計單位編製，經審計單位審核，並經地方立法機關議決之最後審定數。

　　地方財政的法源以《地方制度法》、《財政收支劃分法》為主，輔以《地方稅法通則》、《規費法》、《預算法》、《審計法》、《公共債務法》，以及自治條例。地方財政收支需要合乎法定程序與審計監察之規定，《財政收支劃分法》規定，政府一切支出非經預算程序不得為之。依法定程序，地方預算由行政機關擬定，並經地方立法機關通過法定收

支計畫，地方行政機關再依法執行。

地方財政的法定收入有十一項內容（《地方制度法》第六十三至六十五條），分類如下：

一、稅課收入。

二、工程受益費收入。

三、罰款及賠償收入。

四、規費收入。

五、信託管理收入。

六、財產收入。

七、營業盈餘及事業收入。

八、補助收入。

九、捐獻及贈與收入。

十、自治稅捐收入。

十一、其他收入。

一、地方財政收入

㈠自有收入：⑴稅課收入：含地方稅、遺產及贈與稅的共分稅、總籌分配稅、附加稅；⑵非稅課收入：含事業收入、規費罰款、財產處分、捐贈、工程受益費。

㈡外來收入：⑴公債借款；⑵上級政府補助款。

賦稅收入指政府為達成公共目標，所需之財源依法向人民（包括對人與對物）徵課之部分所得收入。賦稅的性質為強制性、無對價、不須償還。我國地方稅課收入是以「稅源分立制」為主，以「稅收分成制」為輔。前者為國稅、地方稅的類別；後者為由各級政府按比例分得之共分稅（如遺產稅、贈與稅）、統籌分配稅（如所得稅、營業稅）等（參見表9–1）。中央統籌分配稅款雖有爭議，但其為具法定權威的

立法院「公式化、制度化」的立法，乃行政院執行的中央政策。

➡表 9-1　各級政府稅源及分成比例表

政府層級 / 稅收入項目	中央	中央統籌分配給地方	直轄市	縣	給該市徵起之收入	縣在鄉(鎮、市)徵起之收入給該鄉(鎮、市)	縣統籌分配所屬鄉(鎮、市)	備註
國稅 所得稅	90	10						
遺產及贈與稅	(50)(20)(20)		50		80	80		
關稅	100							
營業稅	60	40						減除統一發票給獎獎金後。
貨物稅	90	10						
菸酒稅	80	20						以其總收入 18% 按人口比例分配直轄市及各縣市，2% 按人口比例分配金門、連江兩縣。
證券交易稅	100							
期貨交易稅	100							
礦區稅	100							
地方稅 土地稅 地價稅				50	100	30	20	
田賦			100	0	100	100		目前停徵。
土地增值稅		20	100	80	80			20% 改由中央統籌分配各縣(市)。
房屋稅			100	40	100	40	20	
使用牌照稅			100	100	100			
契稅			100	0	100	80	20	
印花稅			100	100	100			
娛樂稅			100	100	0	100		經議會立法課徵之稅，不得以已徵之貨物稅或菸酒稅為對象。
特別稅課								

資料來源：薄慶玖，《地方政府與自治》(臺北市：五南，2001)，頁 372，表 8-1。

二、地方公共支出

分為實質支出與非實質支出兩類，各直轄市、縣市預算依據下列
科目區分編制（如圖 9-2）：

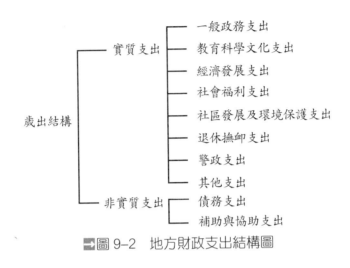

　　┌ 實質支出 ┬ 一般政務支出
　　│　　　　　├ 教育科學文化支出
　　│　　　　　├ 經濟發展支出
歲出結構 ┤　　　　├ 社會福利支出
　　│　　　　　├ 社區發展及環境保護支出
　　│　　　　　├ 退休撫卹支出
　　│　　　　　├ 警政支出
　　│　　　　　└ 其他支出
　　└ 非實質支出 ┬ 債務支出
　　　　　　　　　└ 補助與協助支出

➡圖 9-2　地方財政支出結構圖

地方財政的權限、來源、規模、彈性，都比國家財政小。可是，
地方財政的支出效果容易直接顯現。這些是地方財政不同於國家財政
之處。

地方財政創造之公共財，因為地方性或外溢效果（外地人可共享
共利）之影響，所以有時會採取使用者付費之「量益原則」（例如：使
用游泳池、夜間照明球場的收費措施），或有上級政府補助款（例如：
橋樑、道路），或由各級政府共同協調跨域管理的財政比例（例如：臺
北捷運）。

財政收支資料採權責發生基礎編製，分「經常門」及「資本門」
收支。經常門收支指歲入、歲出除資本門收支外之收支；資本門為資
產增加或減少。公庫（銀行或信用合作社）辦理政府財務收納支撥的
活動。國有財產依公用財產與非公用財產兩類。公用財產包括公務用、

公共用、事業用及珍貴動產不動產之國有財產；非公用財產指公用財產以外，可供收益或處分之一切國有財產。

第二節　地方財政的現況

　　戒嚴時期建構的地方財政是中央集權的依賴關係。中央直接、間接指派地方財政、主計、稅捐主管，同時掌控地方財政的總預算。基於財政一條鞭的體制及平衡預算的原則，地方財政由中央控制。縣市財政在 1964 至 1989 年長達二十五年間，從未出現財政赤字。《地方制度法》實施之後，地方選舉持續加重財政「憚收、濫支」的惡化現象（林健次、蔡吉源，2003: 3-4）。同樣的原因，各級地方政府普遍財政困難。政治民主化之後，地方公共支出開始增加，地方財政壓力隨之增強。

　　根據 2007 年財政部統計年報統計，2000 年以來院轄市、各縣市財政赤字的現象更為嚴重。1995 年 12 月通過《公共債務法》，《地方制度法》第六十八條公債、借款之規定得以依法運作。但是，某些縣市因此出現公共債務的赤字。以 2004 年為例，宜蘭縣、南投縣、苗栗縣累積之未償公債餘額更超過決算比例的 40%（趙揚清、劉旭峰，2006: 5）。財政部國庫署 2006 年 6 月起為加強政府債務透明化，要求各級政府將公共債務彙編表納入總決算書，並且將各級政府公共債務綜計表定期公布於該署網站。

　　地方財政惡化的主因為：自有財源不足與公共支出大幅擴張。

壹、自有財源不足

　　地方財政收入分為自有財源、外來收入兩大類。整體觀察 1996 至 2004 年，臺北市財政自主性較高；臺北縣、桃園縣、新竹市、臺中市、

臺南縣、臺南市、金門縣自籌財源達到整體收入 40% 以上,其中又以臺中市 63.49% 最高;宜蘭縣、花蓮縣、臺東縣、澎湖縣則未達 20%(趙揚清、劉旭峰,2006: 2)。雖然財政收支劃分法常是爭議或新聞的焦點,也有學者指出「財政自主性」才是觀察或衡量地方財政優劣最好的方法(羅正忠,2002: 388)。財政能力強,自主性愈大,地方政策規劃及執行的自主性就愈強,地方自治的理念也就更能夠落實。

大多數縣市長期依賴中央政府補助款,以及財政收支劃分的統籌分配款。精省之後,中央政府的稅收相對增加,約占全國 65%,地方財政較過去更加依賴中央(張四明,2006: 3-6)。

此外,自有財源的收入比例不但偏低,地方財源開發也非常保守。例如:土地稅、地價稅的公告價長期低於市價,地方稅的主要收入無法增加。其他規費、罰款、工程受益費等公共收入的開源也不夠積極。《地方稅法通則》已於 2004 年修法公布賦予地方政府開徵特別稅、臨時稅、附加稅之法源。雖然地方稅實際徵收前仍須呈報上級政府核示或備查,地方政府提升自主財政能力的努力逐漸成為績效觀察的重要指標。

補助款分為一般補助及指定用途的特定補助兩種,特定補助又分定額特定補助及地方配合款之特定補助,見圖 9-3:

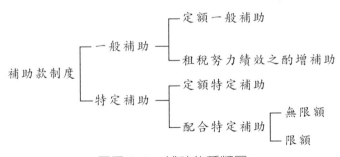

■圖 9-3　補助款種類圖

資料來源:王正、徐偉初,《財政學》(臺北縣:國立空中大學,1992),頁 624。

　　2000 至 2003 年中央對地方補助制度，大幅增加一般性補助款之規模。全額由 2000 年 361 億元（占 9.8%），升至 2003 年的 1,195 億元 (24.4%)。❶此一措施可減少地方政府為爭取特定補助款之成數，在預算中浮編自備款的缺失，也可增加地方政府自主運用的權限。

　　但是，《中央對直轄市及縣（市）政府補助辦法》第十五條規定，補助款之執行應有管考規定 (http://law.dgbas.gov.tw/PrintAll.php?LawID=A0201003)。行政院研考會 2002 年為提升中央補助計畫執行成效，建置網路資訊管考機制。❷因此，我國現行地方政府施政績效管理的作法主要性質為業務管理；其運作與效能不同於英國內閣的績效管理政策。

　　地方稅源（印花稅、牌照稅、地價稅、土增稅、房屋稅、娛樂稅、契稅、教育捐）雖然規模較小，善加運用仍有可為。但是地方稅收的比例普遍偏低。表 9-2 為 1996 至 2000 年地方稅源分析顯示，北部都會區、工商業發達的縣市地方稅源比例較高。例如：臺北市 (22.85%) 最高，臺北縣 (17.58%) 次之；依序為高雄市 (8.49%)、桃園縣 (7.73%)、臺中縣 (5.27%)、臺中市 (5.19%)、高雄縣 (4.55%)、彰化縣 (3.61%)、臺南市 (3.61%)。其他縣市地方稅的稅源比例低於 3%（參見表 9-2）。

➡圖 9-1　稅收是地方政府的重要財政收入來源。

---

❶　2003/12/12 財政部財政改革新聞稿。

❷　行政院研考會編印, 2004,《地方政府施政績效管理作業手冊》, 頁 35-36。行政院研考會關於提升地方治理能力的相關資訊參見研考會網頁「地方發展與治理」各子題資訊。

◾表 9-2　國稅及全國稅源之分布（1996-2000 年平均數）%

	所得稅	貨物稅	營業稅	遺產稅	證交稅	期交稅	國稅稅源 a	地方稅源	全國稅源 b	人口比例 2002.1
占全國稅源比 c	30.26	11.24	17.46	1.84	6.92	0.10	80.14	20.08		
臺北市	53.74	20.30	43.76	38.54	46.72	78.05	51.28	22.85	39.98	11.74
高雄市	7.16	18.05	9.38	6.30	7.80	5.15	10.51	8.49	8.74	6.67
臺北縣	8.72	1.98	8.62	15.48	10.26	3.55	8.74	17.58	10.24	16.11
基隆市	0.68	18.32	2.04	0.64	0.84	0.10	4.43	1.38	3.48	1.74
宜蘭縣	0.54	1.34	1.06	1.18	1.00	0.15	0.96	1.33	0.98	2.07
桃園縣	5.36	19.66	6.26	6.42	4.38	2.30	8.75	7.73	8.18	7.87
新竹市	2.28	0.00	1.32	1.92	2.26	0.90	1.81	1.92	1.68	1.66
新竹縣	1.36	5.06	0.80	0.84	0.66	0.40	1.93	1.84	1.76	1.99
苗栗縣	0.94	4.62	1.98	1.02	1.02	0.15	2.02	1.66	1.80	2.05
臺中市	4.34	0.20	4.12	4.50	6.80	3.00	4.27	5.19	4.12	4.39
臺中縣	2.70	6.02	3.34	3.92	2.46	0.10	3.79	5.27	3.80	6.70
彰化縣	2.14	0.38	3.02	2.90	2.62	1.05	2.37	3.61	2.48	5.86
南投縣	0.58	0.00	1.04	0.92	0.70	0.15	1.87	1.36	0.80	2.42
雲林縣	0.66	0.40	0.60	1.00	1.32	0.50	1.68	2.05	0.90	3.32
嘉義市	0.66	0.06	1.00	1.22	2.08	0.55	0.89	1.15	0.88	1.19
嘉義縣	0.40	0.28	0.68	0.48	0.16	0.00	0.47	1.15	0.60	2.51
臺南市	2.04	0.00	2.56	3.44	4.10	2.90	2.29	3.61	2.44	3.30
臺南縣	2.10	0.46	2.38	3.14	1.38	0.45	2.06	3.71	2.26	4.94
高雄縣	2.00	1.00	3.74	4.06	1.44	0.35	2.49	4.55	2.80	5.51
屏東縣	0.72	0.12	1.10	1.12	1.24	0.10	0.86	1.98	1.06	4.06
臺東縣	0.18	0.00	0.30	0.28	0.28	0.00	0.20	0.50	0.28	1.09
花蓮縣	0.42	0.90	0.72	0.44	0.56	0.00	0.65	0.95	0.68	1.57
澎湖縣	0.10	0.00	0.10	0.00	0.00	0.00	0.05	0.13	0.10	0.41
金門縣	0.00	0.00	0.06	0.00	0.00	0.00	0.02	0.07	0.00	0.25
連江縣	0.00	0.00	0.00	0.00	0.00	0.00	0.00	0.00	0.00	0.04

	中央政府	臺北市	高雄市	縣市（含鄉（鎮市））
89 年度支出淨額比	66.12	8.03	2.69	23.14
89 年度稅課收入比 d	69.40	8.74	2.85	19.00

資料來源：黃世鑫、郭建中。2007。〈自有財源與地方財政自主？地方自治內涵之省視〉，《政策研究學報》，頁 23，表二。（根據 2000 年賦稅統計年報，財政統計年報編製）

說明：a、b：不包括關稅、礦區稅及公賣利益在內，但包括防衛捐及臨時捐。

　　　c：包括關稅、礦區稅、公賣利益及防衛捐及臨時捐在內。

　　　d：含統籌分配稅款，中央政府不含專賣收入，但包括關稅、礦區稅。

一般而言，農業縣的財政較為困難。臺北縣、桃園縣因為工商業、服務業挹注財政收入之外，宜蘭縣、新竹縣、苗栗縣、臺中縣、彰化縣、南投縣、雲林縣、嘉義縣、臺南縣、高雄縣、屏東縣、臺東縣、花蓮縣、澎湖縣等十四個縣皆長期面對財政壓力（張正修，2000, III: 206，2003/12/12 財政部新聞稿）。其中又有十一個縣人事費的支出高於自有財源（林錫俊，1998: 20）。

貳、公共支出大幅擴張

1999 年《地方制度法》實施之前，地方支出已經出現赤字；之後，地方政府支出規模依然遞增（參見表 9-3；張正修，2000, III: 57）。縣市政府最大的支出是人事費。1993 至 1999 年間人事費平均為 52.6%（以國中小教員及警員薪資為主）（張正修，2000, III: 86）。精省之後，退休撫卹支出成為縣市歲出新增的項目（2005 財政統計年報：90-91）。雖然該款項由中央補助款列支，撥支延期時常迫使地方賒借預支。未來，若完全移轉為地方財政項目，將是公共政策一大難題。

其次，社會福利支出也有財政壓力。1950 至 1965 年間，教育支出占 27-34%，經濟建設占 18-20%，社會福利只有 8%。但是，1990 年社會福利支出升至 22%，並且長期遞增（參見財政部統計年報）。近年來，人口老化指數最高的澎湖縣、嘉義縣、雲林縣、金門縣將因此增加部分負擔。

除此之外，中央機關補助建設的交通、運動、公園、圖書館、活動中心之設施維護、修繕要由地方負擔；免費受益的「財政幻覺」將回歸管理理性的考驗。結構性及持續性的公共支出增加，將會壓縮經濟發展的投資。因此，地方政府需要建立自我負責之財政機制。

■表 9-3　1988-2006 年直轄市、縣（市）財政收支、剩餘／赤字淨額

單位：新臺幣千元

年度	臺北市政府			高雄市政府			縣市政府		
	收入	支出	剩餘	收入	支出	剩餘	收入	支出	剩餘
1988	73,601,066	64,412,675	9,188,391	23,626,176	22,301,583	1,324,593	88,935,199	99,218,830	−10,283,63
1989	141,913,987	143,431,550	−1,517,563	62,881,080	63,103,726	−222,646	133,248,583	152,637,122	−19,388,5
1990	94,286,143	74,337,647	19,948,496	38,031,480	38,688,604	−657,124	130,691,419	163,576,327	−32,884,90
1991	104,662,951	142,953,246	−38,290,295	27,794,170	33,026,569	−5,232,399	121,096,782	169,473,906	−48,377,12
1992	122,496,403	120,084,840	2,411,563	39,205,795	35,722,438	3,483,357	207,997,707	230,653,292	−22,655,58
1993	120,449,007	137,733,253	−17,284,246	42,572,443	43,040,228	−467,785	221,384,960	251,524,682	−30,139,72
1994	126,939,416	188,514,111	−61,574,695	45,075,066	43,640,341	1,434,725	227,400,062	289,144,593	−61,744,5:
1995	124,531,924	138,422,504	−13,890,580	47,692,624	50,110,431	−2,417,807	232,020,543	277,321,460	−45,300,9
1996	125,960,692	161,791,598	−35,830,906	47,921,099	53,103,120	−5,182,021	213,932,740	280,029,230	−66,096,49
1997	146,655,185	151,933,360	−5,278,175	50,753,040	54,269,568	−3,516,528	226,620,164	285,043,599	−58,423,4
1998	176,972,256	162,588,602	14,383,654	51,562,450	58,237,338	−6,674,888	230,445,174	299,469,604	−69,024,4
1999	155,850,214	154,098,300	1,751,914	49,465,156	58,675,671	−9,210,515	220,129,471	295,166,708	−75,037,2
2000	222,120,916	252,524,140	−30,403,224	70,477,971	84,404,757	−13,926,786	335,658,658	548,665,068	−213,006,4
2001	125,455,419	174,780,301	−49,324,882	44,800,805	62,279,522	−17,478,717	218,460,691	430,932,624	−212,471,9
2002	125,057,414	164,661,227	−39,603,813	47,026,933	70,013,614	−22,986,681	229,966,476	414,426,443	−184,459,9
2003	136,740,310	143,981,377	−7,241,067	47,617,747	68,480,297	−20,862,550	243,227,049	449,783,698	−206,556,6
2004	142,707,843	153,399,164	−10,691,321	51,365,315	78,333,171	−26,967,856	271,363,713	484,988,743	−213,625,0
2005	155,776,780	151,889,645	3,887,135	55,486,346	94,514,161	−39,027,815	292,611,037	500,607,286	−207,996,2
2006	151,085,247	163,291,234	−12,205,987	54,650,218	80,494,959	−25,844,741	283,300,741	499,931,685	−216,630,9

資料來源：中華民國 95 年財政統計年報（臺北市：財政部統計處編印，2007），頁 34-37，表 4、5 各級政府歲入淨額、歲出淨額（按政府別分）。剩餘欄位為作者整理。

參、地方財政之爭議

一、「中央集錢」之爭議

　　中央與地方關係爭議之中，最常提出的觀點是中央「財政集權化」，使地方陷入無錢與無權的困境（丘昌泰，1997: 9）。財政分權、財政自主成為輿論的重要意見。但是，財政自主的例證極少。

表 9–4　地方稅源分布（1996–2000 年平均數）%，人口比 (2002.1)%

	印花稅	牌照稅	地價稅	土地增值稅	房屋稅	娛樂稅	契稅	教育捐	稅源比例	人口比例
占地方稅源比	2.71	14.52	18.38	42.17	15.20	0.54	5.30	1.06		
臺北市	38.44	13.52	32.56	23.10	19.86	13.06	13.32	30.22	22.85	11.74
高雄市	8.86	6.94	9.92	6.02	9.80	7.06	10.56	0.34	8.49	6.67
臺北縣	9.78	13.78	15.00	21.90	15.06	14.38	23.12	14.00	17.58	16.11
基隆市	0.88	1.30	1.62	1.22	1.48	1.52	2.32	1.02	1.38	1.74
宜蘭縣	1.18	1.86	0.98	1.22	1.60	1.00	1.46	1.16	1.33	2.07
桃園縣	5.80	8.44	7.40	9.72	9.04	16.90	10.04	11.72	7.73	7.87
新竹市	2.58	1.82	2.18	1.90	1.72	1.54	1.98	1.64	1.92	1.66
新竹縣	1.14	2.14	1.60	1.98	1.56	6.56	1.34	2.38	1.84	1.99
苗栗縣	1.28	2.66	1.36	1.44	1.82	1.76	1.24	1.54	1.66	2.05
臺中市	6.98	5.32	3.78	4.32	7.14	7.80	9.16	8.48	5.19	4.39
臺中縣	2.98	7.44	3.44	4.54	5.34	2.32	4.28	4.96	5.27	6.70
彰化縣	2.82	5.88	2.62	3.26	4.12	3.80	2.62	3.82	3.61	5.86
南投縣	1.14	2.50	1.06	1.18	1.32	2.40	1.06	1.22	1.36	2.42
雲林縣	1.74	3.08	3.65	1.24	1.72	2.26	1.24	1.60	2.05	3.32
嘉義市	1.42	1.22	1.32	1.00	1.16	2.36	1.24	1.14	1.15	1.19
嘉義縣	0.42	2.24	0.90	0.88	1.30	1.08	0.94	0.96	1.15	2.51
臺南市	4.22	3.34	4.10	3.52	3.58	3.60	3.86	2.84	3.61	3.30
臺南縣	2.22	4.88	2.26	3.82	3.98	2.98	2.96	3.00	3.71	4.94
高雄縣	2.60	5.42	3.44	4.68	4.62	2.80	3.98	4.82	4.55	5.51
屏東縣	1.80	3.50	1.70	1.56	2.24	2.58	1.80	1.86	1.98	4.06
臺東縣	0.50	0.90	0.30	0.46	0.50	0.76	0.48	0.46	0.50	1.09
花蓮縣	0.90	1.50	0.80	0.86	0.90	1.14	0.82	0.76	0.95	1.57
澎湖縣	0.16	0.20	0.10	0.10	0.20	0.28	0.18	0.18	0.13	0.41
金門縣	0.10	0.12	0.00	0.06	0.10	0.10	0.04	0.00	0.07	0.25
連江縣	0.00	0.00	0.00	0.00	0.00	0.06	0.04	0.00	0.00	0.04
占全國稅源比	0.52	2.94	3.66	8.64	3.10	0.10	1.08	0.22	總比例 20.08	

國家 1995	聯邦制			單一國制						
	加拿大	德國	美國	法國	義大利	日本	荷蘭	西班牙	瑞典	英國
比例	48：40：10	51：35：15	56：26：17	81：19	92：8	62：38	95：5	80：20	58：42	95：5

資料來源：黃世鑫、郭建中。2007。〈自有財源與地方財政自主？地方自治內涵之省視〉，《政策研究學報》，頁 22，表一。

梅瑟瑞 (Ken Messere) 比較工業化國家稅制分析指出：中央／地方稅源區分，單一國的瑞典 58：42 最高，日本 62：38 次之，西班牙 80：20 第三。聯邦制因為聯邦／州／地方等層級，美國 56：26：17，德國 51：35：15，加拿大 48：40：10 (Messere, 1998: 1–36)。換言之，從財政分權給予財政自主的國家不多（參見表 9–4）。

黃世鑫、郭建中分析我國 1996 至 2000 年稅源分布平均比例，國稅 (所得稅、貨物稅、營業稅、遺產稅、證交稅、期交稅) 收入占 80.4%，地方稅源占 20.08%。比較總比例，我國和西班牙相當。但是，往下觀察各直轄市、縣（市）稅源比例，貧富懸殊的差距非常嚴重。舉例言之，如果將國稅徵自各地的稅款交由各地徵收，臺北市 (51.28%)、高雄市 (10.51%) 為富有都市，其他各縣市相較之下較為貧窮（參見表 9–2）。

因此，為了國家整體發展與競爭力，中央政府扮演補助及協助的角色，以調節地方盈虛（參見《地方制度法》第六十六、六十九條，《財政收支劃分法》第三十至三十二條）。我國尚未積極推動地方財政績效管理績優獎勵制度，但是地方財政自我負責機制的理念已經開始受到重視（林健次、蔡吉源，2003）。自我負責機制的政策思維有可能導向標竿效應，或者積極重視地方財政績效管理的理念。

二、地方支出之爭議

《地方制度法》第七十條規定，中央不得將應自行負擔之經費，轉嫁予地方自治團體。因此，中央與地方分擔之項目，應明定。我國地方財政公共支出議題爭議最大的是全民健保政策，其次為國中小學教員及警察人事費支出，再次為社福支出。

㈠全民健保地方負擔部分保費之爭

1995 年 3 月的《全民健康保險法》實施之後，地方協力負擔保費的爭議已經有大法官釋字第五五〇號解釋文（2002 年 10 月 4 日）解釋其適法性。但是，地方政府如果拖欠保費，亦將增加政策執行的困難。

㈡國中、小學教員及警察薪資

憲政改革之前，中央政府為了追求政權穩定與教育目標，以行政命令實施國中／國小教員免稅、退休金優惠存款等措施。不過，時移勢轉，那些措施已經成為地方財政的長期負擔。因此，全國地方財政聯繫會議經常提出中央全額負擔全民健保補助費、國小學教員人事費等建議。未來，如果中央政府將某些人事費的支出移轉地方，地方財政將更困難。

㈢社會福利支出

近年由於公益彩券「盈餘成數」挹注，地方社會福利支出獲得改善。但是，人口老化的結構性問題，以及經濟衰退的衝擊依然對地方財政造成壓力。

第三節　研究與行政資訊

壹、地方預算決策之研究

地方預算決策研究是本土研究的新領域。徐仁輝、張四明、陳淳斌等人從一般性分析逐漸走向個別研究。

　　徐仁輝曾經對臺灣省二十一縣市財政、主計單位主管進行問卷調查。調查結果顯示，縣市預算的主要決策者是縣市長，其次為財政、主計以及各單位一級主管，再次為議會。預算考量的因素首重行政首長競選政見、法定辦理事項，其次為上一年度預算與議會決議事項；民意反映、績效衡量資訊並未受到重視（徐仁輝，2001: 11–13）。張四明認為地方預算編製的性質為高度政治化的「選擇政治」。他以臺北市政府 1999 至 2001 年三個年度為對象，研究財政壓力對預算決策的影響。該研究發現，市政府的預算編製除了採「由上而下」的集權化作業之外，也擴大採行使用者付費等手段，以增加公共收入（張四明，2003: 1–7，15–17）。陳淳斌對嘉義市政府預算決策過程分析發現，機關計畫與整體目標達成是主要考量因素。主要決策者則是市長、副市長、單位二級主管、一級主管。但是，市議會卻是預算結果的最主要影響者（陳淳斌，2004: 139–140）。

　　此一專題對許多縣市而言仍屬政治敏感的領域。現有之研究結論與平時觀察相去不遠。雖然個別縣市或時期會有個別化的差異，因素分析將增加可信度及持續觀察的興趣。

貳、地方財政行政資訊

　　行政院為統一規範各縣（市）總預算之編製，幾乎每年都由行政院主計處訂定籌編原則與編製要點。各地方政府的總預算，又稱法定預算，指經過立法程序並經公布的預算。依法行政，總預算公布是必然與必需的行政資訊。只是公布的方式不同而已。

　　各縣市「統計要覽」記載完整的統計資料。現在，幾乎大部分縣市全球資訊網都已公布當年總預算的額度、前一年總決算的統計；縣市主計處也有歷年財政統計資料。此外，財政部國庫署網頁內有地方財政的類目（http://www.nta.gov.tw/ch/08work/inf_a01_list02.asp?data_

id=58），提供近年來地方財政預算結構的資訊。

　　我國統計資料的信度已經獲得國際肯定。民主法治的價值和表現，也延伸到地方財政的領域。現代公民經由數字閱讀可以培養監督政府與數字管理的能力，也能夠學習從數字回顧政策的脈絡及變化。雖然看懂統計表需要專業知識與學習，現在地方財政的資訊已經逐漸公開化、普及化。

　　1990 年代以來，民間研究機構、基金會公布地方財政的綜合分析或縣市個別分析的研究報告，質量方面都明顯增加。此外，期刊論文、學位論文關於地方財政的研究主題、篇數也同樣增加（詳見附錄）。

　　臺灣地方財政管理的能力尚有成長與努力的空間。由於政府施政要密切結合「財政─績效」的政策管理能力，此一趨勢將會引導未來努力的研究領域及內容。

第三篇

政治過程與公共政策

第十章 ▶ 中央與地方關係

中央與地方關係決定於兩大要素：法制結構、國家政策。法制結構是體，國家政策是用。體用的兩大要素決定中央與地方關係的基本形式與實際互動運作的模式。法制結構即憲政體系及政府層級、地方制度等規範。本書第三章已經介紹憲政主義的原則，以及地方自治的政府類型。國家政策指某一時期（總統或總理執政期間）的關鍵性政策引導中央與地方關係出現階段性的模式或變化。

一個國家由一個中央（或聯邦）政府和許多地方政府所構成。單一國或聯邦國的憲政體系決定了中央與地方關係的基本模式。例如：法國為中央集權；美國、德國則為聯邦體系（新興國家的政治常會超越國體的形式）。國家發展久而久之，政策綱領會顯示中央與地方關係的時期差別與特徵。

本章就國外例證、民主轉型時期、地方監督等三部分說明之。

🖋 第一節　國外例證

壹、制度與發展

聯邦國、單一國是區分中央與地方關係的兩種國家制度。單一國的中央政府主導地方體系的結構與功能，基本特徵為中央集權；聯邦國的特徵是聯邦政府扮演整體象徵與國家利益維護者的角色，另方面重視各州（邦）自主與自治的權力。所以，聯邦國較屬於相對自治模式。

政府層級也會影響中央與地方關係的結構。瑞士、丹麥、瑞典等人口及幅員小的國家，政府職權只在中央與地方兩個層級之間劃分；

美、法、德、中國、俄、奧、義等大國或中等規模國家，在中央與地方之間設立州、邦、區、省等不同名稱的區域政府，以分擔管理與監督的功能。

國家發展之後，有的國家（例如：法國）長期維持中央集權的管理模式；也有國家因為時代及環境因素，不同時期的政府層級互動模式有所不同，例如：美國聯邦主義的歷史中，已出現聯邦／州／地方政府關係調整的不同模式。1789 至 1901 年間為雙軌式（或稱二元）聯邦主義 (dual federalism) 時期。當時，聯邦政府及州政府各自在法定權限內處理政事，相互之間較少互動。1901 至 1960 年泛稱合作式聯邦主義 (cooperative federalism)，其中尤以羅斯福總統「新政」(New Deal) 計畫為代表，積極倡導聯邦政府、州政府、市鎮地方政府發展多樣化的合作關係。當時，聯邦政府以財政政策主導府際關係。1960 至 1968 年為創設式聯邦主義 (creative federalism) 時期，詹森總統運用聯邦補助款 (federal grants) 越過州政府直接對市、鎮政府專案補助，希望提升窮人生活水準與教育程度。

1970 年迄今為「新聯邦主義」(new federalism) 時期，聯邦政府和地方政府的府際關係波動較為明顯。1970 年代尼克森及福特政府期間稱為第一階段，聯邦政府希望經由稅收、基金的運用調整聯邦／州／地方等不同層級政府的角色。1980 年代雷根政府時期為第二階段，聯邦政府希望將某些社會政策的角色、責任及資源轉移給州／地方政府（趙永茂、孫同文、江大樹，2001: 367–371）。1990 年代克林頓政府的創新式政府 (reinventing government) 不但繼續調整不同層級政府角色的政策，還重視導入民間資源以降低政府財政赤字。二十一世紀初小布希總統的反恐政策再度調整新聯邦主義的發展。雖然學者對現階段聯邦主義的描述，有新新型或競爭型聯邦主義的不同稱謂，總體而言，現在仍是新聯邦主義時期。

另外，許多二十世紀初期或 1950 至 1960 年代建國的新興國家，因為國際局勢或治國能力不足，導致分崩離析或長期處於中央集權的狀態。前者以索馬利亞、迦納、海地為例；後者以民主化以前的印尼、南韓為例。

貳、當代趨勢

1980 年代以來，許多民主轉型或政治改革的國家以修憲、立法的方式調整中央與地方關係。許多國家從中央集權改為向下授權或地方分權，例如：歐洲的瑞典、丹麥、挪威、比利時、荷蘭、德國、奧地利、西班牙、義大利，南美洲的墨西哥、阿根廷、巴西，亞洲的中國❶、日本、印度、南韓等。它們明顯的改變是地方政府經由修法或政策調整，而獲得較大的自治權。

但是，英國是例外的。1979 年柴契爾 (Margaret H. Thatcher) 夫人出任第七十任首相之後，開始推動新政府運動，以調整政府的規模、範圍及運作方式，並且增加對地方政府績效評估與獎勵改革的政策影響力。1988 年之後英國內閣更以國會修法（由上而下），加速改革，例如：《教育改革法》、《住宅法》、《地方政府法》、《預算管理法》等一系列法案，推動績效管理、提升整體競爭力的改革措施 (Page, 1991: 122–125)。

1996 年以來，聯合國人類住區規劃署經由各種專案計畫，持續呼籲各國中央政府要下放權力、推行地方分權。相對地，地方自治政府也應該建立「透明度、回應性、負責任」的運作能力以改善居民的生活品質（參見第一章）。但是，聯合國的呼籲沒有強制力，各國仍會根據自己的國家發展目標調整中央與地方關係。

---

❶　中國由中央授權地方，以政策「鬆綁卻不鬆控」的方式追求經濟發展。但是政治仍然維持威權的體制。

參、向下授權的優點與缺點

中央與地方關係的調整，本質上為國家發展及國家政策的領域。英國學者貝利 (Richard Batley) 和史脫克 (Gerry Stoker) 認為，1980 年以來帶動歐洲及世界其他許多國家邁向地方分權的主要動力是：減輕中央政府財政壓力，促進經濟發展動能，滿足公共服務的需求，以及提升地方治理能力 (Batley and Stoker, 1991: 210–222)。

但是，授權可能面臨政治發展的缺失。福山 (Francis Fukuyama) 在《強國論》(*State Building: Governance and World Order in the 21th Century*) 一書討論國家制度與國家發展的重要問題。他分析國家制度的功能，也注意衰弱國家公共行政的黑洞。他以複雜體系之中的專業機構為例，提醒注意「煙囪機構」現象：分支機構會將自身的利益看得比上層組織的目標還重要 (Fukuyama, 2005: 90, 104)。因此，中央政府要有綜觀全局和整合的能力。

福山也分析開發中國家，因為權力下放而出現的缺失。重要的缺失包括：授予風險的問題、擴大表現優劣的落差、加重地方「恩庇」網絡的問題，以及缺乏理想指標的問題 (Fukuyama, 2005: 110–113)。分述如次：

一、授予風險的問題：權力下放最大的缺點是風險問題。例如：英國霸菱銀行授權新加坡分行年輕外匯員李森 (Nick Leeson)，導致銀行破產，同樣地，在公共行政體系，權力下放也可能讓某些地方政府面臨承擔風險的問題。

二、擴大表現優劣的落差：地方政府的表現原本就不一致，因此，聯邦體制將權力分授各州與地方政府，必然將擴大「強者更強、弱者更弱」的表現落差。

三、加重恩庇網絡的問題：權力下放會讓地方菁英或恩庇網絡如

虎添翼，更可能加重貪腐問題。

　　四、缺乏理想指標的問題：權力下放很難訂出明確指標，也沒有最理想的尺度。有效率的政府並不是法治，而是需要行政部門審度時勢地運用行政裁量權。然而，良好的判斷可能來自於「內隱知識」，而非明文規範的規定，裁量權的運作也因此常會改變，因而產生爭議。

　　由上述可知，中央與地方關係的調整與發展不但需要審度時勢，更需具有彈性及避免缺失的能力。

肆、中央與地方關係的類型

　　克拉克 (M. Clarke) 及史都華 (J. Stewart) 在 1989 年將歐洲變遷中的中央與地方關係，依活動或事務性質分為三種不同的類型：相對自治模式 (the relative autonomy model)、代理人模式 (the agency model) 及互動模式 (the interaction model)，分述如下 (Batley and Stoker, 1991: 6–7)：

　　一、相對自治模式：法治國依據憲法及法律區分國家事務及地方事務。中央及地方政府各自依法進行統治。

　　二、代理人模式：中央立法委託地方政府代為執行的事務。

　　三、互動模式：當情勢改變時，或權責不明、事務領域重疊時，中央及地方會處於相互影響的狀態。互動模式的關係較為複雜，衝突、合作或者兩者兼具的情境都有。良性互動會產生協力夥伴的關係。

　　基本模式只是分析上的分類，但是因為治理能力或事務性質不同，在實際運作上則依不同情形保有彈性。

第二節　我國的民主轉型時期

　　我國中央與地方的關係從 1945 年的威權體制到 1999 年《地方制

度法》公布施行，迄今仍處於民主轉型時期。憲法增修條文落實地方自治制度的法源及法律基礎，大法官解釋的相關釋憲文也減少中央與地方關係的某些爭議。雖然有學者批評中央政府仍具傳統中央集權政治文化的思維，或有輿論倡導中央與地方發展協力夥伴關係，但這些都只是轉型期的現象。中央政府或學術界迄今仍未明確定義現階段中央與地方關係的模式。因此，我們仍以民主轉型時期稱之。

壹、關係的類別

從中央政府政策作為來看，此時期中央與地方關係的類別包括：授權、委辦、輔助、監督、協商。從地方政府角度來看，約有：政策建議、聲請釋憲、協力夥伴、請求協助。雙方關係的互動，有一般性也有個別性。

一、從中央政府政策作為來看，授權、委辦、輔助、監督、協商是中央與地方關係中最重要的內容。簡述如下：

㈠授權包含《地方制度法》所示自治事項之概括性授權，或者特別法特許某縣市的特殊作為（例如：金門「小三通」或研擬博弈條例專案特許開放的措施）。

㈡委辦是中央機關委託地方行政機關執行的特別事務。

㈢中央政府的輔助可以發揮調節區域失衡、扶助弱勢的功能。輔助的政策工具是財政補助，以及農委會、衛生署等的技術指導或特殊事務協助處理的措施。

㈣監督是中央政府的基本職權與責任（參見下節）。

㈤協商則是互動模式的運作。雖然行政院「中央與地方政府協調會報」（或類似機制）未能發揮積極功能，但是行政院中部及南部聯合服務中心也曾在形式上扮演協商的機制。

二、從地方政府的角度視之，中央與地方關係可以是政策建議、

聲請釋憲、協力夥伴、請求協助。政策建議包含積極主動、消極被動的互動關係；聲請釋憲則是地方政府對中央管制不滿，依法運作的最高手段；經濟、文化、觀光等政策的某些事務，可以發展中央與地方的協力夥伴關係；請求協助是地方政府為解決特殊事件對中央政府提出的要求。

貳、中央政府的財政能力

財政部 2004 年財政年報公布「各級政府收支比例分析」顯示，《地方制度法》實施之後，中央政府的收支比例不但沒有減少反而增加。表 10-1 中央政府收入比例從 1995 年的 56.4% 增加到 2004 年的 71.5%。縣市與鄉（鎮、市）亦略有增加。表 10-2 中央政府的支出比例從 1995 年的 53.9% 增加到 2004 年的 62.5%。縣市與鄉（鎮、市）亦略有增加。可見，《地方制度法》實施之後的地方政府，中央財政仍對地方政府有影響力。

➡表 10-1　1995-2004 年各級政府收入比例（按政府別分）

年度	總計 %	年增率	中央政府 %	年增率	臺北市政府 %	年增率	高雄市政府 %	年增率	臺灣省政府 %	年增率	縣市政府 %	年增率	鄉鎮市公所 %	年增率
1995	100	3.8	56.4	2.8	8	-1.9	3.1	5.8	14.4	9.8	14.9	2	3.3	18.1
1996	100	2.9	58.3	6.5	7.9	1.1	3	0.5	14.1	1.4	13.3	-7.8	3.3	2.7
1997	100	6.3	56.8	3.4	8.6	16.4	3	5.9	15.2	14.1	13.3	5.9	3.2	1.6
1998	100	20.5	57.7	22.6	8.6	20.7	2.5	1.6	17.2	36.4	11.2	1.7	2.7	2.5
1999	100	-2.4	62.3	5.3	7.8	-11.9	2.5	-4.1	13.7	-22.1	11	-4.5	2.8	-0.2
2000	100	38.9	73.5	63.9	8	42.5	2.5	42.5	0	0	12.1	52.5	4	98.4
2001	100	-31.9	74.7	-30.7	6.6	-43.5	2.4	-36.4	0	0	11.5	-34.9	4.8	-18
2002	100	-5.7	73.3	-7.6	7	-0.3	2.6	5	0	0	12.9	5.3	4.2	-16.6
2003	100	3.4	72.3	2	7.4	9.3	2.6	1.3	0	0	13.2	5.8	4.6	11.9
2004	100	6.7	71.5	5.5	7.2	4.4	2.6	7.9	0	0	13.8	11.6	4.9	14.1

資料來源：根據 2004 年財政部統計年報編製。

◼表 10-2　1995-2004 年各級政府支出比例（按政府別分）

年度	總計 %	計 年增率	中央政府 %	中央政府 年增率	臺北市政府 %	臺北市政府 年增率	高雄市政府 %	高雄市政府 年增率	臺灣省政府 %	臺灣省政府 年增率	縣市政府 %	縣市政府 年增率	鄉鎮市公所 %	鄉鎮市公所 年增率
1995	100	4.6	53.9	11.7	7.2	-26.6	2.6	14.8	18.1	17.1	14.5	-4.1	3.7	-21.4
1996	100	-3.5	50.6	-9.3	8.8	16.9	2.9	6	18.5	-0.8	15.2	1	4	5.1
1997	100	1.9	51.1	2.9	8.1	-6.1	2.9	2.2	18.5	1.7	15.2	1.8	4.2	7.9
1998	100	6.1	51	5.9	8.2	7	2.9	7.3	18.7	7.2	15	5.1	4.2	4.4
1999	100	2.9	57	15	7.5	-5.2	2.9	0.8	14.4	-20.8	14.4	-1.4	3.8	-6.8
2000	100	53.2	66.1	77.6	8	63.9	2.7	43.8	0	0	17.5	85.9	5.7	130.9
2001	100	-27.7	65.2	-28.7	7.7	-30.8	2.7	-26.2	0	0	19	-21.5	5.4	-31.3
2002	100	-5.6	64.3	-6.8	7.7	-5.8	3.3	12.4	0	0	19.3	-3.7	5.4	-5.9
2003	100	2.9	64.6	3.3	6.5	-12.6	3.1	-2.2	0	0	20.4	8.4	5.4	3.3
2004	100	1.5	62.5	-1.7	6.9	6.5	3.5	14.4	0	0	21.7	7.8	5.5	2.6

資料來源：根據 2004 年財政部統計年報編製。

參、權限爭議

　　政治民主化以來，中央與地方關係最多爭議的是政策引發的「權限」問題。英、美、德、日等國有自己的史例、模式、機制可供參考（林谷蓉，2005: 62-106）。但是，我國民主轉型時期的發展仍以自己的法規及問題解決的經驗為主。

　　我國中央與地方關係的權限爭議,導因於行政院與直轄市、縣(市)對個別政策的事權歸屬。但是，爭議的議題會擴散到法規文字、政策過程、政治文化，以及政策執行。最典型的個案為 1995 年全民健保政策引發臺北市與中央健保局之間的保費爭議。

　　從法律觀點來看,自治事項採概括性文字而埋下權限爭議的因由。然而紀俊臣則解釋研擬草案及立法之時「係立法者之苦心」；因為，概括性文字隱含地方權限擴大的可能性（紀俊臣，2004: 133）。但是，黃錦堂認為我國法律文字不明確、缺乏配套措施，就是事權爭議的根源。因為，《地方制度法》立法時並未與其他法律（例如：《建築法》、《水

利法》、《都市計畫法》、《廢棄物清理法》等）在自治事項及事權上作一致性、配套式的修法。再者，我國專門性法律（例如：《環境保護法》、《建築法》等）也籠統規定「本法之主管機關，在中央為○○○，在省（市）為○○○，在縣（市）為○○○」（黃錦堂，2000: 83）。

《地方制度法》第七十七條規定：「一、中央與直轄市、縣（市）間，權限遇有爭議時，由立法院院會議決之；縣與鄉（鎮、市）間，自治事項遇有爭議時，由內政部會同中央各該主管機關解決之。二、直轄市間、直轄市與縣（市）間，事權發生爭議時，由行政院解決之；縣（市）間，事權發生爭議時，由內政部解決之；鄉（鎮、市）間，事權發生爭議時，由縣政府解決之。」

但是，爭議發生時，直轄市、縣（市）較不願意循第七十七條途徑解決；可能為政治考慮之故。所以，大多向司法院聲請釋憲。

大法官釋字第五五○號（2002 年 10 月 4 日）解釋 1995 年 3 月 1 日實施之《全民健康保險法》，係中央立法並執行之事項，而地方對全民健保負有「協力義務……尚非憲法所不許。」然而對於法律之實施須由地方政府負擔經費者，「於制定過程中應予地方政府充分之參與，……避免有片面決策可能造成之不合理情形，……」。❷ 該案顯示中央與地方的政策協商機制不周延，也顯示傳統中央政府政治文化❸的問題。

---

❷ 釋憲文中，另有協同意見書值得參考。例如：戴東雄意見要點強調，全民健康保險並非憲法第一○七條規定中央立法並執行之事項。憲法基本國策「國家」之意義，不能在法律層次由立法者「創設中央與地方義務」。參見大法官釋字第五五○號解釋文及協同意見書。

❸ 丘昌泰曾指出我國公共政策運作體制，常採取「重中央，輕地方」的集權模式，以及中央政府「財政集權化」使地方政府陷入無錢、無權的困境。參見丘昌泰〈地方政府政策執行的困境與突破──競爭力的觀點〉，臺灣政府，東海大學主辦，創新提升再造「行政發展與地方政府競爭力之提升」學術研討會，1997 年 5 月 30 日，頁 9–16。

肆、研擬改善方案

　　回顧中央與地方關係爭議主要是公共政策的規劃與執行。大法官解釋文第五五三號（2002 年 12 月 20 日）已明示「制度設計……缺乏自治團體與監督機關間之溝通、協調機制，……立法者應本憲法意旨，增加適當機制之設計。」但是，《地方制度法》尚未修法制定適當的機制。

　　如何強化中央與地方良性互動的關係？學術研究建議參考英國府際關係互動論壇、美國府際關係諮詢委員會，或者日本的國政參加機制、國家地方紛爭處理委員會的經驗（李長晏，2002: 39–41；朱鎮明，2006: 139–149）。

　　因為過去許多爭議的主因是公共政策，學術研究對中央政府的建議要多於地方政府。例如：趙永茂指出中央政府要減少過度干預與支配地方政府，對於「共同協力事項」除非中央自己執行，否則地方應有決定執行方式的建議與選擇權（趙永茂，2002: 152, 392）。朱鎮明建議參考德國上議院特別調解委員會的功能，在立法院增設「特種委員會」（例如：府際關係法治與調解特別委員會）以解決特定政策或議案的爭議（朱鎮明，2006: 153）。呂育誠建議活化中央與地方關係（呂育誠，2007b: 161–162）。所有研究的共識是期許真正落實中央與地方的政策協調功能，他們呼籲，真正誠懇的理性對話、協調溝通才是政策正當性的基礎。

　　例如：高鐵站及周邊地區由中央政府劃為特定區域。近年來，某些縣市政府及民間團體研擬周邊區域共同開發計畫。如果，中央政府不往下授權，地方經濟的治理方案將被迫擱置。

　　回顧《地方制度法》實施初期，中央與地方關係已經發生法規認知、權責劃分、利害關係等爭議。其實，政治發展的過程，也增加中

央與地方間組織學習、培養共識、累積經驗、彈性處理的認知與互動基礎。未來仍需修法建立實用的協商機制，以促進中央與地方關係的協調。

第三節 地方監督

地方政府依法自治，不應該、也不能夠為所欲為。國家高權透過中央政府，或者上級政府仍能依法進行地方監督。

地方監督的類型及方式有幾種不同的分類。第一、以性質而言，地方監督分為適法性及適當性兩種；第二、以意義而言，分為積極興利、消極防弊的監督活動；第三、以監督對象區分：對人及對事；第四、以時間先後分為：事前監督、事後監督；第五、以監督途徑區分：正式內部監督途徑、正式外部監督途徑、非正式內部監督途徑、非正式外部監督途徑；以及第六、以權力行使的名稱區分，地方監督包含：停職、免職權，備查、核定權、代執行權（例如：預算案）、矯正處分權（例如：撤銷、變更、廢止或停止其執行）。分述如下：

壹、適法性及適當性的監督

司法院大法官釋字第四九八號（1999 年 12 月 31 日）解釋：「中央政府或其他上級政府對地方自治團體辦理自治事項、委辦事項，依法僅得按事項之性質，為適法或適當與否之監督。」

適法性監督乃依據法律優位原則處理。例如：《地方制度法》第三十、七十五條規定：自治法規與憲法、法律或基於法律授權之法規或上級自治團體自治條例牴觸者，無效。發生牴觸無效者，分別由行政院、中央各該主管機關、縣政府予以函告撤銷、變更、廢止或停止其執行。

適當性為合理與否的裁量。地方自治條例通過後，須陳報上級政府或主管機關核定或備查，以完成法律效力。其中即包含適當性與否之審查，例如：自治事項沒有參與國際活動規定，但新竹市因為科技城市的特性，經由溝通與協調設立國際事務課以推廣國際交流活動、提升城市競爭力。然而，也有合於地方自治條例的程序，卻被中央政府認為不適當、不合理，而未准備查的事例，例如：《地方稅法通則》實施之後，桃園縣擬開徵煉油廠特別稅、屏東縣霧臺鄉與臺東縣綠島鄉擬徵收生態維護臨時稅，呈報中央，結果未予備查（黃世鑫、郭建中，2007: 28）。

貳、積極或消極意義的監督

中央或上級政府依法監督地方政府。地方監督的意義有二：⑴積極興利的功能：引導地方階層克盡職能，做好該做或能做的事，甚至協助提升地方競爭力；⑵防弊的功能，例如：適法性、適當性的監督，以及公務員懲戒，或《地方制度法》第七十八、七十九條關於違法解職的規定。

目前，英國、瑞典等國推行地方政府績效管理政策，對於績效良好的地方政府，會給予更大的財政自主權作為獎勵。同理，我國《地方制度法》第六十九條有對於地方財源開闢績效良好或依法得徵收之財源而不徵收時，上級政府得酌增或酌減補助款的規定。

參、以監督對象區分

地方監督的對象有兩類。第一類是以人為對象。例如：《地方制度法》第七十八、七十九、八十、八十二、八十四條為對於地方行政首長、地方民意代表停職、解職、派員代理、懲戒等規定；第二類以事為對象。例如：地方政府辦理自治事項、委辦事項要接受適法性、適

當性的監督。

肆、以時間先後區分

分為事前監督和事後監督兩種。事前監督指政策尚未實施之前所作之核示或審查，事前監督包括：法律優位原則、核定權的行使（自治條例關於機關組織、罰則的規定，需要行政院或中央機關核定才能公布）、限期辦理的要求、補助金分配、委辦事項的賦予。事後監督是指政策推行期間發現未完備法定程序或發生違法失職情事所作之監督行為，其範圍包括：矯正處分權（包含檢舉權，自治法規撤銷、變更、廢止、停止執行，代行處理）、停職解職權、解決爭議權、依法獎懲權、總預算案代決定權等（薄慶玖，2001: 385-392）。

伍、根據體制結構區分

地方監督又區分「正式／非正式」、「內部／外部」等四種途徑。吉伯特 (Charles E. Gilbert) 1959 年以「正式／非正式」與「內部／外部」兩個構面，構成「行政責任分析架構」的四種分析途徑❹。本節使用吉伯特的架構（圖 10-1）作為分析地方自治的四種監督途徑。

	內　部	外　部
正式	內部正式監督途徑	外部正式監督途徑
非正式	內部非正式監督途徑	外部非正式監督途徑

➡️圖 10-1　自治監督的途徑

---

❹　參見吳定、張潤書、陳德禹、賴維堯編著，《行政學》㈡，修訂四版（臺北縣：國立空中大學，2001），頁 360。

一、內部正式監督途徑

㈠機關首長、單位主管的科層關係，構成層級節制的內部監督網絡。

㈡地方行政機關內部人事、主計、政風單位❺不僅在行政程序上有監督的作用，另有上級政府人事、主計、政風主管機關的雙重隸屬監督體系。

㈢地方立法機關的立法、質詢，或者舉辦公聽會，可以舉發或質疑不當、不法、怠忽的行為。

二、外部正式監督途徑

㈠我國中央政府對地方自治監督的方式有立法、行政、司法、考試、監察等五類（薄慶玖，2001: 383-385；陳樹村，2001: 386）。其中，行政監督運用最廣。(1)立法監督：立法院制定的法律，位階高於地方自治法規，有事前監督之效。立法院尚有解決中央與地方權限爭議的修法權；(2)行政監督：包含範圍廣泛的指揮委辦權、核定備查權、矯正處分權、解決爭議權、檢舉權、依法獎懲權等等；(3)司法監督：解釋權、懲戒權、裁判權（行政訴訟、選舉訴訟）；(4)考試監督：以考用合一間接監督人事行政與銓敘任用的合法性；(5)監察監督：糾舉彈劾權、審計監督權，將違法失職者移送司法院公務員懲戒委員會懲處。

㈡直轄市、縣市政府對下級鄉（鎮、市、區）公所的監督。

㈢地方選舉：居民以選票對民選行政首長、議員，作定期與最後課責的監督手段。

---

❺ 歐美地方政府有常設的行政監察員 (ombudsman)，接受民眾投訴或要求行政機關改正措施。我國地方政府政風室以依法行政、防止濫用權力、檢肅貪污為主要任務。

三、內部非正式監督途徑

㈠實踐倫理的作用：個人倫理、專業倫理、行政倫理等價值的影響，會使組織成員發揮盡忠職守、誠實清廉、促進公平、公共利益等無形影響。

㈡弊端揭發 (whistle-blowing)：是指機關內部人員把違法失職事情，釋放給媒體、議會或上級機關的行為（吳定、張潤書、陳德禹、賴維堯，2001: 375）。

四、外部非正式監督途徑

公共資源有限、公共事務繁雜、政策先後又常易受到政治因素所影響，所以地方事務很容易發生疏忽、遺漏、不公、錯置、貪污或者重複的現象。用系統分析的概念來說，當體制未能反映社會需求，市民社會就會以外部非正式途徑，將訊息和壓力輸入地方自治的政治系統。常見的途徑有：

㈠公民參與：透過要求資訊公開、陳情、請願、讀者投書、抗議等方式進行監督。

㈡傳播媒體：地方新聞、讀者投書等皆具有監督或舉發的功能。此外，研究機構或媒體所作「施政滿意度民意調查」、「縣市政府競爭評比」的報導，也有督促課責的影響力。

㈢資訊公開：指民主行政對於透明度的要求——地方政府除機密、個人隱私之外，行政資訊要迅速公開，讓民眾獲得想得到的資訊。

㈣審議式民主（或者公共對話）大多在公共政策辯論的時候，發生監督作用。市民社會有公民個人或團體參與的方式進行「合目的性」（監督地方政府該不該做），或者「適當性」（時機、地點、實施方式）的政策辯論，以公共參與聯繫公共監督的政治效能。

陸、行使方式

　　自治監督的行使方式以個別行使為主，交互行使（例如：內部／外部、正式／非正式監督途徑）為輔。受法治主義規範，上級政府與自治團體內部監督，要依法行使授與監督的職權，過當的監督行為可能干擾或束縛正常運作。

　　至於機關內部人員透過資訊外流的非正式手段，或者市民社會的公共監督，除非在地方選舉期間可能引起較大的政治效果，否則只能在政治過程發生「引起注意」的醞釀作用。它仍需要藉著「輸入」體制內，引起「法定程序」(due process) 的運作機制，才會有實質監督的效果。❻

---

❻　陳樹村，〈地方自治監督與行政救濟〉，臺北市政府編印，《地方自治法 2001》，頁 385–407。

第十一章 ▶ 政治行動者與互動關係

　　政治行動者 (political actors) 主導公共政策的制定及運作,形成政策網絡的結構並且影響互動關係。行動者是政治分析的中性概念,它可以是機關(例如:市政府 / 市議會或縣政府民政處),或是利害關係人(例如:政黨、社會團體、個人)。地方公共政策的主要行動者分為外部、內部兩大類。外部行動者另有專章(第十、十三章)介紹中央一地方關係、跨域治理的內容。

　　本章以機關的結構性行動者為主題,以社會團體或個人行動者為次題。各節介紹「內部結構性行動者」——府會關係、一致政府 / 分立政府、公民的公共參與等。第一節分析縣(市)政府與議會的互動關係,俗稱府會關係。第二節說明政黨勢力形成一致政府 / 分立政府的類型與影響。第三節介紹社會團體或公民的公共參與。

🖊 第一節　府會關係

　　制度研究途徑的核心主題是正式組織的法定職權及角色分析。權力分立制的權威結構由「首長制」和「合議制」構成權力分立、相互制衡的二元體系(制度的源起與特徵參見第三章)。

壹、法定職權

　　《地方制度法》第五十六條對地方行政首長產生與法定職權的規定如下:「縣(市)政府置縣(市)長一人,對外代表該縣(市),綜理縣(市)政,縣長並指導監督所轄鄉(鎮、市)自治。縣(市)長均由縣(市)民依法選舉之……。」法制上賦予縣(市)長綜理縣(市)

政的行政權力，成為地方政治的核心。但是，依法行政的法定體制又規定政策合法化須經由地方議會的政治過程。所以，府會關係為制度化的互動關係。

《地方制度法》第三十三、三十四條規定地方議員（代表）民選產生，以及議會（代表會）召開定期會、臨時會的內容。議會（代表會）為合議制機關。第三十五至三十七條分別規定直轄市、縣（市）議會、鄉（鎮、市）民代表會有議決自治法規、年度預算、地方稅、財產處分、政府提案或議員提案，以及審議決算的職權。

一般觀察，以縣（市）政府提出的法案（含預算案）議決、覆議案最具指標意義。地方議會開議時，府會關係的觀察多以「預算案是否刪減，其他法案審議結果是原案通過、附帶決議、擱置、退回或者否決」為主。例如：黃錦堂分析 1990 年代地方議會、委員會顯示，議員會以法案附帶決議、條件限制等方式，企圖規範或監督行政機關的政策。哪些行動或決議可以發揮政策影響的作用，也可能引發府會關係的衝突（黃錦堂，2000: 244–249）。陳淳斌的個案分析說明議會的監督受到政黨運作，以及「監督成本高、資訊不對稱、敬業精神不夠」等因素影響，實際上多為形式化與被動式的行為（陳淳斌，2007: 89）。

《地方制度法》第三十八條訂有解決府會衝突的機制。第三十八條規定地方行政機關對議會議決案「延不執行或執行不當」時，議會得請其說明理由，必要時報請上級政府機關協商解決。實際運作時，將使府會衝突公開化與白熱化。

貳、覆　議

第三十九條規定覆議情況與程序。直轄市、縣（市）政府、鄉（鎮、市）公所對於地方法規、預算、稅課、財產處分、政府（公所）組織自治條例及所屬事業機構組織自治條例、政府提案事項，以及其他依

法賦予之職權的議決案，如認為窒礙難行時，應於決議案送達三十日內，就窒礙難行部分，敘明理由送請覆議。對於議員（代表）提案事項，或人民請願議案，如執行有困難，敘明理由函後即可。

直轄市、縣（市）議會、鄉（鎮、市）民代表會對於移送之覆議案，應於送達十五日內作為決議。如為休會期間，應於七日內召集臨時會，並於開議三日內作成決議。覆議案逾期未議決者，原決議失效。覆議時，如有出席議員、代表 2/3 維持原議決案，直轄市政府、縣（市）政府、鄉（鎮、市）公所應即接受該決議。但是，總預算案不在此限。總預算案在年度開始後三個月內未完成審議者，行政機關得報往上級政府邀集各有關機關協商，於一個月內決定之。逾期未決定者，由邀集協商之機關逕為決定。至於失效之決議案應就原案議決，並不得作與原覆議相同之決議，各該行政機關亦不得再提覆議。

關於議會（代表會）組織自治條例規程，應報上級政府核定，縣（市）政府不得提覆議。縣（市）政府依法提請覆議之提案，議會程序委員會不得逕予決定退回（內政部地方制度法及解釋彙編，2002: 75-76）。

第三十九條覆議案機制啟動之後，有三點值得吾人重視。第一、「覆議案逾期未議決者，原決議失效」的規定，使行政首長得以說服部分議員不參加會議，以「流會」化解覆議案危機；第二、我國地方制度沒有不信任案及解散議會的機制（日本府縣制有此設計）。如果地方議會強勢通過原決議案，地方行政首長必須執行決議案。換言之，地方議會也有可能成為主導政策的強勢行動者；第三、除了總預算案可以報請上級行政機關協商解決之外，其他覆議案如果 2/3 維持原決議案，地方行政機關應即接受該決議。此一機制顯示合議制的議員（代表）如果有共識與行動力，也能夠主導地方政策。

參、質詢及其他

　　基於權力分立的體制，縣（市）長、各一級單位主管及所屬機關首長，依法定期出席地方立法機關作施政報告、業務報告，並接受質詢。其他行政人員必要時僅能列席並提供備詢資料，但是不對縣（市）議會（代表會）負政治責任。

　　副縣（市）長的法定角色為縣（市）長「襄助人員」，並非業務主管。除非依法代理縣（市）長，於定期會提出施政報告並接受質詢；但是仍不對議會負責。地方行政機關的公務員依法考選、銓敘資格與職等，並在法定機關擔任有職稱及官等之常業文官人員。公務員必須依法行政，負行政責任。

肆、研究與觀察

　　府會關係的研究與觀察最早以總體分析的方式出現。例如：趙永茂在《臺灣地方政治的變遷與特質》(2004) 提出長期觀察與比較分析的綜合性解釋。1987 年解嚴與政治民主化，以及 1999 年《地方制度法》實施之後，府會關係的動態發展成為新聞報導與分析、學術研究與觀察常見的主題內容。

　　《地方制度法》實施以來，府會關係的研究以期刊論文、學位論文為主，觀察的面向與主題也較為多元（詳見附錄）。除一般分析之外，關於臺北市、高雄市、桃園縣、臺中縣、臺中市、臺南縣、臺南市、南投縣、彰化縣、花蓮縣、臺東縣、金門縣的府會研究，都是廣義的歷史研究途徑。其他期刊或學位論文，多以描述某一屆縣議會的府會互動，或某一屆議會作為個案分析的對象。此外，也有以議會黨團協商制度（洪樹林，2003）、議會自律權（游凱詒，2006）、某屆議會議員質詢的內容分析（謝宜芳，2001）、縣議會議長角色與功能（曾忠義，

2003；簡依蓁，2004）或者覆議制度（羅日春，2005）的運作等研究。這些論文的整體觀察，「現象」(what it is) 分析多於「規範」(what it should be) 的論述。

新制度主義的研究途徑仍是最重要的理論基礎。它的整體研究強調正式體制、法定角色的結構性功能，以及合法、合理的行為研究；其個體研究詮釋行動者規範性行為的意義及影響。因此，法制規範、制度化行為仍將是府會關係研究與觀察的重點內容。

第二節　一致政府／分立政府

政治民主化之後，政黨與地方選舉的競爭導致「政黨政府」(party government) 的類型發生變化。現今，政黨政府的分析模式有兩種：地方行政機關和地方立法機關由同一政黨執政，稱為「一致政府」(unified government)；由不同政黨掌控，稱為「分立政府」(divided government)。但是，地方政治不完全由政黨所主導。無黨籍議員在許多縣市仍然擁有政治勢力。因此，本節也將分析無黨籍議員的政治現象。

政黨政府的模型在運用上有兩種功能：一種是統計的功能，另一種是研究分析的功能。

壹、統計的功能

1980 年代以前臺灣的地方政治，絕大多數長期由中國國民黨掌握地方首長與議會，並形成一致政府的優勢地位。1986 年民進黨成立之後，政黨競爭、政黨勢力影響府會關係的結構。近二十年來，有些縣市長的選舉已經出現一次或二次以上政黨輪替（例如：桃園縣、新竹市、臺中市、彰化縣、雲林縣、嘉義縣、臺南縣、澎湖縣）的變化。2002 年以來的地方選舉則又產生變化。

為了解釋地方政黨政府的現象，1997 年吳重禮引用美國研究的
「一致政府／分立政府」的模式描述並解釋政治民主化之後的臺灣政
黨政府。現今，一致政府／分立政府已經成為分析的常態模型。除了
學術研究之外，直轄市、縣市政府（議會）選舉統計，以及中央選舉
委員會 2005 年的統計分析也列入資料內容。表 11-1 顯示 1986 至
2009 年間六屆縣市長黨籍、各政黨議員於縣市議會平均比例、以及政
府類型的總體統計概況。

■表 11-1　1986–2009 年政黨地方勢力統計

	縣市首長黨籍					各政黨議員於縣市議會平均比例				政府類型	
	國民黨	民進黨	無黨籍	親民黨	新黨	國民黨	民進黨	新　黨	無黨籍	一致政府	分立政府
1986–1989	17	3	3	×	×	75.62%	0.00%	0.00%	21.09%	17	6
1990–1993	16	6	1	×	×	66.98%	6.72%	0.00%	22.14%	16	7
1994–1997	14	7	2	×	0	57.10%	11.15%	1.75%	25.84%	14	9
1998–2001	7	13	3	×	0	55.85%	13.46%	1.50%	25.03%	7	16
2002–2005	10	10	2	2	1	36%	18.2%	0.4%	34.7%	11	14
2006–2009	15	7	1	1	1	46.04%	20.37%	1.44%	30.26%	12	13

資料來源：　1. 1986 至 2001 年參見吳重禮、黃紀、張壹智，2003，〈臺灣地區「分立政
府」與「一致政府」之研究——以 1986 年至 2001 年地方府會關係為例〉，
《人文及社會科學集刊》15 卷 1 期，頁 171。（該項資料不含連江縣、金
門縣）
　　　　　　2. 2002 至 2009 年依據中央選舉委員會選舉資料庫統計，包含院轄市及連江
縣、金門縣共二十五單位。地方選舉時間不同，例如：2001、2005 縣市
長選舉；2002、2005 縣市議員選舉；2002、2006 北高市長、市議員選舉。
時期以縣市議員任期為準，2002 至 2005 年議會數字為政黨得票率統計；
臺聯、親民黨限於格式未顯示。

該表顯示我國地方選舉及政黨政府的總體特徵如下：

一、1986 至 2009 年的二十四年期間舉辦六屆地方選舉。中國國
民黨（簡稱國民黨）及民主進步黨（簡稱民進黨）的政治勢力，明顯

呈現「鐘擺效應」的消長。換言之，國民黨歷經優勢、政黨解組、政黨重組、再度優勢的發展；民進黨則由弱轉強，又再轉弱。

二、政府類型顯示：一致政府／分立政府的總比例從偏斜到逐漸均衡的狀態。2006 年縣（市）長選舉的政黨版圖，也呈現雲嘉南等南部縣市多由民進黨執政、其他地區的縣市多由國民黨執政的「北藍、南綠」現象。

三、無黨籍議員在地方議會的政治勢力，總比例長期呈現 1/4 至 1/3 的穩定狀態。換言之，總體分析顯示無黨籍議員在國民黨之後，成為地方議會第二大勢力。某些縣市甚至擁有過半數的政治力量。

貳、研究分析的功能

政黨政府雖然已經成為政治現象，可是長期觀察與研究發現：一致政府／分立政府對地方政治的實際影響並不固定。因為「非正式結構」的派系政治、縣市長個人領導風格、實質經濟利益等仍會發揮實際影響力，並且可能成為主導地方政治的主要因素。

一、初期一般分析

2003 年吳重禮、黃紀、張壹智發表臺灣地區 1986 至 2001 年間「分立政府」與「一致政府」的比較研究受到重視。他們分析十六年間臺灣二十三縣市（含北、高二直轄市）縣市長、議員選舉及政黨政府的類型變化，也參考各縣市議會祕書室編輯的「議事錄」，以及臺灣省選舉委員會編印之《地方公職人員選舉臺灣省選務實錄》分析法案議決和制衡的政治關係。該研究的自變項是政黨政府的類型，依變項包含：⑴縣市政府所提法案之審議情形。包含行政機關提出的法案或覆議案，經由議會審查過後以原案通過、修正通過、擱置、退回或其他處理情形；⑵縣市政府預算刪減之幅度；⑶縣市議會通過法案的情形。包含

總審議法案、縣市政府提案、議員提案以及覆議案，以此檢視一致政府或分立政府型態與制衡關係之差異（吳重禮、黃紀、張壹智，2003：154-156）。

　　該研究發現，政府提案照原案通過的情形，並未顯示政府類型的差異。可是當府會雙方立場互異，並且民進黨縣市首長主政而國民黨議員占多數的議會時（例如：1986 至 2001 年陳定南、游錫堃、劉守成主政的宜蘭縣，1990 至 2001 年尤清、蘇貞昌主政的臺北縣，以及同時期范振宗、林光華主政的新竹縣，1998 至 2001 年謝長廷主政的高雄市），法案通過率較低，預算的刪減較為明顯；反之，法案通過率較高，預算刪減幅度小（吳重禮、黃紀、張壹智，2003：162-165）。換言之，分立政府似乎較易出現衝突或政治僵局。

　　另外，廖達琪等人研究民主化與地方行動效能的關係。該研究於 1993、2001 年抽樣基隆市、臺南市、新竹縣、臺中縣、高雄縣、花蓮縣等六縣市，針對行政主管、立委代表、縣市議員及社團負責人進行問卷調查。研究發現政黨輪替對地方問題解決的效能並無影響；事權性質、地方派系等其他因素可能影響力較大（廖達琪、黃志呈，2003：86-87, 97）。

二、其他研究的解釋

　　吳重禮、楊樹源 2001 年比較新竹縣、新竹市、嘉義縣、嘉義市 1997 至 2001 年間一致政府／分立政府的政治現象。他們希望用「年度預算刪減幅度、法案通過比例與結果、施政滿意度」等三個面向作為測量「政府表現」與「領導效能」的指標。該研究發現派系政治的非正式結構、縣市長的個人因素「凌駕」一致政府／分立政府的差異（吳重禮、楊樹源，2001：288-289）。換言之，政黨政府的政治效應並不明顯。

　　再如，林靜美以預算為單項指標探討 1989 至 2000 年分立政府與

地方政府財政赤字的關係卻有不同的認知。她發現分立政府並不必然導致政治僵局、不作為，或者發生行政效能不彰的負面結果。分立政府反倒有「花錢更趨保守，更加節流」的正面現象（林靜美，2001: 82）。

三、選舉年的影響

若逢縣（市）長、議員選舉，議會政治的黨派因素也可能在某段期間發生影響作用。例如：桃園縣 1998 至 2002 年第十四屆縣議會國民黨占優勢，縣長呂秀蓮及代理縣長許應深為民進黨籍，屬分立政府。2002 年該屆第八次定期會因逢地方選舉，刪減預算近 53 億元。2002 至 2006 年第十五屆縣議會及縣長朱立倫同屬國民黨籍，屬一致政府。2002 年新屆第一次定期會追加預算至 118 億 5265 萬餘元（孫惠生，2001: 101–103）。本例證雖與政黨政府變化有關，但是該年適逢地方選舉泛政治化的因素更為明顯。

四、經濟利益的影響

實質的經濟利益也可能超越政黨政府的差異。茲以臺中縣、高雄市兩個研究案例提供參考。

・案例一

王靜儀、傅恆德 (2007) 研究臺中縣 1951 至 2005 年間共十四屆縣長／縣議會一百零八個會期的府會關係。臺中縣政治史長期呈現黑紅兩派的「雙派系脈絡」：「黑派」以鄉鎮行政系統為主，「紅派」以農會／農田水利會為核心。量化分析的資訊顯示紅派贏得第一、三、五、七、八、十一、十二屆縣長；黑派贏得第二、四、六、九、十、十四、十五屆縣長（第十三屆為黑、紅派系之外人士執政）。1990 年代的府會關係也曾出現政黨輪替，以及一致政府／分立政府的現象。

研究者深度訪談的質化研究卻發現：真正主導府會關係的關鍵因素是「利益共享及政治互惠」。縣長政治領導的作法是：縣長本人或授權幕僚透過人際網絡的互動，積極與議長／議員溝通、協調。溝通、協調的實質內容是利益共享（例如：基層建設經費），或是政治互惠（例如：行政資源、人事安排等的妥協）（王靜儀、傅恆德，2007: 56–59）。

• 案例二

高雄市議會歷經國民黨獨大，以及派系政治、政黨政治等政治發展與變遷。1998 年謝長廷雖然以 0.58% 得票率險勝吳敦義，但是市府提出的捷運政策潤滑了府會對抗的衝突。當時，第五屆市議會 44 席之中，國民黨籍市議員占 24 席，民進黨、無黨籍各有 9 席，新黨及原住民議員各 1 席。2000 年 1 月市議會進行捷運預算二、三讀前，國民黨預估可以掌握 27 席反對票。但是，千載難逢的工程利益超越政黨壁壘，成為市長與議員聯盟的新紐帶。最後，重大議案的表決因為某些市議員臨時就醫、請假，只有 32 位議員出席表決：民進黨黨團掌握 19 票 vs. 國民黨 13 票（張儀君、陳柏甫，2005: 10–14）。因此，謝長廷擔任第二至三屆民選市長（1998 至 2005 年）期間，運用捷運政策的經濟利益建立執政的聯盟關係，並且超越政黨政府的限制。

參、無黨籍議員

表 11–1 顯示，無黨籍人士長期在地方議會議員總數之中約占 1/3 比例的政治勢力，有的縣議會甚至擁有過半數的政治版圖，我們需要重視此現象的意義及影響。根據行政院中央選舉委員會 2005 至 2009 年（第十六屆縣市議會）統計，以及縣市電子化政府資訊顯示，苗栗縣縣長劉政鴻（國民黨）；縣議會 38 席之中無黨籍議員占 20 席 (52.63%)，國民黨 16 席 (42.10%)，民進黨只有 2 席。南投縣長李朝卿

（國民黨）；縣議會 3 7 席之中無黨籍議員占 19 席 (51.35%)，國民黨 9 席 (24.32%)，民進黨 7 席 (18.91%)。雲林縣長蘇治芬（民進黨）；縣議會 43 席之中無黨籍議員占 19 席 (44.18%)，國民黨 18 席 (41.86%)，民進黨 5 席 (11.62%)。澎湖縣長王乾發（國民黨）；縣議會 19 席之中，無黨籍議員占 11 席 (57.89%)，國民黨 7 席 (36.84%)，民進黨 1 席 (5.26%)。

　　無黨籍政治勢力的現象解釋如下：第一、傳統派系、樁腳及俗民網絡的政治傳統。陳介玄指出民主（或政黨）政治尚未成熟運作的地方，傳統派系、俗民網絡能夠影響地方政治，我們可以將它視為「團體政治」的活動。經由團體運作，才能爭取或維護某些利益。地方政治的利益有三種：象徵、政治、經濟。象徵利益是「誰」執政或主導（族群、派系、政黨等）的心理感受。政治利益是正式占有之席次、職位，以及職權上的法定權力。經濟利益則是金錢、物質等之得失（陳介玄，1997: 31–68）；第二、選民偏好「選人不選黨」的投票行為。草根民主的特徵是候選人或議員容易和選民直接互動與接觸，選民因此出現較多個人選擇的偏好；第三、候選人個人風格的影響。少數無黨籍人士以特立獨行的風格吸引選票。

　　綜上所述，政黨與政府類型分析已有「部分解釋」的功能，地方選舉與政黨的研究取向明顯地已經獲得重視。只是實證研究時，實質利益、地方派系、個人風格等其他因素也有相當重要的影響力。

第三節　公民的公共參與

　　公民參與指居民由下而上、直接將社會壓力導入政治體系以影響決策的過程。審議式民主 (deliberative democracy)、市民社會 (civil society) 的動能是公共參與的積極力量，其影響力不容忽視。

公民直接參與的情況包含：地方行政／立法機關缺乏共識時，或是重視民主價值、尊重民意時；當居民自主性高並與權力菁英發生認知和態度上的差距❶；或是居民抗拒執行中的政策時，就會發生市民直接參與政治的現象。

公民參與的方式有主動投訴、參加公聽會、公共對話、公民會議、公民投票、示威遊行、肢體抗爭等。政策過程中，地方行政或立法機關可能在政策規劃階段先行舉辦公聽會，透過公共對話以凝聚共識，增加「授權」(empowerment) 的正當性。對於爭議性的政策，地方首長或議會可以公民投票減輕（或免除）政治責任的風險。

政治民主化之後，地方政府會因某一個政策遭遇部分居民反對、示威、甚至抗爭的反對行動。可是，抗爭的結局是開放的：某些個案顯示公部門強勢執行的成功案例，某些則為公部門妥協、擱置的結果。例如：1998 至 2000 年間，彰化縣溪州居民發動幾次大規模反對建造溪州焚化廠的抗爭活動，但是未能改變執政者的決心與政策。現今，溪州焚化廠在正常運作之外，還成為環境教育的地方景點。反之，2003年彰化花壇鄉民抗議縣政府設置火葬場設置的政策，則達到擱置的目的。

---

❶ 哈伯瑪斯 (Jürgen Habermas) 認為在一個現代的、動態的、變遷快速的社會之中，政府不再是社會體系的頂端，只是社會系統之中的一個系統時，人們就不再認為政府或專家的意見是唯一的選擇。因此，審議式民主的發展空間就會出現（哈伯瑪斯著，童世駿譯，《事實與格式》，臺北市：臺灣商務，2003，頁 46-48、76-77）。此外，趙永茂比較 1933 與 2001 年臺灣地方民代的價值取向，研究發現 2001 年縣（市）、鄉（鎮、市）等地方民代的價值取向竟然較前為弱，教育程度也較低（趙永茂，《臺灣地方政治的變遷與特質》，臺北市：翰蘆，2002，頁 167-175）。另外，中研院 1993 年社會變遷調查發現，近五成民眾心目中，政府官員和人民之間有認知和態度上的差距。

　　臺灣縣（市）民的公民參與也明顯出現「城鄉差距」的政治行為。回顧 1990 年代，桃園縣、彰化縣、臺中縣、南投縣、雲林縣、臺南縣、高雄縣、屏東縣等地區，因為程序理性較為薄弱，地方新聞報導那些縣民在都市計畫、道路規劃、垃圾掩埋場、垃圾焚化廠、土方堆置場、堤防整建、河川地種植、砂石開採等土地使用問題的公聽會、說明會中，容易出現示威抗爭、肢體衝突的場面。但是，臺北市、臺中市、新竹市等都會區市民肢體抗爭很少，公聽會、公共對話、說明會的正面效果較為顯著（李台京，2004: 5–23）。

　　但是，某些社區的案例又有成功的事例。2000 年以來，偏遠、人口少的地區已有公民參與的成功例證。例如：新竹縣五峰鄉司瑪庫斯部落的公共管理，以及花蓮縣、臺東縣原住民的「護溪聯盟」。都會或城市也有都市更新計畫以改變衰落或敗壞的社區。都市更新涉及法令、資源、同意、集體行動等的投入，地方政府和居民都要共同努力才能進行。現今，臺北市（大同區、萬華區）、臺中市、嘉義市、高雄縣鳳山等市，都有都市更新的規劃與協商活動。

　　現階段，地方政府舉辦公聽會的條件及效益仍有發展改善的空間。一般而言，如果公部門主動提供較多的政策資訊，公聽會舉辦的場次合理，市民民主素養良好，以及政治經驗累積的影響，公聽會較能發揮公共利益的效益。否則，會流於行政程序的形式而已。例如：2006 年 5 月高雄市捷運局舉辦一場輕軌捷運公聽會，因為主辦單位將它視為交通部審查預算通過之程序，民眾卻期望得到較多的政策資訊和官方解釋。因此，理性討論的場合變成激化的火爆場面（公共電視臺 2006/05/15 星期一晚間新聞深度報導）。

　　此外，民間團體也開始主動召開公民會議以實踐審議式民主的功能。北投社區「社造協定公民會議」、宜蘭社區大學 2005 年主辦「新竹科學園區宜蘭基地公民會議」都是公民參與的新趨勢；雖然資源、

資訊有限，仍將具有某些影響力（杜文苓，2007: 87–88）。

由於地方民主化和公共參與有正面相關的發展邏輯。因此，地方公共政策的政治過程本身就是一個持續學習，且發展良性、有效運作模式的過程。我們相信地方政治行動者的政治行為能夠在此過程之中學習與調適。

第十二章 ▶ 地方公共政策

地方公共政策指地方政府在自治事項範圍內，為管理或解決公共事務所採取的行動。從政治學將政治事務分為處理國際暨全國事務的高層政治 (high politics) 及區域或地方事務的低層政治 (low politics) 區分來看，地方公共政策是屬於低層政治的活動。

1997 年世界銀行一份研究報告指出，不論層級高低為何，政府之核心任務有五個基本課題：(1)建立法律基礎；(2)維持一個未被扭曲的政策環境，其中包括一個總體經濟的環境；(3)對社會服務和基礎建設的投資；(4)保護弱勢者；(5)保護環境 (World Bank, 1997: 42; Hughes, 2006: 125)。如果將該報告的核心任務轉換成地方公共政策的運作內容，則地方自治實施的自治法規、公共設施、社會福利、文化教育、治安環保等事項，就是地方公共政策的主要內容。

當代，地方公共政策的範圍隨著公共事務領域的發展及居民生活需求增多而擴大。雖然，地方政府擁有的資源與政策工具較前增加，但是壓力與挑戰也同樣加大。因此，地方公共政策的實務活動、議題分析、結果影響等皆成為大眾關注的焦點。

本章介紹地方公共政策的基本概念，包括地方公共政策的特質、分類與功能，並討論地方管制政策、發展地方經濟、提升公共服務能力等重要議題。內文列舉的本土案例有一般性與特殊性的發展經驗，由於地方公共政策的議題與影響日益重要，某些具啟發性、代表性或重要性的個案，甚至具有促成修改自治法規、調整地方行政機關的功能與作用。

第一節 概 說

壹、地方公共政策的特質

地方公共政策的特質可以歸納為下列五點：接受監督與影響、自治性、直接性、地方性、趨同性。分述如下：

一、 接受監督與影響

地方政府是國家的次級體系，地方公共政策的推行不僅依法須呈報中央政府及上級政府備查或核定，也必須接受適法性或適當性與否的監督。此外，國家發展計畫、區域發展計畫也會影響地方政策的規劃與執行。

二、 自治性

地方自治團體在憲法及法律保障之範圍內，享有自主與獨立之地位，國家機關應該予以尊重。同理，地方機關在自治事項範圍內，也應負政策規劃及行政執行的責任。若有中央與地方權限劃分的爭議，需循溝通協調、行政訴訟等途徑解決。

三、 直接性

地方政府直接和居民日常生活發生關係，地方公共政策之規劃與執行也直接面對反饋的作用。由於利害關係人對某一政策之期待、支持、冷漠、反對或者抗爭都能夠直接反應，因此，政策管理、評估或持續與否的績效管理，也較易推行。

四、地方性

行政區域的界線、人口規模、資源及產業類型、族群特性、社區意識、居民行為模式、地方菁英的風格與領導能力、生活圈的影響等會出現地方差異的個別性，而這些也可能對地方公共政策造成影響。所以，地方性仍是地方公共政策的一項特性。

五、趨同性

某些事務因為趨勢效應，在某一時期會出現趨同的現象，例如：地方選舉、家扶中心的設立、文化觀光事業的設立等。

貳、地方公共政策的分類

地方公共政策參考公共政策的一般分類而做選擇性的運用。公共政策由於分類標準不一，呈現不同的類型與內容。例如：以政策本質區分，有實質政策（問題解決）、程序政策（行政程序）兩種類型；依據分配利益區分，有象徵政策（特殊紀念日）、實質政策（權利或資源分配）。

洛威 (Theodore Lowi) 根據政策效應和實施方式，將公共政策分為：管制政策、分配政策、重分配政策等三種類型（吳定，2003: 7）。管制政策包含政府機關設定或強制區內的個人、法人或團體，遵守公共秩序、實踐政策標的、表現行為規範為目的；分配政策以提供經費補助（例如：老人年金、貧戶補助），促進社會公平發展為內容；重分配政策以總體財政收支調節社會財富為目的。基本上，地方公共政策以管制、分配政策為主；重分配政策涉及財政分配措施，多由中央決策，而地方扮演委辦代理人的角色。

作者觀察地方公共政策的活動主要有四種類型：管制性政策、分配或重分配政策、基礎設施（建設）(infrastructure) 的設置及維護，以

及公共服務的提供及管理。

　　大部分管制性政策原由中央建制（例如：戶政、地政、警政、消防、建築、公共衛生、營業登記與管理）、地方執行，地方較屬中央「代理人」性質。地方自治法制化之後，因地制宜的管制性政策開始增加（例如：街道停車差別費率）。分配或重分配政策因為中央政府掌握主要的政策工具（國稅、免稅、社會福利立法），地方政府只能有限度地推行某些政策措施，例如：貧困老人年金、教育補貼、補助營養午餐、家庭扶助等。至於能源供應、供水排水、交通運輸、郵電通訊、防災設施等基礎建設，由中央提供或給予補助款。

　　廣義的公共服務包含提供道路、路燈、公園與遊憩設施等公共設施，以及救災、社會、教育、文化、衛生、提供證明文件等公共生活的需求。狹義則以居民生活的社會服務、國民教育、環境衛生、救災為主。相關事務的行政管理單位或機關負責規劃及執行。

➡️圖 12-1　交通運輸如鐵路，為廣義的公共服務。

參、地方公共政策的功能

　　整體而言，地方自治政府的公共政策都以強化政府管理能力，提升居民生活品質，促進地方總體競爭力為依歸。當代地方公共政策的主要功能為實施公共管制、提供公共服務，以及提升公共管理能力為目的。

　　一、實施公共管制的目的為以法定權威建立行政區域內公共生活的規範及秩序。公共管制的事務包括機關設立與職權、土地使用、公共安全、國民教育、地方稅務、環境保護等地方公共事務。由於管制

事項涉及公權力、行政資訊以及個人權益事宜，因此管制性政策要由地方機關、公務人員依法執行。

二、提供公共服務可以改善居民的生活環境與品質，也可以促進地方經濟及社會的發展。公共服務 (public services) 始於十九世紀，歐美中央及地方政府提供或補貼給人民使用的公共運輸、警政、水資源、廣播、教育、瓦斯、電力、貧民住宅、健康照顧、廢棄物管理等活動。二十世紀以來，各國中央或地方政府所提供的公共服務領域呈現逐漸累積及擴張的趨勢。

三、提升公共管理能力以績效管理為主。1980 年以來，地方公共政策不僅要注意做什麼，也要重視資源利用的能力與結果。換言之，地方管理也引進經濟學、管理學關於成本效益、效能、效率等績效管理的概念。這樣，地方公共事務「不必、也無法」全部由政府獨攬；政策運作必須導入市民社會的參與，以及彈性管理工具的運用。如此發展，地方公共事務的管理就轉化為地方治理的模式。

肆、地方公共政策的運作能力

地方公共政策的運作能力深受地方政府的財政能力、行政能力、經濟因素（含資本、勞力、資源配置、規模效益）、市民社會公共參與能力的因素所影響。

財政能力包含中央補助款、地方自籌款、政府間合辦（或協辦），以及民間資源（例如：公辦民營、獎勵民間投資）的導入能力。其中尤以地方財政自主性高的自籌款對政策自主而言更重要。奧斯特羅姆 (Vincent Ostrom)、蒂伯特 (Charles Tiebout)、沃倫 (Robert Warren)、奧克森 (Ronald J. Oakerson) 等人倡導以管理主義調整地方公共政策運作方式。為了善用財政資源、發展地方經濟、提升公共服務效能，他們建議將公共服務具可選擇性、可切割性、勞力密集事務的「生產面」

劃分為「管理、提供、生產」的項目。地方政府在角色扮演上採「分權化」策略，將公共服務的提供 (provision)、生產 (production)、管理 (management) 在過程上做切割以及運作的調整。換言之，地方政府扮演政策規劃及公共管理的角色，至於生產或低階管理則採外包或不同的彈性管理。如何選擇及運作，需要各個地方政府根據自己的政策環境、規模效益、管理能力，擬定個別的實施方案 (Mcginnis, 2000: 106)。公共管理的原則是地方政府不再扮演全能者角色。如此，地方公共政策可以導入公共選擇、交易成本理論的運用，以減輕財政負擔、減少資源浪費、調和社會公平、增加管理效益。

行政能力包含政策規劃及執行的能力。政策規劃根據政策目標、資源取得、方案選擇、合法化等過程。行政執行包括行政管理、委外監督、績效評估等。阿格拉諾夫 (Robert Agranoff)、麥圭爾 (Michael McGuire) 強調地方政府有機會和許多不同的公共機構發生各種聯繫。他們建議地方新公共管理的策略，需要運用縱向及橫向的體制。在縱向體系方面需要向上級政府尋求資訊（包含風險、機會、信任、時機等）及調整（例如：調整政策項目、解除管制、不對稱待遇）。在地方政府與私部門、非營利組織的橫向關係方面，要考慮資源交換、相互依賴、哪些專案項目是夥伴關係或委託辦理等 (Agranoff & McGuire, 2007: 67-79)。雖然協作過程會面臨管理技術、凝聚力、權力影響、課責、有效性等挑戰，卻是推動地方發展的新模式、新的聯繫關係，及發展行政能力的新機會。

公共經濟／公共服務（參見表 12-1）受到資源特性（資本密集或勞力密集）、規模效益（消費者多則單位成本下降）的影響，所以生產與消費的關係會產生變化。地方公共政策可以採取政府間協調生產、合同生產、政府與民間共同生產，或者立法授權「特許生產、憑證生產」等方式降低交易成本，持續提供服務需求 (Oakerson, 1996: 21-22)。

彈性措施可以避免地方政府管事太多卻「做不好、做不了」的實務困境。發展地方經濟最好以「創造有利條件」的方式促進之，為避免「外溢效用」，地方經濟服務的規模和結構必須作適時的調整 (Baily, 1991: 15, 391)。雖然某些職能因為慣例或者難以定義和測量，無法純粹以經濟效率衡量，但是持續性的爭議也會警示政策制定者與管理者籌謀解決之道。

市民社會公共參與的能力隨著現代化的發展而提升。職業團體、社會團體、非營利組織已有能力以公辦民營、公私合營、委外經營、民營，或者使用者付費、捐獻公益等地方治理的方式解決之 (江大樹，2006: 220；呂育誠，2007: chap.1–2)。地方公共管理的新途徑已經有許多例證可作為參考。

➡表 12-1　地方公共事務及經濟因素

經濟因素	管　制	公共服務	
		資本密集 資源配置	勞力密集 規模效益
事　務	機關設立 戶政地政 治安消防 建築稅務 都市計畫 公共衛生	基礎建設（設施） 交通運輸 供水排水 電力郵政 防災	教育文化 社會服務 垃圾回收 觀光休閒 救災

資料來源：作者自製。

伍、地方公共經濟的本土案例

・案例一：臺北捷運

大臺北捷運系統為資本密集、技術密集的公共運輸計畫。它由公

部門（中央政府、省政府、臺北市政府、臺北縣政府）合作提供建設經費，1994 年臺北市政府根據《大眾捷運法》設立公辦公營的臺北大眾捷運股份有限公司負責營運及管理。

臺北市政府（交通局）扮演市內大眾交通運輸規劃（例如：公車專用道、捷運網絡）暨管理的角色。捷運系統持續性的影響在於公共空間與資源的效益、站點民營公車的協力連接關係，以及社會互動的提升。但是，中南部多數縣市的公車運輸因為經濟規模（含自用車增加）、路線權利、人口流失、油價上漲等因素影響，大多依賴交通部專案補貼客運公司以維持營運。

・案例二：恆春半島觀光產業

地方經濟與觀光開發是許多研究者感興趣的主題。蘇一志長期持續觀察與研究恆春半島觀光產業的發展過程。1997 至 2004 年間，他以田野調查法及深度訪談法為主（輔以歷史研究法），分析恆春半島觀光產業在民進黨執政期間發生政策改變，以及利害關係人（行動者）的衝突與互動。恆春半島的觀光歷史概分為三個階段：1950 至 1968 年以四重溪溫泉為主；1969 至 1978 年以恆春為主；1979 至 2004 年以墾丁為主；2006 年以車城鄉後灣村的海洋生物博物館為中心。前兩個時期以維護自然生態的管制政策，並以墾丁國家公園管理處與縣政府為主要機關。2000 年之後，恆春半島成為觀光產業資本密集的開發區域。蘇一志特別強調新政策的行動者網絡為國家機器、外來財團、地方派系、基層樁腳。墾丁國家公園、大鵬灣國家風景區為國家機器所管轄；南仁湖育樂開發公司以 BOT❶民營化方式經營的海洋生物博物館，以

---

❶ build-operate-transfer 的縮寫，即興建、營運、轉移。指政府提供土地或相關設施、使用權利等，交由民間業者開發、營運，經一段時日後再交還給政府。

及老爺酒店、京城建設、國產集團、三重幫屬於外來財團；屏東縣國民黨及民進黨都有地方派系以及基層椿腳，使得恆春半島的觀光空間被政商關係所掌控（蘇一志，2007: 9–13）。

地方經濟事務的宏觀分析，重視「把餅做大」的整體產值。地方政府的主要功能在於維持一個整體良好的政策環境，提供社會服務並協助弱勢者。其他則由產業行動者在競爭環境中合法合理的努力，與自願參與或退出的理性抉擇。例如：科學園區的經濟活動以資本密集、技術先端、國際競爭力為主。文化創意產業、休閒觀光活動等則規模較小、景氣波動較大、勞力較為密集。地方政府、產業團體、個別從業者的互動要有宏觀的視野。

另一方面，微觀研究則以團體政治或利害關係人的分析為主。後者的觀察大多以衝突／合作、依賴／互賴的關係模型為主要內容。例如：恆春半島的經濟行動者除大財團之外，還有資源、策略與行動較為弱勢的原住民、居民、墾丁觀光協會等行動者的活動。所以，該主題還可使用多元主義 (pluralism)、「恩庇侍從理論」(patron-client theory)、公共管理等不同的研究途徑予以詮釋。此一個案提醒我們：地方經濟活動已經處於一個多元競爭、重視交易成本、發展網絡互動的時代。

・案例三：地方產業與節慶活動

地方產業與節慶活動原為社區的自發性活動，現在卻成為提升地方經濟的時尚。各縣市鄉鎮藉由產業行銷、節慶宣傳等方式，希望吸引外地遊客，增強地方經濟的動能。但是，經濟不景氣的時候，有些活動（例如：2008 彰化縣花卉博覽會；2008 宜蘭國際蘭雨節）已經出現熱潮漸退或經營困難的警訊。因此，風險評估暨策略思維的重要性不容忽視。

方珍玲以農業為例，指出地方產業文化應注意：複製文化的風險、速食文化的風險、缺乏主體的風險、去故事化的風險。原創性、獨特性原是文化的要素；複製文化不但難以贏得消費者的尊重，也會扼殺地方的特色。速食文化更會發生「一窩蜂」活動泡沫化的風險。再次，本地主體性是文化體驗的重要內涵。抄襲外國嘉年華會或外地經驗、甚至過多虛構的故事都可能使虛假的意象降低遊客再次訪視的意願（方珍玲，2007: 128-132）。因此，反思本地的文化特色、彰顯在地（或社區）的風格意象、強化真實故事的生活體驗，以及創新發展新風貌都是持續可行的方法。

🖋 第二節　管制性政策

管制 (regulation) 的本質是法治與權威。它以守法、建立公共秩序、養成行為規範的價值為主要內涵。管制和管理不同，前者為法制概念；後者為體制下的運作技術或活動。管制的依據是法規。我國法律採成文法及實證法的形式，以明文規定、公平執行為要旨。管制的效果除了落實法治精神與理念，也可反映地方官員（代表）及居民的公共行為，甚至形塑地方形象。

管制的依據是自治法規。以桃園縣為例，縣政府全球資訊網的法規查詢，提供「中央法規」、「本縣自治法規」、「本縣行政規則」、「本縣法規命令草案預告」等四大類。該縣自治法規及行政規則又依法規屬性分為二十類：組織類、民政類、財政類、教育類、工務類、工商發展類、農業發展類、水務類、地政類、社政類、勞動及人力資源類、城鄉發展類、原住民行政類、觀光行銷類、行政類、研究發展類、人事類、主計類、政風類、法制類。

地方管制政策以公共安全、環境保護、經濟秩序以及一般規定為

主。我國因為傳統「立法從嚴、執法從寬」政治文化的影響，未能落實管制規定。都會區因為環境壓力、公民素質逐漸提升，管制政策的規範較為明確及易於落實。許多地方政府出現管制政策難以落實的問題，有的歸因於市民文化、特權關說的影響，因此，在交通規則、特殊行業、違建管理、殯葬管理等方面常有管制執行難以普遍、公平的問題。但是，政策上又不敢直接解除管制（俗稱鬆綁）。所以，地方管制政策的內涵與發展，需要並且更值得持續進行觀察與研究。

🖊 第三節　公共服務

壹、基本概念

公共服務 (public services) 指現代生活中，由政府直接提供或補貼私部門以供人民使用的服務。它源於十九世紀末葉，歐美中央或地方政府提供人民生活所需的功能性服務（含一般性公共服務或財貨提供）。現代居民的日常生活愈來愈依賴公共服務系統的構成及運作。

但是，公共服務的規模和項目，除了政策合法化之外，也要考量政府財政能力，並因應時代價值的理念而改變。例如：英國在 1980 年以前由地方政府直接提供公共服務的政策，經過 1981 至 1997 年的轉型，到現在已是公私協力時期的運作（朱鎮明，2004: 35）。公私協力的運作是新管理體制（參見第十三章第二節）的運用，用以強化地方公共服務的結構與功能，也滿足「參與民主」的發展。

我國地方公共服務包含公共生活的基礎設施、社會福利、文教等方案計畫，傳統上依賴中央政府專案政策或財政補助。例如：道路路燈、公共運輸、水資源、瓦斯、電力、警政、防災救災、廣播、國民教育、社會服務、健康照顧、廢棄物處理、公園休憩、文化等。公共

設施由中央補助款建設之後，地方政府負責使用管理與維護。某些社會福利政策，地方政府扮演中央「代理人」的角色。但是，財政自主性高的地方政府可推行的公共服務項目相對增加。

當代，地方公共服務重視交易成本、需求質量、彈性多元等公共管理的運作理念。因此，公共服務也可以在「提供、生產、消費」過程中採取一般原則、彈性管理，以及個別差異的現象。一般原則係指自治法規關於公共服務相關事項所訂定的內容；彈性管理著重目標(理念)、資源、管理方式等的政策辯論及方法的選擇或改變；至於單項政策（例如：經濟發展或社會福利），因為資源不足，地方公共服務勢必有施政重點或發展公共選擇的項目。

貳、社會福利案例

社會福利、文化發展是地方公共服務政策的新領域。這些事務不僅民眾關心，也常成為選舉、行政、學術領域的重要主題。本小節將選擇學者的專題研究與論述作為例證。

王湧泉、官有垣曾經分析嘉義、臺南、高雄、屏東等南部七縣市1990年代的社會福利輸送品質。研究發現：財政因素使得中央政府在政策上扮演政策規劃的強勢者角色。南部縣市政府所推動的社會福利方案是「執行」內政部社會司規劃的方案，只有少數項目是自行規劃的政策。政策規劃的考慮因素依序為——縣市長的政見、服務對象的需求、議員的意見（王湧泉、官有垣，2000: 517, 527）。政策執行時，由社會福利機關以競標方式的「方案委託」模式（含公設民營）最多（王湧泉、官有垣，2000: 533–534）。臺灣大部分縣市的財政能力及運作方式大致如此。

本世紀以來，公共服務領域因為經濟發展、社會變遷、以及地方財政能力的變化，逐漸呈現區域性或城鄉差距的現象。例如：臺北市、

新竹市因為財政自主性較高,所以,市政府推動的社會福利政策有較多自行規劃的項目。

以臺北市社會局 2003 年為例,除了公辦公營的機構之外,全市公設民營的機構單位有六十一家。該局依據市府簽約範本辦理的業務委外有:個案委託、方案委託、機構委託等三種方式。為避免市場壟斷、服務專業性降低的問題,有研究建議社會局在政策監督與管理上應成立規劃、辦理、督導、成果等階段性的諮詢委員會,以提升公共服務的運作品質(張瓊玲、張力亞,2005: 53)。新竹市 2006 年的社會福利政策,除了執行中央對弱勢團體的協助補助之外,市府自行規劃的社會福利政策除一般服務,還有老人安養津貼、婦女生育補助津貼,另外還辦理全市國中小學生營養午餐免費供應政策。

除此之外,其他公共服務的地方研究有縣市個別研究、區域比較分析,或是彈性管理、標竿學習等公共管理的專題研究。以廚餘回收為例:有由政府單位直接生產服務(例如:都會區的臺北市、新竹市),或由政府委託民間清潔公司(例如:苗栗縣部分鄉鎮)。垃圾蒐集與處理已有一些個別研究或標竿學習的論文(張長桂,2001;許群英,2003;李俊杰,2006)。亦有針對地方行政機關推動業務委託民間辦理的現況分析(何主美,2003)。另外,鄉(鎮、市)衛生所醫療服務品質的比較也成為政策觀察項目,例如:一項分析 2004 年雲林縣二十個衛生所的醫療服務品質,獲得鄉級最佳、其次市級、再次鎮級的初步結論(余泰魁、丁秋瑤、蘇純繒,2006: 78)。這些研究都反映了現代生活的多樣性,以及公共服務與管理的彈性措施。

參、市民社會的公共參與

地方公共服務受限於公共資源有限、服務對象較為特定的個別性、服務項目多樣性以及時效上的限制。地方公共服務的新趨勢就是運用

民間力量，發展地方治理。市民文化如果是依賴政府、自私冷漠的態度，公共參與的能力與發展較為有限；反之，市民社會的活力及地方治理的效能就會增強。本書前一章已有說明。

我們要強調的是：倡導公民參與公共服務具有激勵利他價值、鼓勵人道關懷、發展社會互動關係、有效運用社會資源、推動地方治理的功能。直轄市、縣（市）政府已有專案計畫倡導公共參與，可是鄉（鎮、市、區）或社區等基層推動公共服務的效果較為明顯。因為鄉（鎮、市、區）或社區的範圍小，又有直接互動、事務單純、對象明確、效果易顯的優點。所以，社區發展、社會教育、保健文康、街道認養、清潔維護、河川觀察等都是基層公共服務易於運作的原因。

第四篇

趨勢與展望

第十三章 ▶ 府際關係及跨域治理

　　地方政府與相同或不同層級政府，及其市民社會之間，以諮商協調、共同決策、建立共同管理機制等方式來解決問題、創造利益，是公共事務發展的重要課題。府際關係、跨域治理是時代發展與環境變遷所作的調整與運作。

　　府際關係 (inter-governmental relations) 一詞始於美國 1930 年代，指美國政府之間垂直或平行的互動關係。它的特質是「聯邦／州／地方」不同政府機關與官員對公共政策的共同議題進行持續而規則化的互動。跨域治理 (across boundary governance) 是 1990 年代公部門在面對或回應多元化公共事務與議題的政策運作。跨域治理的行動者包含公部門、私部門，以及非營利組織的結合；政策工具包含制度化管理或是協力、公私合夥或契約等彈性措施，以解決相互之間共同利益、事務模糊、權責不明或無人管理的難題。因此，跨域治理範圍較廣，包含中央／地方、地方／地方政府之間各種合作關係，以及政府與市民社會非正式的協定或體制；府際關係則以政府之間事務及權責明確之正式的、制度化的互動關係。

　　我國對於府際關係、跨域治理的認知與發展仍屬倡導時期。相關法規及政策架構尚不明顯。但是，未來將有很大的成長空間。本章將依國外府際關係及跨域治理發生的時序先後，說明起源、理論要點、發展經驗，並且介紹本土的概況與挑戰。

🖊 第一節　府際關係的發展

壹、起源及理論

　　府際關係源於 1930 年代美國聯邦政府為解決經濟大恐慌的衰退問題，以公共支出及專案補助鼓勵州政府推動「州／郡／市」等垂直或平行政府進行多種合作的政策。府際關係即指政府之間（垂直或水平關係）經由共同協商、決策、管理、運作與監督的活動，以共同解決問題或創造利益的活動（趙永茂、孫同文、江大樹，2001: 6-7）。因為它涉及聯邦體制的運作，美國學界也稱為「合作式聯邦主義」(cooperative federalism)。

　　美國政府府際關係的歷史較久，領域也較寬廣。延伸發展的研究分析也有不同的分類或模型，其中以萊特 (Deil S. Wright) 於 1978 年提出的三種模型最為簡要。萊特依權力互動之別，將府際關係的模式歸納為：涵蓋型權威模式 (inclusive-authority model)、協調型權威模式 (coordinate-authority model) 以及重疊型權威模式 (overlapping-authority model)。這種分類顯示政府之間的互動行為主要是垂直、平行，以及矩陣的三種關係❶(Wright, 1978: 19-20)，由於權力互動是府際關係的核心，因此該模式使用較廣。

---

❶　例如：克里斯坦森 (Karen S. Christensen) (1999) 提出傳統二元聯邦主義、多元中心聯邦主義、功能性聯邦主義等三種類型。雖然名稱不同，內涵與萊特近似。換言之，二元聯邦主義相對協調型模式；多元中心聯邦主義相對重疊型模式；功能型聯邦主義相對涵蓋型權威模式 (K. S. Christensen, *Cities and Complexity*, Thousand Oaks, Calif.: Sage, 1999, pp.14-17)。

　　沃克 (D. B. Walker) 在 1990 年代對府際關係採廣義的解釋，納入公共管理的一些措施（例如：契約外包、社區夥伴關係、非營利組織等），並列舉二十五種府際關係的活動。❷然而，他的概念過於廣泛，容易失去政府間行為者的原始意義。此外，新管理體制理論、中間機關理論是當代引入的相關理論。新管理體制常見於都會治理的應用。它強調政策相關的城市政府之間，以及市政府與市民社會的互動，經由參與協調的過程，共同建立某種「非正式、穩定的關係」以追求社會產能的效益。雖然它不是正式的制度，然而參與者的共識和約定能夠促成規則建立、利益均霑的結果；中間機關理論 (intermediary organization) 由葛魯賽恩 (M. Grodzine) 和伊蘭薩 (D. Elazar) 提出，以事務性質、組織能力及績效，設立彈性共管組織或中間仲裁機關，以解決中央與地方或地方之間的權限衝突與政策爭議（林水波、李長晏，2005: 11–13；趙永茂，2003: 54）。

　　府際關係以創造、提升政府間的合作為訴求，以處理關聯性的公

❷　沃克 (D. B. Walker) 列舉美國二十五種府際關係的類型或合作方式：⑴推動共同志工；⑵非正式協議；⑶政府間正式協議；⑷簽訂地方政府間服務契約；⑸外包；⑹社區夥伴關係；⑺跨部門合作；⑻共同成立非營利公法人；⑼共同實施境外管轄 (extraterritorial powers)；⑽共同成立地區政府議會；⑾聯邦政府協助成立跨域性團體；⑿共同成立地區性服務特區；⒀地方政府間實施功能轉移；⒁鄰區兼併；⒂法人化；⒃單一財產稅基分享制；⒄共同設立政府平衡基金 (government equity fund)；⒅服務統合 (service consolidation)；⒆共同推動都會改革；⒇共同成立跨域性單一目的特區政府 (regional special purpose district)；(21)成立地區性特殊目的管理局；(22)成立都會區管理局；(23)合併地方政府；(24)成立聯盟型都會政府 (federated metropolitan government)；(25)共同成立都會政府 (metropolitan government)。（陳立剛，2002，〈地方政府跨區域合作機制理論與實務〉，臺灣政治學會舉辦，「全球化與臺灣政治」學術研討會論文，頁 10–11；趙永茂，2003，〈臺灣府際關係與跨域治理〉，《政治科學論叢》18: 61。）

共事務並創造公共利益為目的，但是各國也有其獨特之處。例如：美國聯邦主義有歷史時期的特徵；英國以國會作為政策「領航者」；德國有明確的法律規範；日本也以國會／內閣作為改革的推動者。

貳、國外例證

英國府際關係的特色為：建立結構性的協商機制與不同功能的組織。錢德勒 (J. A. Chandler) 列舉 1990 年代英國府際關係政策諮商及協力機制包含：(1)各級政府內部設立「部際委員會」(inter-departmental committees)；(2)地方政府協會 (local authority associations)；(3)中央與地方政府論壇 (forums of state and local authorities)；(4)全國地方公務人員專業協會 (local government professional associations)；(5)特定政策與行動的協調組織 (bodies to coordinate government action in particular policy areas)；(6)地區或全國性政黨會議 (regional and national party conferences) 等六種 (Chandler, 1996: chap. 5；趙永茂，2003: 59–60)。若以萊特的模式區分，中央與地方政府論壇是垂直的關係；地方政府協會是平行的關係；特定政策與行動的協調組織則是矩陣的府際關係模式。

另外，英國學者羅德斯 (R. A. W. Rhodes) 提出「政策網絡」(policy network) 模式以分析府際的政策聚合能力。他認為特定的議題可以經由政策導向或特定計畫的政策網絡，引導中央／地方、地方／地方共同決策分擔責任以達成目標 (Rhodes, 1997: 113–116)。

日本府際關係有三個重要的特徵：廣域行政、國政參與機制，以及國家地方紛爭處理委員會。廣域行政指為處理縣、市之間共同專業事務，所設立的專門機關與職能；國政參與機制指內閣在國家政策合法化之前，或由地方自治團體主動積極表達政策主張，或由內閣相關部會邀集地方政府徵詢地方意見，或雙方協議規劃政策內容等功能。

它具有政策協商和共識建立的功能，也可以減少中央集權或地方對抗的缺失；國家地方紛爭處理委員會由首相提名五名委員經參眾兩院同意任命。它是一個獨立機關，以公正第三者的角色扮演審查、判斷及勸告的功能。如果仍然不服，才循司法體系提出訴訟（朱鎮明，2006: 148-149；高美莉，2003: 125）。

　　德國府際關係有五種機制：地方團體聯盟、行政共同體、目的性聯盟、地方工作團體、工作協議等。地方團體聯盟有法定獨立自治地位，為制度化處理「縣與郡之間」的區域事務；行政共同體為地方政府的派出機關；目的性聯盟是單一任務的公法人（不是地域團體），成員由地方政府的高級文官或公務員組成；地方工作團體由行政契約締結，由締約團體共同執行特定自治事務；工作協議則是公法協議事項因為事務管轄權而移轉給一個協議者執行。工作協議也包含非正式協議、私法協議等跨域事務的處理（蔡宗珍，2001: 5-7；趙永茂，2003: 54）。上述機制包含區域性、單一目的性、法定制度，以及暫時協定等府際關係。

參、府際關係的困難及發展

　　府際關係既然以垂直和平行的政府關係為主，即使美國府際關係也需要面對「自主與控制」、「協力與競爭」的爭議。前者是中央／地方，後者是地方／地方之間的問題（李長晏，2002: 31）。我們觀察各國府際關係的歷史與發展的確有某些困難需要克服。

一、府際關係的困難

　　府際關係涉及兩個以上的政府，共同協議處理相關事務，因為資源、課責等因素分割的影響，使府際關係本身就具有難度及挑戰。史蒂芬遜 (Richard Stephenson)、伯格森 (Jenny Poxon) 提出七個需要考慮

的問題：(1)發展策略為何；(2)共同財務與管理的分配及進行為何；(3)機關能力為何；(4)共同諮商 (public consultation)；(5)外包風險；(6)合作時程；以及(7)政黨因素。另外，趙永茂指出的一般性問題為：(1)經費如何共同分擔；(2)共同服務項目利益與管理上的爭議；(3)合作期限與續約問題；(4)協議生效程序問題；(5)合作期間共同監督問題；(6)合作期間糾紛協調機制及程序問題（趙永茂，2003: 63）。

二、府際關係的發展原則

㈠府際關係攸關國家整體發展。中央（聯邦）政府應該扮演制度建立、政策主導的「領航者」角色。美、英兩國在二十世紀都是「由上而下」以政策立法開創府際關係的基礎。制度建立之後，後續行動者才有持續成長的調整與基礎，久而久之就會與政治制度結為一體。

㈡國家財政獎勵（或政策補助）在府際事務運作中居關鍵主軸的地位。財政工具可以改變地方政府的組織行為，發展共同參與、協力合作的經驗，共同開創並維持成長的能力。

㈢地方政府的積極參與。從層級與數量來看，國家由一個中央政府及許多地方政府組成。地方政府為府際關係的多數，也是重要的參與者。它們的實務運作與發展將成為府際關係的重要行動者。

我們期待府際關係的價值論述、政策發展、實際運作、問題解決等，在我國會呈現政策發展與學術研究齊頭並進的現象。

第二節　跨域治理的理論及模式

壹、定義及原因

跨域治理 (across boundary governance) 是「針對兩個或兩個以上

的不同部門、團體或行政區，因彼此之間的業務、功能和疆界相接及重疊而逐漸模糊，導致權責不明、無人管理與跨部門問題時，藉由公部門、私部門以及非營利組織的結合，透過協力、社區參與、公私合夥，或契約等聯合方式，以解決棘手難以處理的問題。」（林水波、李長晏，2005: 3）

凱特 (Donald F. Kettl) 指出，傳統公共行政的制度無法真正解決、控制或管理當代面臨某些公共事務管轄權發生邊界模糊、權責不明的問題 (Kettl, 2002: chaps. 1, 3)。跨域治理因此成為當代的新模式。跨域治理連結政府與社會，所以它的領域比府際關係廣，也較有彈性。發展中的理論雖然仍有不足之處，它卻有提升政府治能、解決棘手難題、發揮民主功能、增加公共利益的優點。

跨域治理所處理的公共事務因為「邊界模糊、權責不明」，所以也就呈現三種特性：難以分割的公共性、跨越疆界的外部效益、政治性。從正面思考的觀點來看，地方政府參加跨域合作的原因約有：資源互賴化、功能整合化、議題跨域化、決策公開化、競合全球化等五點（李長晏，2006: 138-142）。分述如下：

一、資源互賴化

水、空氣、運輸網絡、環保等資源具有共有、共管、共享等難以分割的公共性。這種互賴的關係雖然有衝突的可能；但相對地，也因為相互依賴而具有連繫合作的正面影響。

二、功能整合化

跨域治理可以調整傳統行政制度，建構功能整合性的新體系。

三、議題跨域化

因為事務內容與兩個以上的鄰近縣市有關，所以需要共同研擬處理方案。

四、決策公開化

聯合國人類住區規劃署經常呼籲各國要以「分權、授能、透明度」作為提升地方治理能力的指標。因此，決策公開化是透明度與課責的相關程序。

五、競合全球化

全球化的資訊與競爭力將激勵跨域治理的發展。當地方政府面對成長壓力的挑戰，可以因它而發揮協力合作的效果。

貳、理論內容

目前，跨域治理引介的理論為：政策網絡理論 (policy network theory)、新管理體制理論 (new managerial regime theory)、府際協力關係理論 (inter-governmental cooperation or collaboration) (林水波、李長晏，2005: 8-18；李長晏，2007: 97-107)。要點簡述如下：

一、政策網絡理論

英國學者羅德斯在 1990 年代提出七種治理的模式，其中之一即政策網絡模式。傳統公共行政分析將科層體制及市場競爭分為公、私兩個互不隸屬的領域。Rhodes 認為時代變遷的影響，某些公共事務（尤其經濟或社會議題）已經無法在那種狀態下運作。因此，政策議題必須從事務及其相關參與者（包括政府、市民社會的團體或組織）結合

的角度來思考。

政策網絡是由議題和利害關係人所構成。因為參與的行動者都擁有某些資源與能力，所以網絡也可視為權力依賴 (power dependence) 的關係。經由非正式的組織互動與資源交換過程，行動者就可以超越個別的侷限，解決某些共同的議題。現今，政策網絡分析已經廣泛運用於經濟／社會的研究。

二、新管理體制理論

二十世紀末期 (新) 公共管理影響了公共服務的管理和運作方式。傳統的公共服務是由政府負責服務的輸出與管理。現在，大環境改變了，政府的角色和功能也要隨之改變。

新管理體制對地方政府而言，是一種「授權」(empowerment) 或「塑能政府」(enabling government) 的改變。因為那是地方政府培養「效率導向」、「課責能力」的誘因結構。這裡，體制 (regime) 指的是政府和非政府之間非正式且穩定的互動關係。它們合作是以發達社會生產 (social production) 為目的，從而導引出參與、協調、合作的權力關係。由於策略性夥伴為了創造較多利益的社會生產而不是社會控制，所以，新管理體制是以權力分享及被賦予行動的能力作為目標。

三、府際協力關係理論

何謂協力關係?伍德 (Donna J. Wood) 和蓋瑞 (Barbara Gary) 界定:「協力是由自主的參與者，透過正式與非正式協商管道的互動，共同創造規則，共同決策、執行，以及利益分享的過程」(林水波、李長晏，2005: 14-15)。為彌補政府失靈或市場失靈的缺失，地方政府之間的協力關係是以「夥伴、對等」的互動方式進行對話與合作。在事務類型上，協力關係較適於經濟、交通、教育、文化、觀光等公共事務，有

時也適用於警政或公共安全的管制性政策。

第三節　我國的經驗與發展

壹、我國初期的發展經驗

　　我國府際關係的案例始於 1990 年代。雖然相關法規還不完備，但初期經驗已有許多例證可供參考。經由整體觀察可知，初期發展經驗呈現四個特色：理念倡導、意願表達、問題解決、政策溝通。

　　理念倡導指政治人物演說、政策取向說明，對於理念宣示的頻率增加；意願表達指地方行政首長參加各種類型之首長會談、區域論壇、區域合作計畫等公開表達的合作意願；北、基垃圾處理協議為問題解決的具體例證；政策溝通的例證則為行政院舉辦分區縣市首長會報、臺北市與臺北縣的議題合作方案。

　　實際事務的案例將依行政院各部會與直轄市、縣（市）之間的垂直型府際關係，以及地方政府相互之間的水平型府際關係兩大類目，分類舉例說明如下：

一、垂直型府際關係

㈠運作中的事例

　　1.行政院國科會新竹科學工業園區管理局、新竹縣、新竹市的首長會議始於 2002 年，原則上每年一次，迄今仍持續舉行。

　　2.內政部所屬國家公園管理處，交通部觀光局國家風景區管理處與相關直轄市、縣市政府以及社會團體的互動。

　　3.南部八縣市首長會報：2002 年起行政院南部聯合服務中心、嘉

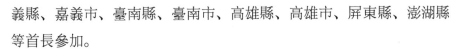

義縣、嘉義市、臺南縣、臺南市、高雄縣、高雄市、屏東縣、澎湖縣
等首長參加。

　　4.中部六縣市首長會報：2003 年起行政院中部聯合服務中心、苗
栗縣、臺中市、臺中縣、彰化縣、南投縣、雲林縣等首長參加。

(二)倡導的構想

　　1.　2000 年陳水扁就職演說，提出「與民間建立夥伴關係的『小
而能』政府」，以及「同樣的夥伴關係也應該建立在中央與地方政府之
間」的主張。❸行政院於 2001 年 2 月「全國行政會議」關於中央與地
方關係提出十二項具體建議。2002 年 5 月 29 日行政院成立組織改造
推動委員會以因應分權及管制的時代潮流。該委員會下設「中央與地
方夥伴小組」，由內政部與行政院研考會共同研擬分權合作與夥伴關係
的構想，但是沒有具體的政策規劃。

　　1990 年代歷任行政院長曾經提出不同的暫行措施。游錫堃院長任
內（2002.1.1 至 2005.2.1）由內政部頒布《中央與地方聯繫協調會報作
業要點》（2002 年 3 月 25 日設立，2004 年 5 月 20 日廢除）。謝長廷院
長期間（2005.2.1 至 2006.1.25）行政院規劃於院本部內設置「府際合
作處」，統籌中央與地方政府合作關係、經費補助、行政區劃、地方制
度規劃，以及原住民自治等事務。蘇貞昌院長期間（2006.1.25 至
2007.5.21）由行政院公布「加強中央與地方政府協調計畫」（2007 年
1 月 10 日院授研地字第 0960000899 號函）。該計畫以定期分區（每季
在北、中、南、東地區）邀集地方首長和中央相關部會首長，進行政
策溝通、協調，以及問題反應與解決等事宜。

　　2.行政院研究發展考核委員會於 2001 年 10 月設立地方發展處並

---

❸　2000 年 5 月 20 日「臺灣站起來——迎接向上提升的新時代」第十任總統
　　就職演說。

設置府際合作網站 (http://foryou.nat.gov.tw/default.htm) 提供資訊分享的平臺。

二、水平型府際關係

㈠運作中的事例

1.臺北水源特定區管理局（經濟部水利署）原名「臺北水源特定區管理委員會」，1984 年 4 月翡翠水庫興建時，由臺灣省政府與臺北市政府共同成立。該委員會主管跨行政區域水資源開發之管理及取締濫墾、濫建及其他破壞等事項為主。2000 年 4 月精省後併入經濟部。

2.臺北市、基隆市 2003 年 7 月簽署「區域間都市垃圾處理緊急互助協議書」。雙方約定基隆市垃圾送臺北市，北市焚化之灰燼可傾倒基隆市垃圾場的互惠措施；迄今雙方持續合作。

3.高高屏首長暨主管會報。從 1999 年至 2006 年 2 月高雄市、高雄縣、屏東縣的首長暨主管已舉行二十一次會議並討論了一百九十二個提案。

4.臺北市、臺北縣 2007 年 6 月 20 日簽署「淡水河整治計畫及河岸景觀規劃遠景合作協定」，預計三年完成協定合作事項（中央社，2007/6/20）。

㈡倡導的構想

1.北臺八縣市跨區域合作計畫。2003 年由臺北市提出，宜蘭縣、基隆市、臺北市、臺北縣、桃園縣、新竹縣、新竹市、苗栗縣等八縣市首長於 2004 年 1 月 12 日舉行第一次會議並簽備忘錄。共同希望在休閒遊憩、產業發展、防災治安、文化教育、交通運輸等八項議題提出縣市合作的可能。此外，2005 年 11 月 21 日成立「北臺區域發展推

動委員會」，以建立區域整合平臺尋求合作機制提升競爭力為宗旨（人間福報，2006/12/15）。

2.基隆市、新竹市、臺中市、嘉義市、臺南市等省轄市以加強城市間資源共享，以及環保、交通、都市發展等議題交流合作為主（五福論壇，2005/03/05）。

3.臺北市、臺北縣 2006 年八大議題合作方案。議題依序為：觀光休閒遊憩、交通運輸、產業發展與行銷、環境資源、安全、文化教育及少數族群、健康社福、都會發展（參見臺北縣政府研究發展考核委員會網站跨域合作項次，以及「臺北市縣合作案研考室管考報告」，http://www.rde.tpc.gov.tw/web66/-file/1397/upload/10450/25682/9508.doc）。

4.竹竹苗三縣市及新竹科學園區管理局協議進行輕軌捷運可行性評估（中央社，2007/4/18）。

5.桃竹竹苗區域整合高峰論壇。2007 年 6 月 20 日由《遠見雜誌》舉辦「跨越疆界效益無限——創建理想幸福城　桃竹竹苗區域整合高峰論壇」在新竹市國賓大飯店，邀集四位縣市長就「區域經濟整合、建立共同生活圈」兩大議題進行討論。會中，交通、經濟、科技、文化、觀光等領域最具合作潛力（經濟日報，2007/6/26）。

6. 2007 年中臺灣高峰論壇。臺中縣、臺中市、彰化縣、南投縣四縣市邀請產、官、學界人士討論中臺灣的區域合作及觀光發展（經濟日報，2007/8/2）。

7.花東兩縣聯繫會報。2002 年 4 月由臺東縣政府主辦，兩縣首長暨主管以「建構花東觀光產業策略聯盟」為中心議題，討論五個相關子題。其中觀光導向之「玉長公路」（玉里－長濱）建議案，已經興建完成。現今，兩縣以消極配合行政院研考會地方發展處政策規劃為主。

貳、缺失與挑戰

我國府際關係初期的發展與先進國家的現況有明顯的落差。各種事例之中，只有臺北市、基隆市垃圾處理協議完備法定效力，並且持續執行。其他以會報或會談的活動，主要為溝通平臺的性質；如果因故延期、決議不能執行，仍缺乏共同監督執行或糾紛協調機制。其他部分，許多構想仍尚待政策規劃與協調。

部分學者已開始關注府際關係發展缺點的問題。我們歸納主要的原因有四：財政及經濟誘因不足；政黨政治的負面影響；地方機關認知、能力及行政素養尚待加強；以及法律規範不足。簡要說明如下：

一、財政及經濟誘因不足

地方政府財政原已依賴中央，儘管許多直轄市長、縣（市）長參與區域合作論壇，都直接或間接地提出計畫願景或構想，但是，各種願景的經費尚需留待中央政府提供財政補助。由於中央政府推動府際關係之資源誘導不夠明確，因而導致構想多於實際行動的情形。

二、政黨政治的負面影響

民主化及政黨政治發展初期，政黨對抗影響中央與地方、地方與地方之間的府際合作關係。因為政黨不同，過去常見消極不參與或者漠視的現象。

三、地方機關認知、能力及行政素養尚待加強

地方行政與立法機關內部要加強認知、能力及行政素養的組織學習活動。經由學習、認知、能力再培養的努力，可以減弱或消除本位主義的影響，進而增強協力合作的能力。

四、法律規範不足

《地方制度法》第二十一條的規定不足以因應府際關係的發展需求。該條文只有原則性規定，缺乏相關配套措施，所以未能有效實施。

參、法規的補充

為了推動跨域治理並賦予其相關法源，行政院內政部於 2006 年 12 月舉辦「地方制度改造與跨域治理座談會」，並研擬增訂條文之內容（座談會論文集：7, 161）。2008 年 2 月行政院於函送立法院的《地方制度法》修正草案包含第八十三條增訂直轄市、縣（市）為共同處理跨區域自治事務或促進區域資源之利用，相互間得訂定行政契約、設立行政法人，或以其他方式合作，以及相關合作之規範及爭議處理等規定。該法案雖然尚未研討，可是內政部研擬的草案內容仍具參考價值。草案第八十三條之一為原第二十一條條文，其他為新增條文，內容如下：

・第八十三條之一

地方自治事項涉及跨直轄市、縣（市）區域時，由各該地方自治團體協商辦理。必要時，由中央業務主管機關統籌協調各相關地方自治團體共同辦理或指定其中一地方自治團體限期辦理。

・第八十三條之二

直轄市、縣（市）為處理跨區域自治事務、促進區域資源之利用或增進區域居民之福祉，得與其他直轄市、縣（市）訂定協議、行政契約、設立行政法人或以其他方式合作，並報中央業務主管機關備查。

前項情形，除法律另有規定外，其涉及直轄市議會、縣（市）議

會職權者，應經各該直轄市議會、縣（市）議會同意。

・第八十三條之三

　　直轄市、縣（市）與其他直轄市、縣（市）依前條第一項規定訂定行政契約時，應視事務之性質，訂定下列事項：

　　一、訂定行政契約之團體或機關。

　　二、合作之事項及方法。

　　三、費用之分攤原則。

　　四、合作之期間。

　　五、契約之生效要件及時點。

　　六、違約之處理方式。

　　七、其他涉及相互間權利義務之事項。

・第八十三條之四

　　直轄市、縣（市）與其他直轄市、縣（市）合辦之事業，經有關直轄市議會、縣（市）議會通過後，得設組織經營之。前項合辦事業涉及直轄市議會、縣（市）議會職權事項者，得由有關直轄市議會、縣（市）議會約定之議會決定之。

・第八十三條之五

　　直轄市、縣（市）應依約定履行其義務；遇有爭議時，得報請中央業務主管機關協調或依司法程序處理。

・第八十三條之六

　　直轄市、縣（市）為處理跨區域自治事務或特定事務進行合作時，中央應予協助。

・第八十三條之七

直轄市間、直轄市與縣（市）間，事權發生爭議時，由行政院解決之；縣（市）間，事權發生爭議時，由中央業務主管機關解決之。

上列條文草案顯示直轄市、縣（市）為地方／地方府際關係及跨域合作的法定行動者。第八十三條之一明示必要時中央政府仍能採取主動協調的措施。相關配套措施（包含合作模式、簽約注意事項、法定程序、事權爭議解決機制、中央協助等）也有較具體的規定。

未來，我國府際關係、跨域治理的領域將會有發展的空間。參與合作的地方機關與民眾也將對資源互賴與共享、組織學習與行為、政策規劃與效益、運作能力與合作等方面獲得新的認知與能力的成長。

第十四章 ▶ 城市治理

　　1950 年以來，臺灣城市發展快速。雖然縮短城鄉差距的聲音頻仍，可是人口規模、產業型態、生活方式、國民所得等城鄉差距卻愈益擴大。經濟起飛之後，臺灣有八成以上的人口居住在城市。1990 年代雖然經濟衰退，內政部 2006 年 12 月底人口統計，臺灣「都會區」人口仍有 15,926,915 人，占總人口 70%。其中五大都會區❶的人口 14,845,924 人，占全國總人口 65%。由於大部分人口在城市，城市發展與管理就愈趨重要，因為它對人民生活發生實質的影響。

　　依《地方制度法》第四條規定，直轄市人口一百二十五萬人以上；準直轄市為人口二百萬人以上，未改制為直轄市之縣；市五十萬人以上未滿一百二十五萬人；縣轄市十五萬人以上未滿五十萬人，且在其他規定條件符合者得設立。臺灣地區現有二個直轄市、一個準直轄市、六個市、三十二個縣轄市（參見第七章第二節）。

　　我國城市人口的基數超過聯合國將五萬人以上的區域稱為市、以下稱鎮的分類。另外，都會（或稱都會區）指由一個或一個以上之中心都市為核心，並在社會、經濟上結合鄰近之市、鎮、鄉（稱為衛星市鎮）共同組成的一個區域。都會的人口為百萬人以上，國際知名的大都會更有數千萬人以上。我國對「都會」、「（大）都會區」的詞彙，見於經建會、主計處、學術及日常用語。

　　城市發展不僅是臺灣經驗，也是當代的世界現象。聯合國人類住區規劃署研究報告指出：不論先進或落後國家，現在都面臨人口都市

---

❶ 行政院主計處、經建會分類之五大都會區（人口一百萬以上）如下：臺北基隆大都會區、高雄大都會區、中壢桃園大都會區、臺中彰化大都會區、臺南大都會區。另有新竹、嘉義兩個次都會區（人口三十萬以上）。

化的壓力。因為人口持續湧入城市，所以城市管理、城市發展策略與規劃、評估指標、類型排序等資訊和需求也持續增加。各國有自己的城市發展及研究之外，歐盟也有跨國性的城市比較研究或專案計畫。聯合國人類住區規劃署也在本世紀初設立「城市和地方政府聯合會」(United Cities and Local Governments, UCLG)，2002 年開始舉辦「世界都市論壇」(world urban forum)，提供城市聯盟 (cities alliances)、安全城市計畫 (safer cities programmes)、都會管理計畫 (urban management programme)、都會發展暨管理專案計畫 (urban development and management programme) 課程訓練，以及網站免費資訊服務。

本章依序介紹臺灣的城市發展、法制規範與政策，以及城市競爭力。

第一節　臺灣城市概說

壹、臺灣的城市發展

1897 年臺灣人口統計顯示：市街人口超過一萬人的只有臺南、大稻埕、艋舺、新竹、嘉義、鹿港、宜蘭、彰化、麻豆等九個；其中最多的是大稻埕、艋舺，人口合計超過五萬七千餘人，臺南次之，人口五萬人。再次，東港、基隆、鳳山、北港、佳里、北斗、淡水、新莊、豐原、南投、士林等地約四千至七千人之間（蔡勇美、章英華，1997：37）。所以，十九世紀的臺灣只有小型的市街，尚未出現城市。

臺灣的城市發展始於二十世紀，最明顯的指標就是城市人口的成長。1920 至 1935 年臺灣第一大城市臺北的人口從 16 萬增為 27 萬；第二大城臺南從 7 萬多人增為 11 萬餘人（同前書：49，表 2-3）。1950 年之後，城市發展快速。根據我國行政資訊的人口統計資料，院轄市、市、縣轄市、鎮的人口排序可以顯示城市發展的一般概況。

　　孫清山列舉 1961 至 1981 年臺灣都市（市鎮）人口排名前二十與排序（參見表 14-1）。數據顯示城市人口開始穩定成長，院轄市、市的排名穩定，但是縣轄市、鎮的排序已有變化。

➡圖 14-1　城市人口的成長，是城市發展最明顯的指標。

➡表 14-1　1961-1981 年臺灣市鎮人口排名前二十與排序

時間	1961 年		1966 年		1971 年		1976 年		1981 年	
順位	都市名	人口數	都市名	人口數	都市名	人口數	都市名	人口數	都市名	人口數
1	臺北	923,985	臺北	1,163,949	臺北	1,804,605	臺北	2,089,288	臺北	2,270,983
2	高雄	483,809	高雄	620,162	高雄	850,008	高雄	1,019,900	高雄	1,227,454
3	臺南	349,024	臺南	414,568	臺南	479,767	臺中	561,070	臺中	607,238
4	臺中	308,213	臺中	377,253	臺中	457,729	臺南	537,217	臺南	594,739
5	基隆	240,053	基隆	285,464	基隆	326,662	基隆	342,544	板橋	422,260
6	嘉義	184,030	嘉義	211,605	三重	242,857	三重	284,770	基隆	347,828
7	新竹	153,723	新竹	180,680	嘉義	240,687	板橋	282,318	三重	334,726
8	屏東	125,882	三重	166,932	新竹	210,206	嘉義	252,580	中和	279,664
9	三重	112,148	屏東	147,711	屏東	166,552	新竹	230,466	嘉義	251,840
10	彰化	102,731	彰化	121,510	彰化	139,101	屏東	179,052	新竹	243,218
11	中壢	77,426	中壢	101,450	中壢	132,573	中壢	171,734	鳳山	227,310
12	豐原	71,651	豐原	85,245	板橋	120,820	鳳山	170,350	中壢	215,414
13	花蓮	66,205	桃園	80,396	桃園	109,431	彰化	162,408	永和	213,787
14	埔里	65,685	花蓮	78,264	鳳山	106,326	桃園	155,934	新莊	191,073
15	桃園	65,654	新店	76,542	豐原	100,973	中和	153,100	屏東	189,347
16	員林	62,524	板橋	75,850	新店	95,022	永和	150,143	彰化	185,816
17	鳳山	62,242	鳳山	74,602	永和	93,602	新店	141,959	桃園	185,257
18	斗六	62,144	埔里	72,446	花蓮	93,402	豐原	117,984	新店	171,315
19	瑞芳	61,693	員林	72,024	員林	82,335	臺東	112,010	豐原	128,944
20	板橋	61,401	臺東	69,984	中和	80,877	花蓮	102,464	臺東	110,721

資料來源：孫清山，「戰後臺灣都市之成長與體系」，表 3-11，蔡勇美、章英華編，《臺灣的都市社會》（臺北市：巨流，1997），頁 99。

➡表 14-2　1986-2006 年臺灣都市人口排名前二十與排序

時間	1986 年		1991 年		1996 年		2001 年		2006 年	
順位	都市名	人口數	都市名	人口數	都市名	人口數	都市名	人口數	都市名	人口數
1	臺北	2,575,180	臺北	2,717,992	臺北	2,605,374	臺北	2,633,802	臺北	2,632,242
2	高雄	1,320,552	高雄	1,396,425	高雄	1,433,621	高雄	1,494,457	高雄	1,514,706
3	臺中	695,562	臺中	774,197	臺中	876,384	臺中	983,694	臺中	1,044,392
4	臺南	646,298	臺南	689,541	臺南	710,954	臺南	740,846	臺南	760,037
5	板橋	491,721	板橋	542,942	板橋	524,323	板橋	532,694	板橋	544,292
6	三重	358,812	中和	379,968	中和	383,715	中和	401,619	中和	411,011
7	基隆	349,616	三重	378,397	三重	377,498	基隆	390,966	新竹	394,757
8	中和	334,663	基隆	355,894	基隆	374,199	三重	384,051	新莊	392,472
9	新竹	306,088	新竹	328,911	新莊	346,132	新莊	376,584	基隆	390,633
10	鳳山	271,738	新莊	308,293	新竹	345,954	新竹	373,296	桃園	384,803
11	嘉義	254,001	鳳山	293,522	鳳山	309,062	桃園	338,361	三重	383,636
12	新莊	243,706	中壢	276,878	中壢	306,473	中壢	329,913	中壢	355,707
13	中壢	241,476	嘉義	258,468	桃園	283,861	鳳山	322,678	鳳山	338,596
14	永和	238,677	永和	247,473	嘉義	262,860	新店	272,500	新店	289,366
15	桃園	210,753	桃園	246,056	新店	254,078	嘉義	267,993	嘉義	272,364
16	彰化	203,541	新店	233,277	永和	230,734	土城	231,938	土城	237,000
17	屏東	202,079	彰化	217,328	彰化	224,066	彰化	231,129	永和	235,697
18	新店	198,125	屏東	212,335	屏東	214,627	永和	229,383	彰化	235,322
19	豐原	142,552	豐原	154,175	土城	202,436	屏東	215,245	屏東	216,425
20	平鎮	130,386	平鎮	150,703	永康	179,214	永康	198,372	永康	208,919

資料來源：內政部統計資訊網，http://www.moi.gov.tw/stat/index.asp；內政統計月報 1981、1986、1991 至 2006 年底各鄉鎮市區人口數。

　　都市化最普遍與明顯的現象就是人口大量移居到城市的流動。當代，美國有些學者使用「用腳投票」❷ 一詞以反映城市經濟與人口流動的關係。我們可從表 14-1、14-2 發現，四十年來臺灣前二十名城市排序的「變與不變」。臺北市、高雄市、臺中市、臺南市前四名的排序

---

❷　「用腳投票」是當代城市治理、地方公共經濟分析的概念。參見麥克爾‧麥金尼斯主編 (Michael Mcginnis ed.)，《多中心體制與地方公共經濟》 (*Polycentricity and Local Public Economies*)（上海：三聯書店，2000），頁 164。本文用以顯示人口和城市成長的關係。

長期不變。桃園市、中壢市也穩定成長。其他市、縣轄市的人口和排
序變動就很明顯。例如：嘉義市、彰化市人口成長緩慢，排名因此逐
漸下滑；新竹市的排名在七至十之間。臺北縣板橋市 1961 年人口
61,401，排序二十；1981 年人口 422,260，排序五；2001 年人口 532,694，
排序五。臺東市 1966 年人口 69,984，排序二十；1981 年人口 110,721，
排序二十，之後在二十名以外。晚近，快速成長的是臺北縣土城市。
因為北二高、大臺北捷運系統的交通網絡，以及區域經濟的腹地與優
勢，使它成為 1996 年以來快速發展的新城市。

貳、本土的城市研究

　　現今，學術界正發展本土城市研究的興趣。例如：清代竹塹地區
在地商人的活動網絡（林玉茹，2000），高雄市發展史（高雄市文獻委
員會，1995），或是花蓮市的形成（林詩群，2004），臺中市的都市發
展史（葉韻翠，2004）為城市歷史研究的近期論文。社會學者曾經分
別研究 1980 年代臺北縣市、臺中市、豐原市、高雄市等地的政經結構
與城市發展的關係（王振寰，1996；陳東升，1995；蔡勇美、章英華，
1997）。近十年來，數量較多的是城市政策議題與運作研究的碩士論文
（詳見附錄）。我們可以確定的是：城市研究在臺灣已經開始發展。

參、城市的法制體系與類型

　　《地方制度法》規定的城市類型為：直轄市／準直轄市❸、市、
縣轄市。雖然它們都擁有地方自治團體公法人的地位，但是縣轄市並

---

❸ 準直轄市是 2007 年《地方制度法》第四條修訂實施後的新議題。臺北縣
　升格之後，臺中縣市合併升格，或者桃園縣未來可能跟進的輿論也增加。
　果真如此，準直轄市的數量可能刺激區域發展失衡的老問題，或者促成
　「市」（或稱省轄市）的增加。

未賦予都市計畫或城市發展的自主權。換言之，直轄市、市是獨立自主及自治的城市；縣轄市僅是縣之內半自主型（或依賴型）的城市。

類型的差別要從制度主義法定的、正式的事權區分來看。《地方制度法》第十八、十九條直轄市、縣（市）自治事項各有十三款內容相同的規定。其中第六款關於都市計畫及營建事項如下：

一、縣（市）都市計畫之擬定、審議及執行。

二、縣（市）建築管理。

三、縣（市）住宅業務。

四、縣（市）下水道建設及管理。

五、縣（市）公園綠地之設立及管理。

六、縣（市）營建廢棄土之處理。

但是，第二十條規定鄉（鎮、市）自治事項沒有都市計畫、建築管理、住宅業務、下水道、營建廢棄土等自治事項的管理權。那些城市發展的核心事務由縣規劃、審議並執行；縣轄市並無自主權。因此，我國法制體系的城市分為兩種類型：自主型（直轄市／準直轄市、市）與半自主型（縣轄市）。

肆、城市的經濟條件與政策影響

城市發展的另一種推動力為經濟／社會條件。區域經濟或縣的政策資源與腹地能夠促進城市的發展。臺北市、高雄市、臺中市各自成為區域經濟的中心，長期穩定成長。受惠於區域經濟的副都市，例如：板橋市、中和市、新莊市、桃園市、中壢市、鳳山市、新店市、

■圖 14-2　高雄市為南臺灣的經濟中心。圖為高雄愛河河畔。

土城市、永和市等縣轄市也持續穩定地發展。花蓮市、永康市、竹北市等縣轄市因為獲得縣的政策資源以及縣的腹地，也獲得成長的機會。

另外，區域立法委員在地方行動效能上具有僅次於縣市長的政策能力。因為立法委員能夠從中央部會爭取政策資源解決地方嚴重問題。❹2008 年起，立法院第七屆立法委員只有 113 席。其中，城市選出的立法委員（尤其以縣轄市為票倉的選區利益）極有可能對都市成長發揮政策性的影響力。

第二節　城市的功能與發展

城市管理是困難的。城市帶來發展與便利的好處，可是人口結構多元、社會變遷快速、基礎設施維護不易、就業成長壓力、生態環境惡化等許多問題，也使城市政府面臨許多壓力及挑戰。

壹、城市政府的功能

雖然城市政府的組織結構複雜，當代城市政府普遍具有下列六種功能：建立公共機構、提供市政服務、促進經濟發展、推動社會建設、運作成長機器、重視文化象徵。各項功能簡述如下：

一、建立公共機構

依法建立的市政府，會根據城市發展的階段調整公共機構的規模與角色。建制初期以權威性的管制措施為主，現在則增加了公共管理的彈性機制。

---

❹　立法委員的行動效能在地方菁英之中僅次於縣市長。參見廖達琪、黃志呈，2003，〈民主化與地方的行動效能——從臺灣兩波 (1993–2001) 地方菁英的認知判斷探析〉，《政治科學論叢》19: 100–101。

二、提供市政服務

城市政府的市政建設主要為六大系統的基礎設施 (physical infrastructure)：能源供應、供水排水、交通運輸、郵電資訊、環保衛生、安全防災等系統。此外，教育、文化、體育等「社會性基礎設施」(social infrastructure) 也是當代城市政府重視的市政建設。基礎設施不僅要提供市民長期使用，還要面對城市成長的需求及挑戰。

三、促進經濟發展

經濟是市政規劃與發展的重要事項。城市產業因為工商業或服務業的發展，會帶動人口成長、資本流動和經濟成長。城市資本累積的規模大，資金流通速度快，所以，金融業也多以城市作為發展地。此外，城市人口的消費行為具有集體消費、資訊便利、流行時尚等特徵。

四、推動社會建設

城市人口結構與行為模式較為多元。城市政府要涉入的社會建設包括：競爭與貧窮、變遷與延續、身分認同、社區意識與社區發展的事務等。除了市政府之外，還要結合市民與社會團體或組織的公共參與，以發揮社會認同、互動、合作、凝聚的效果。城市社會除了個別議題之外，還有長期／短期、個別性／共通性的觀察與研究。

五、運作成長機器

1976 年美國社會學者莫勒奇 (Harvey L. Molotch) 以政治經濟學的觀點詮釋城市的成長。他認為資本家、建築師、政客、官僚等結合成為推動城市成長的有機體。推動者透過理念倡導、選舉、政策運作等方式操作城市機器並且推進城市的成長。成長機器的分析途徑有其

解釋力與影響力（Orum、陳向明，2005: 49–51）。

六、重視文化象徵

紐約城市大學社會文化學教授左全 (Sharon Zukin) 倡導「城市文化」(1996) 的理念。她強調不論從變遷、轉型、生產或消費等角度分析，每一個城市都各有它特有的內涵與象徵（Orum、陳向明，2005: 53）。現今，市政府和市民社會都重視自己城市的文化象徵與定位。但是，文化象徵不是（也不能淪為）口號，它應顯示在市政建設、組織行為、與公民素質之中。

貳、城市管理的新趨勢

美國哈佛大學甘乃迪政府學院教授湯姆士 (John W. Thomas) 在世界銀行 2000 年舉辦「南亞地區都會與城市管理」的計畫課程中指出：都市領導人要在許多競爭性的需求與利益衝突的狀態下尋求平衡點，本來就很困難。全球都市發展都具有人口不斷成長的共同特徵，如何在都市內維持一個合理的生活品質實在是執政者巨大的挑戰。他還強調許多 1950 至 1980 年代城市政府的經驗今日已不適用；現今，全球化和民營化更減弱了中央政府的權力。

城市管理的新趨勢有兩個特徵：第一、是權威、資源、權力的分權化。近十多年來資訊革命和科技快速發展的影響，更對市政府帶來新機會和新挑戰。現在，民間有許多能力和資源是政府部門趕不上的；第二、推動城市治理。城市領導人在新的政策環境之中要推動城市治理。因此，市政府必需結合私部門、非營利部門、其他市民社會的參與，以及其他政府機關的協力行動 (Thomas, 2000: 4–5)。

對於城市治理，我們可以簡單地說：除了需要城市政府以強制性權威運用公權力處理的核心事項之外，其他公共服務的許多領域都可

以運用城市治理的理念，發展彈性、績效的協力夥伴關係。

另外，城市也可以和其他城市發展共同合作的議題。克里斯坦森 (Karen S. Christensen) 列舉八種城市政府可以合作開發的事項計畫，包括：資訊交換、共同學習、相互審查與評論、聯合規劃、共同籌資、聯合行動、聯合開發、合併經營 (Christensen, 1999: 32–39)。

回顧現代世界史的發展，城市是最先發生，並且持續帶動與影響現代化、政治改革的場域。因此，城市政府要面對現實的政策議題與問題解決，結合市民社會的參與能力，還要前瞻未來的發展及挑戰。

第三節　城市競爭力

城市競爭力是 1980 年以來流行的觀念。它在英國已經成為官方的政策指標之一，在我國則屬社會團體或學術單位使用的概念。城市因為資源集中，在國家或國際政治經濟體系中已經成為主要的行為者(少數城市甚至扮演軸心的角色)；所以城市競爭力的議題受到重視。

現今，有許多關於城市競爭力的資訊。例如：國際知名城市因為「節點」(node) 與「連結」(link) 的關係不同，國際上的排名或城市特徵的定位就有差別。從類型與特徵來看，已有全球城市（東京、倫敦、紐約）、世界城市（巴黎、阿姆斯特丹、蘇黎世、香港、新加坡、聖保羅、雪梨）、資訊／數位城市（臺北）、虛擬城市（赫爾辛基）、科技城市（韓國大邱）、知識城市（巴塞隆納）、創意城市（波士頓、西雅圖）（Yue-man Yeung, 2000: 21；劉宜君，2004: 47–80；江啟臣、黃富娟，2006: 29–32）。這些城市的特徵或排名是長期努力及成長累積的結果，我們要重視與學習的是如何提升或創造它的競爭力。

何謂城市競爭力？競爭力以經濟成長為主要內涵。例如：波特 (Michael Porter) 將競爭力界定為生產力。世界經濟論壇 2000 年全球競

爭力報告界定為「持續達成經濟高成長的能力」。中國學者倪鵬飛界定「城市競爭力是個相對概念，主要是指一個城市在競爭和發展過程中，與其他城市相比較所具有的多、快、好、省地創造財富和價值收益的能力。」城市競爭力的基礎在於一個城市「文化、制度、政府管理、企業、開放」等領域的能力，以及「綜合長期成長率、綜合市場占有率、綜合平均國民所得，以及綜合平均生產毛額 (GDP)」等四個關鍵性指標和其他城市比較的表現（倪鵬飛，2003, I: 49-50）。

臺灣《遠見雜誌》從 2003 年開始進行縣市競爭力排名的分析。例如：2005 年所作〈二十三縣市競爭力排名〉採用「經濟表現、政府效率、企業效率、基礎建設以及科技指標」等五大類及五十二細目指標。並且根據行政院主計處 2003 年縣市統計數字作為基礎。數據標準化的計算方式採用瑞士洛桑管理學院 (IMD)「世界競爭力」報告的評比值，標準化程序，以及加總排序（遠見雜誌，2005/07: 170-175）。

臺灣城市競爭力的指標與評量雖然尚未標準化、普遍化，但名列前茅的城市即使採用不同的指標評比，它們仍然能夠榜上有名。

城市要如何培養、創造或維持它的競爭力呢？第一、要確認個別城市的定位與特性；第二、要分析城市在區域或全球網絡 (network) 中它所占有的「節點」與「連結」作用。因為節點與連結關係的不同，城市的定位與發展就有差別。這個道理和臺灣大都會區核心城市、衛星城鎮的構成相似；第三、需要建構城市發展指標。根據五年或十年的中、長期城市發展目標訂定具體的成長指標，並且配合年度政策規劃、績效評估進行評量；第四、發展城市特色❺；第五、擴大區域合

---

❺ 「縣市長公共論壇——建構臺灣城市優質競爭力」，中華民國工商建設研究會主辦，2006 年 3 月 11 日，臺大醫院國際會議中心。座談會以發展在地特色，營造區域優勢作為主題。內容摘要參見工商建研會會刊《新建言》6: 26-45。

作、城市聯盟和城市交流的各種活動，以建立網絡連結的互動關係；第六、強化市長的領導績效。現今，市長已經成為市政建設的核心人物，許多市長已具有全國性知名度與影響力；第七、努力維持持續成長的動能。

第十五章 ▶ 展 望

　　未來，臺灣地方政府有三個目標需要努力規劃與實踐。第一、推行地方績效管理；第二、重視地方永續發展；第三、倡導軟性價值。

壹、地方績效管理

　　績效管理是地方政府發展的新挑戰。英國、紐西蘭、瑞典、丹麥、德國等國從 1980 年以來，積極推行地方績效管理 (performance management)。一方面它可以強化地方政府的管理能力；另一方面，它可以避免政府超載 (overload) 的危機。❶該政策強調，地方政府要訓練並發展政策對「未來」、「結果」、「資源」、「彈性」的能力。「政黨與選舉」只是政治過程，民主政治更重要的意義是「政治效能」和「行政效率」。

　　以英國、丹麥、紐西蘭為例，績效管理雖然是「由上而下」推動的政策，也是國家發展的目標，然而，不管哪一個政黨執政，都會尊重績效管理的理念、評估指標以及持續效應。此外，地方政府也得實踐「價值分享」的政治共識。地方績效管理的重要指標如下：

---

❶　德國學者哈伯瑪斯 (Jürgen Habermas) 於 1973 年提出正當性危機的問題。他指出民主政治的選舉和資本主義的體系將會不相容。美國新右派學者金恩 (Anthony King, 1975) 與羅斯 (Richard Rose, 1980) 認為，政府由於陷入過度需求的超載，而愈來愈難以治理。他們都重視選舉因素造成資源浪費、財政負擔的後果問題。參見 Andrew Heywood 著，楊日青等譯，《最新政治學新論》(臺北市：韋伯，2002)，頁 336。

一、未　來

地方政府不能只會「畫餅」或要錢。地方政府的政策規劃要明確、具體、可行地提出未來一至三或三至五年單項或多項政策的規劃、預估目標效益，以及自籌款、補助款的計畫與進度。

二、結　果

政策執行的結果愈接近預定的目標，其效能愈高，獎勵可能較多；反之，可能減少補助。這是公共管理「結果導向」的概念。

三、資　源

績效管理強調資源「用得少、用得好」。節省成本、減少浪費，增加效益、累積成果等都是資源使用的相關概念。

四、彈　性

運用公共管理「領航者」的理念，審慎規劃「公辦公營、公辦民營、契約外包」等彈性管理的原則。

目前，我國地方政府績效評鑑的類型有兩種。一種是行政院研考會研考業務的績效評鑑。另一種是民間媒體（例如：《天下雜誌》、《遠見雜誌》）對直轄市、縣（市）政府進行施政績效評鑑。前者以會計年度的進度執行為標準；後者以過去一年的行政資訊或問卷為資料（陳秋政，2005: 139；朱鎮明，2008: 126–128）。這兩種評鑑仍缺乏未來導向、資源管理，以及其他政策上的配套措施。

現階段，我國很難全面推行地方績效管理評鑑制度。因為，政黨與選舉幾乎主導中央與地方政府的政策運作，而市民社會的政治文化也還不夠成熟，貿然實施，可能容易激化政黨對抗、城鄉失衡、或者

政治衝突。

但是，我們觀察先進民主國家政治改革與發展目標，績效管理是民主政治更高的價值與發展的目標。未來，中央及地方政府如果能夠超越政黨與選舉的迷思，共同規劃並推動地方績效管理的政策，臺灣地方政府的民主價值將會提升。

貳、地方永續發展

地方永續發展的主題是地方環境教育和生態環保的公共政策。1992 年 6 月聯合國通過全球推動永續發展的「二十一世紀議程」行動方案。行政院於 1994 年成立工作小組，規劃部會之間政策研究與業務推動的事宜。2002 年 11 月立法院三讀通過《環境基本法》，總統並於 12 月頒布施行。行政院依據該法第二十九條設置國家永續發展委員會 (http://sta.epa.gov.tw/NSDN/)，提供資訊平臺。

2003 年起，各直轄市、縣（市）政府正式推動地方永續發展的政策。發展初期，雖然提出願景的藍本、會議研討等相關活動已陸續展開，但各地方政策目標的先後次序、具體措施仍有改善空間。地方生態環境是居民生活的「永續」議題，地方政府、企業、地方社會都有維護生活環境的公共責任。因此，地方永續發展要避免口號式的政策操作。

地方政府在此依政策的作為上，需要有效維持建立共識、衝突管理、問題解決、政策具體、績效管理（中期及長期）、持續努力的原則。同時，它也可能是發展協力夥伴關係的最佳例證。

參、倡導軟性價值

地方政府的傳統功能是追求物質建設的目標。當經濟發展與過度開發成為環境壓力，當「痛苦指數」成為生活的一部分之時，未來地

方公共政策也需要增加軟性價值的內涵。

　　健康城市、友善城市、陽光城市等標的逐漸成為地方公共政策的新目標。例如：臺北市、臺南市、高雄市、花蓮縣、苗栗縣等已有健康城市的推廣計畫；新竹市推廣幸福花園城市的建設。這些價值多屬於心理感受及社會安寧美好的狀態。當軟性價值開始成為地方政策目標時，未來的地方政府與地方社會將展現新的風貌。

参考書目

壹、法規、政府出版品及電子化資訊網站

內政部：http://www.moi.gov.tw/（全國、直轄市、縣（市）行政統計資訊，以及民政司公布之地方制度法、地方立法及行政機關組織準則、地方行政相關法規及解釋彙編）。

內政部營建署縣市綜合發展計畫報告書查詢系統：http://gisapsrv01.cpami.gov.tw/cpis/cprpts/。

司法院大法官解釋：http://www.judicial.gov.tw/constitutionalcourt/p03.asp。

全國法規資料庫：http://law.moj.gov.tw/（行政院法務部全國法規資料庫工作小組建置及維護，內容含中央法規及自治法規）。

考試院考選部：http://www.moex.gov.tw/（提供歷年高、普、特考、普通行政類地方自治歷年考試試題）。

行政院中央選舉委員會編印。2005。《選舉訴訟輯要》。

行政院研考會／地方發展處——府際合作、跨域治理、地方績效管理、永續經營等專題網站：http://foryou.nat.gov.tw/default.htm。

行政院研究發展考核委員會編印。2004。《地方政府施政績效管理作業手冊》。

直轄市、縣（市）、鄉（鎮、市）電子化政府網站。

財政部國庫署／地方財政：http://www.nta.gov.tw/ch/08work/inf_a01_list02.asp?data_id=58。

臺北縣政府研究發展考核委員會。〈臺北市縣合作案研考室管考報告〉。頁1–10，資料時間 95/6/1 至 95/8/31。http://www.rde.tpc.gov.tw/web66/-file/1397/upload/10450/25682/9508.doc。

臺北市政府法規委員會編輯出版。2001。《地方自治法》。

《中華民國憲法暨增修條文》

《地方立法機關組織準則》

《地方行政機關組織準則》

《地方制度法》

《地方制度法》修正草案

自治法規（內政部民政司網頁或全國法規資料庫閱讀或下載）

行政院函送立法院待審草案（行政院網頁，首頁／焦點資訊／法案動態）

《行政區劃法》草案
《財政收支劃分法》

貳、專書／研究報告，期刊、雜誌論文（論文以地方制度法實施以後為主，多數可電子閱讀）

中國國民黨中央委員會編訂。1973。《國父全集》第二冊。臺北市：編者印。

方珍玲。2007。〈臺灣農業結合地方產業文化活動內涵暨風險策略〉，《臺灣鄉村研究》7: 113–141。

王士圖。2004。〈地方政府與非營利組織的資源網絡之研究——以嘉義市為例〉，《非營利組織管理學刊》3: 25–44。

王正、徐偉初。1992。《財政學》。臺北縣：國立空中大學。

王志弘。2002。〈精神建設、藝文消費與文化政治——臺北市政府文化治理的性質與轉變，1967–2002〉，文化研究學會2002年會「重訪東亞——全球、區域、國家、公民」，東海大學2002/12/14–15，頁1–37。

王振寰。1996。《誰統治臺灣？轉型中的國家機器與權力結構》。臺北市：巨流。

王湧泉、官有垣。2000。〈臺灣南部七縣市政府福利服務輸送品質的管理初探〉，《高雄應用科技大學學報》30: 511–546。

王湧泉。2003。〈政治經濟結構與地方政府的社會福利發展〉，《臺灣社會福利學刊》4: 109–151。

王湧泉。2004。〈地方政府社會福利發展的影響因素——研究途徑的分析〉，《高雄應用科技大學人文社會科學學報》1: 187–211。

王靜儀、傅恆德。2007。〈派系政治下的府會關係——臺中縣的個案研究(1951–2005)〉，《政治科學論叢》34: 45–70。

仉桂美。2002。〈全球化與地方化中我國地方政府之組織變革與區域發展〉，《法政學報》15: 1–28。

仉桂美。2005。《地方政府與文官體系》。臺北市：四章堂。

丘昌泰。1997/5/30。〈地方政府政策執行的困境與突破——競爭力的觀點〉，臺灣省政府研考會與東海大學公共行政研究班合辦「行政發展與地方政府競爭力」學術研討會論文，頁1–36。

丘昌泰。1998。〈臺灣省各縣市政府組織架構調整之研究〉。臺北市：內政

部八十七年度研究報告。

丘昌泰。2004。《公共政策——基礎篇》。二版。臺北市：巨流。

朱景鵬、朱鎮明、魯炳炎。2004。《地方政府治理能力評估模式建構之研究》。
　　臺北市：行政院研究發展考核委員會編印。

朱景鵬。2006。〈府際關係管理與行政效能強化之研析〉,《研考雙月刊》30
　　(6): 64–76。

朱鎮明。2004。〈地方治理與地方政府現代化——21 世紀英國地方層次的
　　變革〉,《行政暨政策學報》38: 31–60。

朱鎮明。2006。〈中央與地方政策協調機制〉,《中國行政》77: 133–162。

朱鎮明。2008。〈媒體評鑑地方政府績效之研究——以天下及遠見兩雜誌為
　　例〉,《公共行政學報》26: 105–140。

江大樹。2006。《邁向地方治理——議題、理論與實務》。臺北市：元照。

江岷欽、孫本初、劉坤億。2003。《地方政府策略性伙伴關係之研究》。臺
　　北市：臺北市政府研究發展考核委員會。

江岷欽、孫本初、劉坤億。2004。〈地方政府間建立策略性夥伴關係之研究
　　——以臺北市及其鄰近縣市為例〉,《行政暨政策學報》38: 1–29。

江啟臣、黃富娟。2006。〈全球化下城市競爭力指標之探討〉,《研考雙月刊》
　　30 (5): 27–41。

行政院研究發展考核委會編印。2003。《地方政府開闢自主財源之研究》。

余泰魁、丁丘瑤、蘇純繪。2006。〈醫療服務品質模式——以雲林縣衛生所
　　為例〉,《公共行政學報》19: 55–89。

吳庚。2007。《行政法理論與實用》。增訂十版。臺北市：三民。

吳定。2003。《公共政策》。臺北縣：國立空中大學。

吳定、張潤書、陳德禹、賴維堯編著。2001。《行政學》,修訂四版。臺北
　　縣：國立空中大學。

吳重禮、李世宏。2004。〈政府施政表現與選民投票行為——以 2002 年北
　　高市長選舉為例〉,《理論與政策》17 (4): 1–24。

吳重禮、徐英豪、李世宏。2004。〈選民分立政府心理認知與投票行為——
　　以 2002 年北高市長暨議員選舉為例〉,《政治科學論叢》21: 75–116。

吳重禮、黃紀、張壹智。2003。〈臺灣地區「分立政府」與「一致政府」之
　　研究——以 1986 年至 2001 年地方府會關係為例〉,《人文及社會科學

集刊》15 (1): 145–184。

吳重禮、楊樹源。2001。〈臺灣地區縣市層級「分立政府」與「一致政府」之比較——以新竹縣市與嘉義縣市為例〉,《人文及社會科學集刊》13 (3): 251–305。

呂育誠。2001。《地方政府管理——結構與功能的分析》。臺北市:元照。

呂育誠。2002。〈地方政府能力提升途徑與中央地方關係再定位之研究〉,《法政學報》15: 29–77。

呂育誠。2003。〈「永續發展」觀點對地方政府管理意涵與影響之研究〉,《公共行政學報》9: 59–88。

呂育誠。2005。〈地方治理意涵及其制度建立策略之研究——兼論我國縣市推動地方治理的問題與前景〉,《公共行政學報》14: 1–38。

呂育誠。2007。《地方政府治理概念與落實途徑之研究》。臺北市:元照。

呂朝賢、郭俊巖。2003。〈地方政府與福利型非營利組織之關係——以嘉義地區為例〉,《國立空中大學社會科學學報》11: 143–187。

李台京。2001。〈公共行政與公民社會〉,《政策研究學報》1: 107–139。

李台京。2003。〈三義鄉舊山線區域發展的公共對話〉,《政策研究學報》3: 27–52。

李台京。2004。〈臺灣民主轉型期的地方政府與公共對話〉,《中國地方自治》3: 27–53。

李台京。2005。〈新竹市的城市外交 1990–2004〉,《師大政治論叢》4: 1–44。

李長晏。2002。〈中央與地方關係的重構與運作〉,《中國地方自治》55 (12): 30–41。

李長晏。2006/12/16。〈臺灣地方政府間跨區域制度之建構〉,內政部主辦,臺灣大學社會科學院承辦,「地方制度改造與跨域治理座談會」,頁 135–167。

李長晏。2007。《邁向府際合作治理——理論與實踐》。臺北市:元照。

李翠萍。2007。〈直轄市社政單位部際關係之研究——政策執行的觀點〉,《政治科學論叢》31: 87–127。

李筱峰。2002。《快讀台灣史》。臺北市:玉山社。

李顯峰、呂昌熙。2007。〈地方財政與地方經濟成長的政治經濟分析〉,《財稅研究》39 (3): 1–23。

李顯峰。2005/3/26。〈地方財政的問題與改進〉，臺北大學公共行政學系主辦，「地方財政的困境與展望」座談會論文。

杜文苓。2007。〈審議民主與社會運動——民間團體籌辦新竹科學園區宜蘭基地公民會議的啟發〉，《公共行政學報》23: 67–93。

汪明生、江明修、陳建寧、馬群傑。2006。〈高雄地方發展與公民文化之研究〉，《公共行政學報》19: 127–168。

汪明生、馬群傑。2005。〈高雄地方發展課題與多元群體認知之實證研究——認知續線理論 (CCT) 的應用〉，《理論與政策》18 (1): 1–28。

周月清。2002。〈臺灣「社區照顧」與「由社區照顧」之研究——以障礙者及老人照顧為例〉，《東吳社會工作學報》8: 19–74。

官有垣、王湧泉。2000。〈我國地方政府社會福利角色的歷史變遷——以臺灣省暨各縣市政府為例〉，《公共行政學報》4: 193–240。

林文清。2004。《地方自治與自治立法權》。臺北市：揚智。

林水波、邱靖鈜。2006。《公民投票 vs. 公民會議》。臺北市：五南。

林水波、李長晏。2005。《跨域治理》。臺北市：五南。

林玉茹。2000。《清代竹塹地區的在地商人及其活動網絡》。臺北市：聯經。

林谷蓉。2005。《中央與地方權限衝突》。臺北市：五南。

林治信、楊永年、林元祥。2002。〈桃芝颱風地方政府救災組織體系運作之探討——以水里鄉與鹿谷鄉為例〉，《中央警察大學災害防救學報》3: 143–175。

林玲玲。1997。《宜蘭縣文職機關之變革》。宜蘭縣政府出版。

林健次、蔡吉源。2003。〈地方財政自我負責機制與財政收支劃分〉，《公共行政學報》9: 1–34。

林博文。2002。〈地方政府之行銷研究〉，《法政學報》15: 115–158。

林欽榮。2006。《城市空間治理的創新策略——三個臺灣首都城市案例：臺北、新竹、高雄》。臺北市：新自然主義。

林錫俊。1998。《地方財政管理》。高雄市：復文。

施雅軒。2003。《臺灣的行政區變遷》。臺北縣：遠足。

洪昌文。2008。〈地方公務人員核心能力訓練〉，《人事月刊》6 (2): 31–35。

洪秋芬。2004。〈日治時期殖民政府和地方宗教信仰中心關係之探討——豐原慈濟宮的個案研究〉，《思與言》42 (2): 1–41。

洪敏麟。1980。《臺灣舊地名之沿革》。臺中市：臺灣省政府新聞處。

洪德仁、潘蓬彬、楊志彬。2005。〈公民會議與社區營造——以北投社區社造協定公民會議為例〉，《社區發展季刊》108: 216–226。

紀俊臣。2004。《地方政府與地方制度法》。臺北市：元照。

紀俊臣。2006。《都市及區域治理》。臺北市：五南。

孫同文、林玉雯。2007。〈析論府際關係的多元面向〉，《研習論壇月刊》75: 10–15。

徐仁輝。2001。〈地方政府支出預算決策的研究〉，《公共行政學報》5: 1–13。

徐吉志。2008。〈由都市治理析論新生直轄市之組織模式設計〉，《中國地方自治》61 (4): 11–39。

馬群傑、汪明生、王文成、陳建寧。2006。〈多元社會下地方公眾發展認知與共識策略之研究——以高雄市為例〉，《行政暨政策學報》43: 27–80。

馬群傑、陳建寧、汪明生。2006。〈認知研究——高雄地方發展之公眾認知〉，《公共行政學報》21: 115–161。

馬群傑、陳建寧。2005。〈多元社會的公民參與地方發展研析——以高雄為例〉，《公共事務評論》6 (2): 25–58。

高美莉。2003。〈由里長延選案論中央地方爭議協調機制〉，《政策研究學報》3: 117–133。

高雄市文獻委員會。1995。《高雄市發展史》。

高應篤。1982。《地方自治學》。臺北市：中華。

張世賢、汪家源。2006。〈公私合作提供可持續觀光服務之研究——臺北縣鶯歌陶瓷嘉年華個案探討〉，《公共事務評論》7 (1): 107–115。

張四明。2003。〈財政壓力下地方政府的預算決策與調適行為之研究〉，《行政暨政策學報》36: 39–79。

張四明。2006。〈我國府際關係問題之探討〉，《研習論壇月刊》61: 1–7。

張正修。2000。《地方制度法理論與實用㈠—㈢》。臺北市：學林。

張育哲。2004。〈臺灣地方政府招商政策初探——臺北縣市個案分析〉，《公共事務評論》5 (2): 93–110。

張育哲。2006/12/16。〈地方政府辦理招商業務的現況與改進策略〉，內政部主辦，臺灣大學社會科學院承辦，「地方制度改造與跨域治座談會」，頁 61–79。

張炎憲等編。1996。《臺灣史論文精選》上、下冊。臺北市：玉山社。

張儀君、陳柏甫。2006。〈新瓶舊酒──高雄捷運政策與地方政治型態轉變〉，2006 臺灣社會學會年會論文，頁 1–33。

張瓊玲、張力亞。2005。〈政府業務委外經營管理及運作過程之研究──以臺北市社會局為例〉，《華岡社科學報》19: 31–60。

莊瑞洪、林金祥。2003。〈地方政府成長管理機制與策略推行〉，《公共事務評論》4 (1): 185–209。

許介鱗、楊鈞池。2006。《日本政治制度》。臺北市：三民。

許介鱗。2000。《中日縣市綜合發展計畫策略之比較研究》。南投縣：行政院研考會中部辦公室。

許文傑。2003。〈地方治理與發展策略──宜蘭經驗的回顧與展望〉，《佛光人文社會學刊》4: 169–194。

許立一。2004。〈地方治理與公民參與的實踐──政治後現代性危機的反思與解決〉，《公共行政學報》（政大）10: 63–94。

許宗力。1992。《地方自治之研究》。臺北市：國家政策研究中心。

許春鎮。2005。〈論國家對地方自治團體之監督〉，《玄奘法律學報》4: 231–286。

陳介玄。1997。〈派系網絡、椿腳網絡及俗民網絡──論臺灣地方派系形成之社會意義〉，東海大學東亞社會經濟研究中心編，《地方社會》。臺北市：聯經。頁 31–68。

陳立剛。2002。〈地方政府跨區域合作機制理論與實務〉，臺灣政治學會舉辦，「全球化與臺灣政治」學術研討會論文，頁 1–27。

陳明通。1997。《派系政治與臺灣政治變遷》。臺北市：月旦。

陳東升。1995。《金權城市──地方派系、財團與臺北都會發展的社會學分析》。臺北市：巨流。

陳金哲。2006。〈準市場機制與區域治理──以秀傳醫院、署立醫院及臺北市立醫院之執行經驗為例〉，《公共行政學報》19: 91–126。

陳建寧、陳文俊、林錦郎、汪明生。2007。〈多元社會下民眾的公平與關懷道德認知之研究──以高雄市為例〉，《公共行政學報》22: 111–147。

陳恆鈞、張國偉。2006。〈組織協力與組織績效之研究──以雲林縣蔬菜產銷班為例〉，《公共行政學報》19: 1–54。

陳秋政。2005。〈地方政府績效評鑑制度之設計要旨分析〉,《理論與政策》18 (1): 129–150。

陳淳斌。2004。〈嘉義市政府預算決策過程分析〉,《中國行政》75: 119–142。

陳淳斌。2007。〈地方議會的立法控制與監督——嘉義市第六屆議會的個案分析〉,《空大行政學報》18: 63–104。

陳陸輝、游清鑫。2001。〈民眾眼中的分立政府——政黨的府會互動與首長施政滿意度〉,《理論與政策》15 (3): 61–78。

陳琳淳。2006。〈大甲鎮地方民俗與文化市鎮治理之研究〉,《思與言》4 (4): 153–231。

陳陽德。1999。《臺灣鄉鎮市與區級政府之比較研究——臺中縣市民眾與菁英態度之調查》。臺北市: 五南。

陳滄海。2002。〈地方政府分擔全民健保費之爭議與處理——以臺北市政府聲請釋憲案為例〉,《臺北市立師範學院學報》33: 219–233。

陳漢雲。2007。〈地方稅法通則執行狀況之探討〉,《財稅研究》39 (4): 29–40。

陳銘薰、黃朝盟。2005。《臺北市政府組織規模最適化之研究——兼論以「去任務化」、「地方化」、「法人化」、「委外化」作為策略工具的可行性分析》。臺北市: 臺北市政府研究發展考核委員會。

章英華、蔡勇美。1997。《臺灣的都市社會》。臺北市: 巨流。

逯扶東。2002。《西洋政治思想史》。臺北市: 三民。

傅岳邦。2001。〈1990 年代我國地方政府再造的理論基礎: 管理主義與社群主義的辯證思考〉,《中國行政》69: 101–116。

湯京平、吳重禮、蘇孔志。2002。〈分立政府與地方民主行政: 從臺中縣基層建設經費論地方派系與肉桶政治〉,《中國行政評論》12 (1): 52。

項靖。2005。〈數位化政府的城鄉差距——以我國鄉鎮市公所為例〉,《公共行政學報》15: 1–48。

黃世孟。2000。《縣市綜合發展計畫與中程計畫整合之研究——以宜蘭縣為例》。南投縣: 行政院研考會中部辦公室。

黃世鑫、郭建中。2007。〈自有財源與地方財政自主?地方自治內涵之省視〉,《政策研究學報》7: 1–34。

黃正雄。2007。〈地方制度法修正與地方政府組織治理〉,《中國地方自治》60 (4): 23–51。

黃東益、黃佳珊。2003。〈地方政府「數位民主」機制——以臺灣省二十一縣市政府網站為例〉，《法政學報》16: 179–202。

黃建銘。2006。〈論地方治理法制之建構——區域政府觀點〉，《中華人文社會學報》4: 104–122。

黃建銘。2008。《地方制度與行政區劃》。臺北市：時英。

黃國敏。2006a。〈新竹縣與苗栗縣政府行政績效評比〉，《人文與社會學報》（義守大學）1 (8): 147–184。

黃國敏。2006b。〈桃竹苗地區四縣市政府行政績效評比〉，《政策研究學報》6: 89–132。

黃國敏。2007。〈地方政府施政滿意度之探討——苗栗縣政府九十四年個案研究〉，《中華人文社會學報》6: 10–42。

黃朝盟、陳坤發。2002。〈公務人員的行政倫理觀——臺灣縣市政府行政菁英意見調查分析〉，《政治科學論叢》16: 119–136。

黃朝盟、詹中原。2007。《臺北市城市競爭力之研究》。臺北市：臺北市政府研究發展委員會。

黃錦堂。2000。《地方制度法基本問題之研究》。臺北市：翰蘆。

黃錦堂等。2005。《地方立法權》。臺北市：五南。

楊永年。2001。〈建立以地方政府為主體之救災組織體系——以九二一大地震與八掌溪兩案比較〉，《警學叢刊》32 (3): 245–268。

楊國柱。2002。〈從抗爭交易成本觀點探討殯葬設施用地區位管理政策〉，《中國行政》72: 109–132。

楊碧川。1987。《簡明臺灣史》。高雄市：第一。

葉嘉楠。2005。《政府再造的理論與實務》。臺北市：韋伯。

遠見雜誌社。〈二十三縣市競爭力排名〉，七月號，2005，2006，2007，2008。

遠流台灣館編著。2000。《簡明臺灣史》。臺北市：遠流。

廖達琪、黃志呈。2003。〈民主化與地方的行動效能——從臺灣兩波 (1993–2001) 地方菁英的認知判斷探析〉，《政治科學論叢》19: 85–112。

熊光華、陳承聖。2002。〈臺灣地區地方政府層級緊急救災組織及其互動模式之研究——以臺北縣市為例〉，《警學叢刊》33 (1): 47–78。

趙永茂、孫同文、江大樹。2001。《府際關係》。臺北市：元照。

趙永茂。2002。《中央與地方權限劃分的理論與實際——兼論臺灣地方政府

的變革方向》，增訂三版。臺北市：翰蘆。

趙永茂。2003。〈臺灣府際關係與跨域管理——文獻回顧與策略途徑初探〉，《政治科學論叢》18: 53–70。

趙永茂。2004。《臺灣地方政治的變遷與特質》，增訂三版。臺北市：翰蘆。

趙永茂。2007。〈從地方治理論臺灣地方政治發展的基本問題〉，《政治科學論叢》31: 1–38。

趙揚清、劉旭峰。2006。〈我國各縣市地方政府財政概況評析〉，財團法人國家政策研究基金會，《國政研究報告》，財金（研）095–010: 1–15。

劉坤億。2002。〈地方政府治理機制的創新挑戰——市場治理模式的功能與限制〉，《法政學報》15: 79–113。

劉坤億。2003。〈地方治理與地方政府角色職能的轉變〉，《空大行政學報》13: 233–267。

劉宜君。2002。〈地方政府財務管理問題之研究——公共政策的病理觀點〉，《公共行政學報》7: 31–61。

劉宜君。2004。〈提昇城市競爭力治理途徑之研究〉，《政策研究學報》4: 47–80。

劉明德。1998。《重構臺灣縣市政府組織》。臺北市：翰蘆。

劉祥得。2003。〈地方公共服務績效比較評量之探討——標竿學習策略的觀點〉，《玄奘管理學報》1 (1): 1–38。

蔡吉源、林健次。2005。〈臺灣中央與地方財政關係——制度與歷史的觀察，1952–2003〉，《財稅研究》37 (5): 137–154。

蔡宏進。2007。〈地方的概念在若干學術領域上的意義與應用〉，《臺灣鄉村研究》7: 143–160。

蔡秀卿。2003。《地方自治法理論》。臺北市：學林。

蔡秀娟。2002。〈縣市文化中心主任內部管理策略之實證研究〉，《公共行政學報》（政大）6: 1–28。

蔡宗珍。2001。〈跨區域事務合作之法制模式探討〉，「府際關係」學術研討會論文，2001年6月9日，東吳大學國際會議廳，頁1–16。

蔡明惠。1998。《臺灣鄉鎮派系與政治變遷——河口鎮山頂與街仔的爭鬥》。臺北市：洪葉。

蔡茂寅。2003。《地方自治之理論與地方制度法》。臺北市：學林。

鄭博文、邱鴻遠。2006。〈高雄市城市品牌形象研究初探──民眾與政府間
　　認知差異〉,《公共事務評論》7 (1): 1–33。

蕭代基、張瓊亭、郭彥廉。2003。〈自然資源的參與式管理與地方自治制度〉,
　　《臺灣經濟預測與政策》34 (1): 1–26。

薄慶玖。2001。《地方政府與自治》。五版。臺北市：五南。

戴炎輝。1979。《清代臺灣之鄉治》。臺北市：聯經。

謝高橋。1990。《都市的結構模式》。臺北市：巨流。

羅正忠。2002。〈北高兩市地方財政之比較研究〉,《高雄應用科技大學學報》
　　32: 385–408。

羅志淵。1960。《地方自治理論體系》。臺北市：商務。

羅晉。2004。〈網際審議式民主之實現與現實──以我國地方政府網際公共
　　論壇為例〉,《行政暨政策學報》39: 105–142。

蘇一志。2007。〈地方發展過程中的衝突與折衝──以恆春半島觀光空間之
　　轉化為例〉,《臺灣大學建築與城鄉研究學報》14: 1–14。

蘇詔勤。2002。《共生──企業經營與地方政府的遊戲規則》。臺北市：先
　　知。

Dror, Yehezkel 著。張世賢、陳恆鈞譯。1998。《政策科學的設計》。臺北市：
　　國立編譯館。

Fukuyama, Francis 著。閻紀宇譯。2005。《強國論》。臺北市：時報。

Habermas, Jürgen 著。童世駿譯。2003。《事實與格式》。臺北市：臺灣商務。

Heywood, Andrew 著。楊日青、李培元、林文斌、劉兆隆譯。2002。《政治
　　學新論》。臺北市：韋伯。

Hughes, Owen E. 著。呂苔瑋、邱玲裕、黃貝雯、陳文儀譯。2006。《公共
　　管理與行政》。臺北市：雙葉。

Kotkin, Joel 著。謝佩妏譯。2007。《城市的歷史》。臺北縣新店市：左岸。

Lester, James P. and Stewart, Joseph 合著。陳恆鈞譯。2001。《公共政策──
　　演進研究途徑》。臺北市：學富。

Majchrzak, Ann 著。謝棟樑譯。2000。《政策研究方法論》。臺北市：弘智。

Marsh, David & Stoker, Gerry 著。陳菁雯、葉銘元、許文柏譯。1998。《政
　　治學方法論》。臺北市：韋伯。

McClelland, J. S. 著。彭淮棟譯。2000。《西洋政治思想史》。臺北市：商周。

Morri, Richard B. 編選。楊宗翰譯。1964。《美國歷史文獻》。香港：今日世界社。

Osborne, David & Gaebler, Ted 著。劉毓玲譯。1993。《新政府運動》。臺北市：天下文化。

Tocquerville, Alexis de 著。秦修明、湯新楣、李宜培譯。2005。《民主在美國》。臺北縣新店市：左岸。

參、網路資料庫

聯合國人類住區規劃署：http://www.un-habitat.org/。

日本財團法人自治體國際化協會 (Council of Local Authorities for International Relations, Japan)，Local Governments in Japan in 2006: http://www.jlgc.org/。

The International Local Government Home Page: http://world.localgov.org/Astrid.html。

國立臺灣大學地方與區域治理研究資料庫（趙永茂教授主持）：http://gov.soc.edu.tw/。

高永光教授地方政治研究資料庫（國立政治大學政治系）：http://www3.nccu.edu.tw/~ykkao/news.htm。

肆、學術研討會論文、座談會紀錄（1999 年以來選擇性書目）

內政部主辦，臺灣大學社會科學院承辦。2006/12/16「地方制度改造與跨域治理座談會」，臺灣大學社會科學院第一會議室。

行政院研究發展考核委員會、中華大學行政管理學系主辦。2005/3/31。《推動跨域管理機制研討會——會議實錄》。

行政院研究發展考核委員會、中興大學國際政治研究所。2005/12–2006/01。《府際合作公共論壇會議實錄》論文集。

東吳大學政治系、暨南大學公共行政與政策學系、內政部主辦。2001/6/9。「府際關係」學術研討會，東吳大學國際會議廳。

內政部民政司。2004/12/15–2005/2/3。〈推動地方政府組織改造分區座談會會議記錄〉。

伍、簡體字版專書

王建民。2003。《臺灣地方派系與權力結構》。北京：九州。

何一民主編。2007。《近代中國衰落城市研究》。成都：巴蜀書社。

何增科。2007。《公民社會與民主治理》。北京：中央編譯。

倪鵬飛主編。2003。《中國城市競爭力報告》1–3 冊。北京：社會科學文獻。

趙成根主編。《國外大城市危機管理模式研究》。北京：北京大學。

瞿同祖。2003。范忠信、晏鋒譯。《清代地方政府》。北京：中國法律。

Agranoff, Robert & McGuire, Michael 著。李玲玲、鄺益奮譯。2007。《協作性公共管理——地方政府新戰略》。北京：北京大學。

Albak, Erik et. 著。常志霄、張志強譯。2005。《北歐地方政府——戰後發展趨勢與改革》。北京：北京大學。

Evera, Stephen Van. 著。陳琪譯。2006。《政治學研究方法指南》。北京：北京大學。

Mcginnis, Michael ed. 著。毛壽龍、李梅譯。2000。《多中心體制與地方公共經濟》。上海：三聯。

Oakerson, Ronald J. 著。萬鵬飛譯。2005。《治理地方公共經濟》。北京：北京大學。

Orum, Anthony M.、陳向明合著。曾茂娟、任遠譯。2005。《城市的世界——對地點的比較分析和歷史分析》。上海：人民。

Ostrom, Vincent et. 井敏、陳幽泓譯。2004。《美國地方政府》。北京：北京大學。

陸、學位論文

何主美。2003。我國地方政府推動業務委託民間辦理政策現況之研究——以臺灣省二十一縣市政府暨鄉鎮市公所為例。項靖博士指導。東海大學公共行政學系，碩士論文。

李俊杰。2006。地方政府清潔隊之標竿學習——以名間鄉公所向竹山鎮公所學習為例。林吉郎博士指導。暨南國際大學公共行政與政策學系，碩士論文。

林詩群。2004。花蓮市都市形成發展歷程之研究 (1895–1995)。黃瑞茂博士

指導。淡江大學建築學系，碩士論文。

林靜美。2001。分立政府與臺灣地方政府財政赤字關係之實證研究。郭昱
　　瑩博士指導。世新大學行政管理學研究所，碩士論文。

洪樹林。2003。臺北市議會黨團協商制度之研究——新制度論觀點的分析。
　　張四明博士指導。國立臺北大學公共行政暨政策學系碩士在職專班，
　　碩士論文。

張長桂。2001。標竿學習法應用於地方政府之個案探討。鄭博文博士、朱
　　斌妤博士指導。國立中山大學公共事務管理研究所，碩士論文。

許群英。2003。標竿學習法應用於地方政府機關之績效評估——以左營區
　　公所推動員工參與建議制度為例。朱斌妤博士指導。國立中山大學政
　　治學研究所，碩士論文。

曾忠義。2003。地方府會關係中議長角色功能之研究——以桃園縣議會為
　　例。張世熒博士指導。銘傳大學公共管理與社區發展研究所碩士在職
　　專班，碩士論文。

游凱詒。2006。地方議會自律權之研究——以高雄市議會為個案。廖達琪
　　博士指導。國立中山大學政治學研究所，碩士論文。

葉韻翠。2004。臺中市的都市發展 (1887–2003)。陳國川博士指導。國立臺
　　灣師範大學地理學系，碩士論文。

謝宜芳。2001。分立政府下的府會關係——臺北市議會口頭質詢之內容分
　　析 (1991–2001)。徐仁輝博士、陳敦源博士指導。東海大學公共行政學
　　系，碩士論文。

簡依蓁。2004。臺北縣議長角色與功能之研究。楊泰順博士指導。中國文
　　化大學政治學研究所碩士在職專班，碩士論文。

羅日春。2005。臺灣地方政府覆議制度理論與實際。廖達琪博士指導。國
　　立中山大學政治學研究所，碩士論文。

柒、英文資料

Batley, Richard & Stoker, Gerry. 1991. *Local Government in Europe: Trends and Development.* New York: St. Martin's Press.

Bingham, Richard D. et al. 1991. *Managing Local Government.* Newbury Park, Calif.: Sage.

Bogason, Peter. 2000. *Public Policy and Local Governance: Institutions in Postmodern Society.* UK: Cheltenham.

Chandler, J. A. 1996. *Local Government Today.* Manchester: Manchester University Press.

Christensen, Karen S. 1999. *Cities and Complexity: Making Intergovernmental Decisions.* Thousand Oaks, Calif: Sage.

Dahl, Robert. 1961. *Who Governs?* New Haven, CT: Yale University Press.

Dahl, Robert. 1971. *Polyarchy: Participation and Oppositions.* New Haven, CT: Yale University Press.

Denters, S. A. and Rose, Lowrence E. eds. 2005. *Comparing Local Governance: Trends and Developments.* New York: Palgrave Macmillan.

Evans, Peter et al. eds. 1985. *Bringing the State Back In.* Cambridge: Cambridge University Press.

Freedom House. 2006. *Freedom in the World 2006: Selected Data from Freedom House's Annual Global Survey of Political Rights and Civil Liberties* (Online, cited 30 April 2006), Available from http://www. freedomhouse.org/uploads/pdf/charts2006.pdf.

Gargan, John J. 1996. *Handbook of Local Government Administration.* Manhattan: Marcel Dekker.

Goetz, Edward G. and Clarke, Susan E. eds. 1993. *The New Localism.* Newbury Park: Sage Publications.

Goodin, Robert E. and Klingemann, Hans-Dieter eds. 1996. *A New Handbook of Political Science.* Oxford University Press.

Judge, David. 1995. "Pluralism." In David Judge, G. Stoker, and H. Wolman eds. *Theories of Urban Politics.* London: Sage.

Kemp, Roger L. 1993. *Strategic Planning for Local Government: A Handbook for Official and Citizens.* US: McFarland.

Kettl, Donald F. 1993. "Public Administration: The State of the Field," In Ada W. Finifter ed. *Political Science: The State of the Discipline.* 2nd edition. American Political Science Association.

Messere, Ken. 1998. *The Tax System in Industrialized Countries.* Oxford, New

York: Oxford University Press.

Milward, H. Brinton, Keith G. Provan, and Barbara Else. 1993. "What Does the Hollow State Look Like?" In *Public Management Theory*, edited by Barry Bozeman. San Francisco: Jossey-Bass.

Page, Edward C. 1991. *Localism and Centralism in Europe: The Political and Legal Bases of Local Self-Government*. Oxford: Oxford University Press.

Pickvance, Chris and Pretecille, Edmond ed. 1991. *State Restructuring and Local Power: A Comparative Perspective*. London: Pinter Publishers.

Population, Rural and Urban Development Division (PRUDD), United Nations Economic and Social Commission for Asia and the Pacific (UNESCAP). 1999. *Local Government in Asia and the Pacific: A Comparetive Analysis of Fifteen Countries*. Bangkok, Thailand: UNESCAP.

Ranny, Hal. 1991. *Understanding and Managing Public Organizations*. San Francisco: Jossey-Bass.

Rhodes, R. A. W. 1997. *Understanding Governance: Policy Networks, Governance, Reflexivity and Accountability*. Buckingham: Open University Press.

Rosenbloom, David H. 1993. *Public Administration*. 3rd ed. Mcgran-Hill.

Saunders, P. 1981. *Social Theory and the Urban Question*. New York: Holmers and Meier Press.

Skocpol, Theda. 1985. "Introduction: Bringing the State Back In." In Evans, Peter et al. eds. *Bringing the State Back In*. Cambridge: Cambridge University Press, pp. 3–44.

Somanathan, E. 2001. "Empowering Local Government: Lessons from Europe," *Economic and Political Weekly*, pp. 3935–3940.

Stewart, John and Stoker, Gerry. 1995. *Local Government in the 1990s*. London: Macmillan.

Thomas, John W. 2000. "Transforming Cities into Outcome Enterprises...and Beyond: Achieving Quality Governance and Management," (Draft) of South Asian Urban and City Management Course (Goa), see http://info.worldbank.org/etools/docs/library/110657/goa/papersgoa.htm.

Wollmann, Hellmut. 2005. "The Directly (Chief Executive) Mayor Form in German Local Government: Does it Make a Difference?, in Rikke Berg, Nirmama Rao eds. *The Political Executive in Local Government*, Palgrave.

Wright, Deil S. 1978. *Understanding Intergovernmental Relations*. 3rd ed. Pacific Grove, Cal.: Brooks/Cole.

Yeung, Yue-man. 2000. *Globalization and Networked Societies: Urban-Regional Change in Pacific Asia*. Honolulu: University of Hawaii Press.

"About Cities: Powers of the Mayor," from National League of Cities (strengthening & promoting cities as centers of opportunity, leadership and governance), http://www.nlc.org/.

"Commission Form of City Government," see The Handbook of Texas Online, http://www.tsha.utexas.edu/.

"Getting to Know Your Florida Cities," from Florida League of Cities, Inc., http://www.flcities.com/.

"Trends in Forms of Government in Washington Cities," from Municipal Research & Services Center of Washington, http://www.mrsc.org/.

捌、通訊社及報紙新聞

中央社：2007/4/18，2007/6/20。

人間福報：2006/12/15。

經濟日報：2007/6/26，2007/8/2。

附　錄❶

壹、新制度主義

王文華。2007。地方政府發展學習型組織之研究——以屏東縣政府為例。秦夢群博士、張奕華博士指導。國立政治大學教育研究所，博士論文。

周蕙蘋。2004。臺灣地方政府組織再造之評析——以英國地方治理經驗之觀點。紀俊臣博士指導。中國文化大學政治學研究所，博士論文。

王定國。2003。鄉鎮市地方派系之研究——以平溪鄉為例。楊泰順博士指導。中國文化大學政治學研究所碩士在職專班，碩士論文。

王啟東。2002。臺灣地區村里功能與角色之研究。楊泰順博士指導。中國文化大學政治學研究所碩士在職專班，碩士論文。

朱真慧。2004。縣（市）政府組織權及人事任用之研究。莊國榮博士指導。國立政治大學公共行政研究所，碩士論文。

余政憲。1999。從組織理論之統治觀點探討地方自治單位行政效率——高雄縣鄉鎮市公所與高雄市區公所之比較分析。張春雄博士指導。義守大學管理科學研究所，碩士論文。

吳坤發。2003。司法院大法官解釋對地方自治發展之研究。紀俊臣博士指導。東海大學公共事務碩士學程在職進修專班，碩士論文。

吳容輝。2002。高階領導者更迭下員工認知及領導型態與組織承諾、士氣關聯性之研究——以某地方政府為例。艾昌瑞博士指導。國立中正大學企業管理研究所，碩士論文。

吳曉婷。2004。行政電子化對地方政府行政人員之影響——依社會科技系統(STS) 理論。蔣麗君博士指導。國立成功大學政治經濟學研究所，碩士論文。

呂俊寬。2001。地方制度法施行後地方法規位階之研究。紀俊臣博士指導。國立臺灣師範大學三民主義研究所，碩士論文。

呂耀毓。2004。探討地方政府員工的組織政治知覺、生涯管理和人格特質對工作滿足、工作士氣與組織績效的關聯性研究——以雲林縣政府為例。陳孟修博士指導。南華大學管理科學研究所，碩士論文。

---

❶　本附錄整理地方政府相關主題之學位論文(以地方制度法實施以後為主。各主題先依博士論文、碩士論文先後；次依姓名筆劃排列。多數碩士論文可電子閱讀)。

卓達銘。2004。村里長職務定位之研究——以桃園縣龜山鄉為例。陳朝建博士指導。銘傳大學公共事務學系碩士在職專班,碩士論文。

林克偉。2001。影響政府機關電子公文實施績效之研究——以地方政府為例。阮金聲博士指導。國立中正大學資訊管理學研究所,碩士論文。

林孟信。2001。地方自治團體人事權與行政中立之探討。陳世民博士指導。銘傳大學公共管理與社區發展研究所碩士在職專班,碩士論文。

林國漳。2000。地方政府組織制度變遷與組織發展之研究——縣市組織人力再造觀點。史美強博士指導。東海大學公共事務碩士學程在職進修專班,碩士論文。

林福來。2002。地方自治規則監督之研究。石世豪博士指導。國立東華大學公共行政研究所,碩士論文。

施玉祥。2001。鄉(鎮、市)地方自治之政治評析。紀俊臣博士、張世熒博士指導。銘傳大學公共管理與社區發展研究所碩士在職專班,碩士論文。

徐名慶。2003。鄉鎮市公所組織職權功能之研究。仉桂美博士指導。中國文化大學政治學研究所碩士在職專班,碩士論文。

徐秀華。2002。臺灣鄉鎮市體制變革之研究。紀俊臣博士、李弘暉博士指導。元智大學管理研究所,碩士論文。

翁金珠。2000。地方發展策略與縣市政府組織調整之研究——以彰化縣政府為例。黃營杉博士指導。國立臺北大學企業管理學系碩士在職專班,碩士論文。

高秋婷。2002。從流程再觀點探討地方政府轉型方向——以高雄市政府為例。黃俊英博士指導。國立中山大學公共事務管理研究所,碩士論文。

莊琦銘。2002。縣市政府人事機構角色與功能之研究。史美強博士指導。東海大學公共事務碩士學程在職進修專班,碩士論文。

許平和。2001。地方制度法施行與地方政府法制整備關係之研究——以地方自治團體立法權為中心。李震山博士指導。國立中正大學法律學研究所,碩士論文。

許源昌。2005。山地鄉公所治理能力之研究——以新竹縣為例。玄奘大學公共事務管理學系碩士在職專班,碩士論文。

許群英。2003。標竿學習法應用於地方政府機關之績效評估——以左營區公所推動員工參與建議制度為例。朱斌妤博士指導。國立中山大學政治學研究所,碩士論文。

郭明德。2001。我國地方政府人事人員領導型態與工作滿足感之研究。孫本初博士指導。國立政治大學行政管理碩士學程,碩士論文。

陳治良。2006。地方政府政風機構防腐角色與功能之研究——以南投縣政府為例。紀俊臣博士指導。東海大學公共事務碩士學程在職進修專班，碩士論文。

陳敏良。2004。地方政府公務人員行政中立困境與對策——以臺南市政府為例。彭堅汶博士指導。國立成功大學政治經濟學研究所專班，碩士論文。

陳嘉和。2007。地方政府公務人員職務列等之研究——以臺中縣政府暨所屬機關人員為例。歐信宏博士指導。東海大學公共事務碩士學程在職進修專班，碩士論文。

黃玉詩。2002。地方行政機關自治規則的法效力分析。紀俊臣博士、徐學忍博士指導。元智大學管理研究所，碩士論文。

楊乃郁。2000。縣市政府組織調整政策比較研究——四縣市之個案分析。丁仁方博士指導。國立成功大學政治經濟學研究所，碩士論文。

楊國忠。2004。地方制度法實施對地方政府職權之影響——以臺南市個案研究。廖達琪博士指導。國立中山大學政治學研究所，碩士論文。

楊惠絨。2006。臺灣地方政府最適公務人力規模之探討。黃智聰博士指導。國立政治大學行政管理碩士學程，碩士論文。

蕭文俊。2007。司法院大法官解釋對臺灣地方自治發展影響之研究。紀俊臣博士指導。東海大學政治學研究所，碩士論文。

謝閔。2006。鄉鎮市行政層級對自主權之影響。仉桂美博士指導。中國文化大學政治學研究所碩士在職專班，碩士論文。

謝碩駿。2001。地方法規定位與監督之研究。董保城博士指導。國立政治大學法律學研究所，碩士論文。

竇文暉。2000。我國縣市政府組織與職權之研究。彭錦鵬博士指導。國立臺灣大學政治學研究所，碩士論文。

貳、府會關係

郭祥瑞。2003。臺北市議會功能運作之研究——以地方治理途徑分析。紀俊臣博士指導。國立臺灣師範大學政治學研究所，博士論文。

王子忠。2004。地方議會職權運作之研究——以臺北市覆議制度為例。席代麟博士指導。銘傳大學國家發展與兩岸關係碩士在職專班，碩士論文。

王秀如。2007。戰後臺中縣地方派系與地方發展——以縣議會為中心(1950–1994)。吳文星博士指導。國立臺灣師範大學歷史學系在職進修碩士班，碩士論文。

王玲惠。2002。地方制度法下府會關係之研究。席代麟博士指導。中國文化大學政治學研究所碩士在職專班，碩士論文。

王娟娟。2007。我國鄉鎮市民代表會組織功能之研究——以新莊市民代表會為例。仉桂美博士指導。中國文化大學政治學研究所碩士在職專班，碩士論文。

王敏光。2005。地方政府府會聯絡機制與運作之研究——以彰化縣政府為例。歐信宏博士指導。東海大學公共事務碩士學程在職進修專班，碩士論文。

李文郎。2000。臺灣地方議會立法權之研究。薄慶玖博士指導。國立政治大學中山人文社會科學研究所，碩士論文。

李文龍。2002。彰化縣府會關係之研究。紀俊臣博士指導。東海大學公共事務碩士學程在職進修專班，碩士論文。

李忠信。2004。臺灣地區縣市層級「一致政府」與「分立政府」之府會關係研究——以1990至2004年彰化縣為例。吳重禮博士指導。國立中正大學政治學研究所，碩士論文。

李偉敬。2001。我國鄉鎮市自治立法權之研究。紀俊臣博士指導。國立臺灣師範大學三民主義研究所，碩士論文。

林俊樑。2004。我國地方政府覆議制度之研究。紀俊臣博士指導。東海大學公共事務碩士學程在職進修專班，碩士論文。

林義文。2004。地方府會關係中的政黨政治——以臺南為例 (1998–2001)。彭堅汶博士指導。國立成功大學政治經濟學研究所，碩士論文。

林肇雄。2004。我國鄉鎮市民代表會運作之問題與探討。郭文忠博士、徐學忍博士指導。元智大學管理研究所，碩士論文。

林靜美。2001。分立政府與臺灣地方政府財政赤字關係之實證研究。郭昱瑩博士指導。世新大學行政管理學研究所，碩士論文。

洪澄琳。2002。分立政府下的府會關係——以高雄縣為個案研究 (1985–2001)。廖達琪博士指導。國立中山大學政治學研究所，碩士論文。

洪樹林。2003。臺北市議會黨團協商制度之研究——新制度論觀點的分析。張四明博士指導。國立臺北大學公共行政暨政策學系碩士在職專班，碩士論文。

孫惠生。2001。地方制度法施行後縣市府會關係之研究——以桃園為例。孫本初博士指導。國立臺北大學公共行政暨政策學系在職專班，碩士論文。

康正義。2006。臺中市府會關係對議事運作之影響。楊志誠博士指導。逢甲大學公共政策研究所，碩士論文。

張國丁。2004。金門縣立法權的形成與發展。席代麟博士、紀俊臣博士指導。銘傳大學公共事務學系碩士在職專班，碩士論文。

張壹智。2001。「分立政府」與「一致政府」對於府會關係的影響——以臺灣地區縣市政府為例。吳重禮博士指導。國立中正大學政治學研究所，碩士論文。

陳永哲。2005。地方政府施政表現之研究——以臺中市府會關係為例 (1977-2004)。傅恆德博士指導。東海大學政治學研究所，碩士論文。

陳呈生。2005。臺北市地方自治條例立法資訊計量研究。黃慕萱博士指導。臺灣大學圖書資訊學研究所，碩士論文。

陳雲龍。2001。分立政府下行政部門運作模式之探討——以高雄市政府為例 (1998-2001)。廖達琪博士指導。國立中山大學公共事務管理研究所，碩士論文。

陳榮勝。2007。臺南縣府會關係之研究 (1993-1997)。謝敏捷博士指導。國立中正大學政治學研究所，碩士論文。

陳勵志。2003。金門縣府會關係之研究——以法制研究途徑為中心。紀俊臣博士指導。銘傳大學公共管理與社區發展研究所碩士在職專班，碩士論文。

傅正彥。1999。南投縣府會關係之研究。宋興洲博士指導。東海大學政治學研究所，碩士論文。

曾忠義。2003。地方府會關係中議長角色功能之研究——以桃園縣議會為例。張世熒博士指導。銘傳大學公共管理與社區發展研究所碩士在職專班，碩士論文。

游凱詒。2006。地方議會自律權之研究——以高雄市議會為個案。廖達琪博士指導。國立中山大學政治學研究所，碩士論文。

黃幼中。2004。地方自治法制化後臺北市府會關係之研究。紀俊臣博士指導。國立臺灣師範大學政治學研究所在職進修碩士班，碩士論文。

黃碧吟。2005。地方立法機關預算審議主決議與附加決議之研究。陳朝建博士指導。銘傳大學公共事務學系碩士在職專班，碩士論文。

楊明福。2001。地方政府層級中府會聯絡人角色與功能之研究——以桃園縣為例。席代麟博士指導。銘傳大學公共管理與社區發展研究所碩士在職專班，碩士論文。

臺鑑文。2003。鄉鎮市公所與代表會互動之研究——以中和市為例。楊泰順博士指導。中國文化大學政治學研究所碩士在職專班，碩士論文。

劉仁撓。2002。我國地方府會關係之研究——以第十五屆桃園縣議會與縣政府互動關係為例。張世熒博士指導。銘傳大學公共管理與社區發展研究所碩士在職專班，碩士論文。

劉玉婷。2006。臺南縣府會關係之研究 (1993-2005)。紀俊臣博士指導。東海大學政治學研究所，碩士論文。

劉啟崇。2006。以治理途徑分析地方府會關係——以臺南市為例。丁仁方博士指導。國立成功大學政治經濟學研究所，碩士論文。

鄭光宏。2007。從和諧到對立：分立政府下之府會關係——以嘉義市為例 (1983-2007)。王業立博士指導。東海大學政治學研究所，碩士論文。

謝宜芳。2001。分立政府下的府會關係——臺北市議會口頭質詢之內容分析 (1991-2001)。徐仁輝博士、陳敦源博士指導。東海大學公共行政學研究所，碩士論文。

簡依蓁。2004。臺北縣議長角色與功能之研究。楊泰順博士指導。中國文化大學政治學研究所碩士在職專班，碩士論文。

藍健欽。2003。地方制度法下府會關係之研究——以高雄市個案分析（民國八十七年至九十一年）。高永光博士指導。國立政治大學中山人文社會科學研究所，碩士論文。

羅日春。2005。臺灣地方政府覆議制度理論與實際。廖達琪博士指導。國立中山大學政治學研究所，碩士論文。

羅憲宏。2004。我國地方府會關係之研究——以臺東縣議會與縣政府互動關係為例。孫本初博士指導。中國文化大學政治學研究所碩士在職專班，碩士論文。

蘇庭誼。2005。我國分立政府下之行政、立法互動分析——以公民投票法制定過程為例。席代麟博士指導。銘傳大學公共事務學系碩士在職專班，碩士論文。

參、中央與地方關係

李長晏。1999。我國中央與地方府際關係分析。林水波博士、紀俊臣博士指導。國立政治大學公共行政學研究所，博士論文。

林文清。2002。我國地方立法權之研究。陳延輝博士指導。國立臺灣師範大學三民主義研究所，博士論文。

林谷蓉。2003。精省後中央與地方權限衝突之研究。高永光博士指導。國立政治大學中山人文社會科學研究所，博士論文。

高美莉。2006。中央與地方府際衝突之研究。高永光博士、董保城博士指導。國立政治大學中山人文社會科學研究所，博士論文。

蔡志昇。2003。我國地方自治立法權之研究。黃人傑博士指導。國立臺灣師範大學政治學研究所，博士論文。

衛芷言。2003。我國中央與地方公共事務劃分之法制規範——一個新制度論的觀點。徐正戎博士、王業立博士指導。國立中山大學中山學術研究所，博士論文。

王麗虹。2003。我國中央與直轄市府際關係之發展與展望。孫同文博士指導。暨南國際大學公共行政與政策學研究所，碩士論文。

李鴻維。2001。地方自治團體參與中央決策程序之研究。許宗力博士指導。國立臺灣大學法律學研究所，碩士論文。

林盈君。2002。臺灣中央與地方政府福利部門府際關係之研究——權限與財政劃分雙向度分析。古允文博士指導。暨南國際大學社會政策與社會工作學研究所，碩士論文。

洪安培。2005。中央對地方財政分配的效率與公平選擇偏好分析。陶宏麟博士指導。東吳大學經濟學研究所，碩士論文。

洪添祥。2001。地方立法權之研究。紀俊臣博士、張世熒博士指導。銘傳大學公共管理與社區發展研究所碩士在職專班，碩士論文。

洪誌宏。2002。地方立法權之研究。蕭文生博士指導。國立中正大學法律學研究所，碩士論文。

秦書彥。2000。中央與地方關係之歷史檢視與改革之道。江明修博士、蕭全政博士、呂育誠博士指導。國立政治大學公共行政學研究所，碩士論文。

張儒臣。2002。地方自治監督爭訟之研究。黃錦堂博士指導。國立臺灣大學法教分處政治學研究所，碩士論文。

梁奕耀。2000。縣（市）自治監督之研究。樊中原博士、紀俊臣博士指導。銘傳大學公共管理與社區發展研究所碩士在職專班，碩士論文。

陳惠誼。2004。我國中央與地方政府間財政關係之政治經濟分析 (1946–2004)。吳若予博士指導。暨南國際大學公共行政與政策學研究所，碩士論文。

陳銘泓。2002。從地方立法例論臺灣地區中央與地方之衝突。高永光博士指導。國立政治大學中山人文社會科學研究所，碩士論文。

曾明德。2004。我國中央與地方府際關係分析。鄭冠宇博士指導。國防管理學院法律研究所，碩士論文。

游兆昌。2004。中央與地方爭議解決法制之研究。蕭文生博士指導。國立中正大學法律學研究所，碩士論文。

歐如程。2004。我國地方自治監督之理論與實際。陳陽德博士指導。東海大學政治學研究所，碩士論文。

肆、地方財政

王肇蘭。2005。租稅與經濟成長，地方政府財政與技術效率論文集。徐偉初博

士指導。國立政治大學財政研究所，博士論文。

張李淑容。2006。我國財政制度對地方發展影響之研究。劉小蘭博士指導。國立政治大學地政研究所，博士論文。

方建興。2004。中央統籌分配稅款及補助款對地方財政影響之研究。高儷華博士指導。中原大學會計研究所，碩士論文。

方偉華。2003。以公共財務調節方式改善地方財政赤字之研究。楊國樑博士指導。立德管理學院地區發展管理研究所，碩士論文。

王美華。2003。精省前後地方政府財政努力績效分析——資料包絡分析法之應用。周登陽博士指導。國立中正大學國際經濟研究所，碩士論文。

王淑慎。2002。地方財政管理之研究——金門縣總預算之編列與執行。紀俊臣博士、黃建森博士指導。銘傳大學公共管理與社區發展研究所碩士在職專班，碩士論文。

何玉蓮。2006。桃園縣公益彩券盈餘政策執行之研究——政策網絡途徑之分析。劉宜君博士指導。開南大學公共事務管理學研究所，碩士論文。

吳坤平。1999。地方基礎建設民間財源籌措可行性研究。鄭博文博士、汪明生博士指導。國立中山大學公共事務管理研究所，碩士論文。

吳秋菊。2003。地方財政困境之研究——以嘉義縣鄉鎮市為例。廖坤榮博士指導。國立中正大學政治學研究所，碩士論文。

吳淑姿。2002。地方財政自主性之研究——以花蓮縣為例。朱景鵬博士指導。國立東華大學公共行政研究所，碩士論文。

呂昌熙。2005。地方財政與地方經濟成長的政治經濟分析。李顯峰博士指導。臺灣大學經濟學研究所，碩士論文。

李永彬。2000。縣市地方政府財政之研究——以彰化縣政府為例。潘振雄博士、邢傑民博士指導。大葉大學事業經營研究所，碩士論文。

李玉如。2006。我國鄉（鎮、市）地方財政問題之探討——以高雄縣為例。羅正忠博士指導。國立高雄應用科技大學商務經營研究所，碩士論文。

李生福。2005。我國地方財政問題之分析——以臺中縣為例。洪振義博士指導。朝陽科技大學財務金融研究所，碩士論文。

李伸滿。2005。地方政府提升財政透明度之研究。吳濟華博士、鄭博文博士指導。國立中山大學公共事務管理研究所，碩士論文。

李孟儒。2003。黨國體制下的中央與地方關係——以財政收支劃分為例。莊錦農博士指導。國立臺灣大學政治學研究所，碩士論文。

李美雪。2003。我國鄉（鎮、市）地方財政惡化因應政策之研究——以地方稅

法通則及規費法施行為例。魯炳炎博士指導。國立東華大學公共行政研究所，碩士論文。

李啟新。2000。由政策網絡理論探討中央與地方財政劃分──以英國為例。陳恆鈞博士指導。淡江大學歐洲研究所，碩士論文。

李淑霞。2006。從財政收支探討如何改善地方財政之研究──以高雄市為例。張玉山博士指導。國立中山大學財務管理學研究所，碩士論文。

李翊柔。2007。臺北市財政支出結構之探討。黃明聖博士指導。國立政治大學行政管理碩士學程，碩士論文。

李傑松。2003。鄉鎮市財政困境與改善策略之研究。劉廷揚博士、孫翠萍博士指導。義守大學管理科學研究所，碩士論文。

李錦娥。2003。地方稅法通則、規費法與地方財政之研究。梁秀精博士指導。東海大學公共事務碩士學程在職進修專班，碩士論文。

周黃春鶯。2006。地方財政赤字之研究──以臺南市為例。王慶輝博士指導。國立成功大學政治經濟學研究所，碩士論文。

林秀娥。2001。地方補助款分配之研究──桃園縣之個案分析。黃煥榮博士指導。銘傳大學公共管理與社區發展研究所碩士在職專班，碩士論文。

林育君。2005。臺灣地方財政之結構性因素分析。李顯峰博士指導。國立臺北大學財政學研究所，碩士論文。

林奕仁。2004。財政收支劃分法修正後對地方財政之影響。陳欽賢博士指導。國立臺北大學經濟學研究所，碩士論文。

林雪花。2000。策略規劃與預算籌編──以地方政府中長程計畫預算之推動為例。余致力博士指導。東海大學公共事務碩士學程在職進修專班，碩士論文。

林福昌。2007。地方政府財政自主性之研究──以桃園縣為例。張國聖博士指導。開南大學公共事務管理學研究所，碩士論文。

林福鵬。2004。財政收支劃分法修正對地方財政之影響。李允傑博士指導。國立東華大學公共行政研究所，碩士論文。

夏錦秀。2004。我國地方財政自主性之研究──兼論地方稅法通則施行後之影響。張四明博士指導。東海大學公共事務碩士學程在職進修專班，碩士論文。

馬美蘭。2004。我國地方政府稅課自主對地方財政影響之研究。劉昊洲博士指導。國立臺灣師範大學政治學研究所，碩士論文。

張秀英。2001。我國地方財政問題的政治經濟分析──統籌分配款爭議之探討。李翠萍博士指導。國立臺北大學公共行政暨政策學系碩士在職專班，碩士論文。

張錦雲。2004。地方稅法通則對地方財政影響之研究──以彰化縣為例。黃華

山博士指導。國立彰化師範大學商業教育學研究所，碩士論文。

張藝薰。2000。地方政府補助制度之研究。林全博士指導。國立政治大學財政學研究所，碩士論文。

許秀鶴。2004。從民主化探討地方財政惡化之政經分析。丁仁方博士指導。國立成功大學政治經濟學研究所，碩士論文。

郭三和。2005。臺灣省各縣（市）財政問題之研究。莊義雄博士指導。長榮大學經營管理研究所在職專班，碩士論文。

陳怡綾。2005。土地增值稅減半徵收政策對地方政府財政之影響。劉彩卿博士指導。國立臺北大學財政學研究所，碩士論文。

陳金元。2001。我國地方財政問題之研究——從地方稅制探討。黃啟禎博士指導。東海大學公共事務碩士學程在職進修專班，碩士論文。

陳政勤。2005。地方財政表現對政黨輪替的影響——以臺灣 21 縣市長選舉為例 (1989–2005)。張勝文博士指導。國立政治大學財政研究所，碩士論文。

陳英忠。2002。地方財政惡化之因應對策研究——以臺東縣為例。溫英幹博士指導。國立東華大學公共行政研究所，碩士論文。

陳高燦。2004。地方預算制度之研究——以臺北市地方總預算之編製、審議及執行為例。紀俊臣博士、徐學忍博士指導。元智大學管理研究所，碩士論文。

陳清月。2004。提升高雄縣財政自主性策略之研究。陳政雄博士指導。國立中山大學高階公共政策研究所，碩士論文。

陳連芳。2002。我國地方財政改善途徑之研究——由府際關係面向分析。許仟博士指導。南華大學公共行政與政策研究所，碩士論文。

陳曉瑩。2001。臺灣地區以土地稅作為地方主要財源之研究。何東波博士指導。國立成功大學都市計畫學研究所，碩士論文。

曾南馨。2004。統籌分配稅款與補助款對地方財政影響——新竹縣個案分析。方文碩博士指導。逢甲大學會計與財稅研究所，碩士論文。

游奕恬。2006。地方財政移轉收入之重分配效果研究。黃耀輝博士指導。國立臺北大學財政學研究所，碩士論文。

黃文癸。2001。鄉鎮市層級地方政府財政努力行為意向之研究——以高雄縣27鄉鎮市為例。郭瑞坤博士指導。國立中山大學公共事務管理研究所，碩士論文。

黃景舜。2001。金門縣地方財政變遷之研究。盧建旭博士指導。銘傳大學公共管理與社區發展研究所碩士在職專班，碩士論文。

黃麗娟。2004。地方自主財源問題之研究——以南投縣為例。李允傑博士指導。東海大學公共事務碩士學程在職進修專班，碩士論文。

楊人穆。2006。地方財政與軟性預算限制——臺灣地區之研究。李顯峰博士指導。臺灣大學經濟學研究所，碩士論文。

楊木村。2002。臺灣地方自治發展與地方財政關係研究——以雲林縣莿桐鄉、土庫鎮、東勢鄉為例。廖坤榮博士指導。國立中正大學政治學研究所，碩士論文。

楊國駿。2003。地方財政管理代理問題——臺南縣1994–2001之個案研究。廖坤榮博士指導。國立中正大學政治學研究所，碩士論文。

楊傑。2003。我國地方政府預算審議過程之研究——以花蓮縣議會為例。李允傑博士指導。國立東華大學公共行政研究所，碩士論文。

葉豐明。2003。地方政府預算監督機制之探討——以臺南縣永康市、學甲鎮、西港鄉為例。廖坤榮博士指導。國立中正大學政治學研究所，碩士論文。

詹貌。2004。地方財政的困境與因應之道。葉嘉楠博士指導。中華大學經營管理研究所，碩士論文。

鄒易達。2006。地方財政監督機制研究——以雲林縣斗六市、林內鄉比較研究為例。廖坤榮博士指導。國立中正大學政治學研究所，碩士論文。

劉正偉。2004。憲法上地方課稅自主權之研究。葛克昌博士指導。臺灣大學法律學研究所，碩士論文。

劉金順。2004。我國地方政府財源自主性之研究——以地方稅制為例。劉宜君博士指導。開南管理學院公共事務管理學研究所，碩士論文。

鄭春福。2004。地方政府以預算編製機制維持財政秩序的探討。陳貴端博士指導。逢甲大學經營管理碩士在職專班，碩士論文。

盧協昌。2006。臺東縣地方財政自主之研究。侯松茂博士指導。國立臺東大學區域政策與發展研究所，碩士論文。

賴政國。2004。我國地方政府公共債務之研究。張四明博士指導。東海大學公共事務碩士學程在職進修專班，碩士論文。

鍾祥琦。2001。地方財政收支的政治經濟分析——以臺中縣石岡鄉為例。宋興洲博士指導。東海大學公共事務碩士學程在職進修專班，碩士論文。

簡世明。2001。精省前後地方財政之研究——以嘉義縣為例（民國85–89年度）。林吉郎博士指導。南華大學管理研究所，碩士論文。

顏香儒。2006。地方政府開闢自有財源績效之評估。洪振義博士指導。朝陽科技大學財務金融研究所，碩士論文。

顏淑華。2006。我國地方稅法通則施行後之檢討。洪鎌德博士指導。臺灣大學國家發展研究所，碩士論文。

蘇怡如。2001。臺灣地區地方稅制度變遷之研究。朱澤民博士指導。國立政治大學財政學研究所，碩士論文。

蘇靜娟。2001。地方財政收支與經濟成長——臺灣的實證分析。徐偉初博士指導。國立政治大學財政學研究所，碩士論文。

伍、地方公共政策

王湧泉。2000。臺灣地區地方政府社會福利發展之研究——政治經濟結構的分析模型。楊日旭博士指導。國立中山大學中山學術研究所，博士論文。

李元傑。2005。地方政府建構知識創造模式與導入知識管理策略之研究——以苗栗縣政府為例。賀力行博士指導。中華大學科技管理研究所，博士論文。

張清良。2003。地方政府執行九年一貫課程政策之研究。黃炳煌博士、秦夢群博士指導。國立政治大學教育研究所，博士論文。

陳永森。2006。地方政府水資源經營管理決策模式建構之探討——以屏東縣為例。張長義博士指導。臺灣大學地理環境資源學研究所，博士論文。

陳朝建。2002。精省後省之定位暨監督機制之研究——論省之法律地位與省政府功能之轉型。林水波博士指導。國立臺灣大學政治學研究所，博士論文。

蕭芳華。2000。地方政府教育官僚執行教育政策裁量行為之分析。吳清基博士指導。國立臺北大學公共行政暨政策學研究所，博士論文。

丁書璿。2004。臺中縣課徵碳稅之可行性探討。陳立剛博士指導。東海大學公共事務碩士學程在職進修專班，碩士論文。

方文宜。2004。地方公共造產與財政關係之研究。朱春生博士指導。佛光人文社會學院管理學研究所，碩士論文。

王玉蓮。2002。臺灣省公路監理業務回歸縣級地方自治可行性之研究——以高雄區監理所為例。朱言明博士指導。中國文化大學中山學術研究所，碩士論文。

王孝慈。2006。我國全民防衛與物力動員之研究——跨域治理的觀點。邱志淳博士指導。世新大學行政管理學研究所，碩士論文。

王金倉。2004。地方政府設置統一發包中心功能評估之研究。王維志博士指導。國立交通大學工學院碩士在職專班營建技術與管理學程，碩士論文。

王清全。2006。地方政府公務人員參與終身學習意願之研究——以宜蘭縣為例。王漢國博士指導。佛光大學公共事務學研究所，碩士論文。

王隆。2003。專業主義下我國地方警察人事權之研究。趙永茂博士指導。臺灣大學政治學研究所，碩士論文。

王瑞哲。2006。地方政府與農會協力關係之研究──以臺南縣鄉鎮市產業文化活動為例。廖坤榮博士指導。國立中正大學政治學研究所，碩士論文。

王嘉麟。2002。府際關係與地方政府治理能力之探討──以中央委辦高雄紅毛港遷村案為例。丁仁方博士指導。國立成功大學政治經濟學研究所專班，碩士論文。

王銘煜。2003。工業區開發對地方財政影響改善對策之研究──以臺中縣大里工業區為例。楊龍士博士指導。逢甲大學土地管理研究所，碩士論文。

王續儒。2006。獨居老人照護政策之研究──以新竹縣為例。石振國博士指導。中華大學行政管理學系研究所，碩士論文。

朱華文。2004。地方政府委託專案管理廠商工程人員工作壓力與工作滿意度之調查研究。姚乃嘉博士指導。國立中央大學土木工程學系碩士在職專班，碩士論文。

江孟達。2005。地方政府間跨域管理之研究──以宜蘭與花蓮垃圾處理議題為例。朱鎮明博士指導。國立東華大學公共行政研究所，碩士論文。

江宗仁。2003。地方政府、非營利組織與身心障礙者在參與社會福利業務互動關係之探討──以高雄縣庇護工場之「一家工場」為例。曾怡仁博士指導。國立中山大學政治學研究所，碩士論文。

何主美。2003。我國地方政府推動業務委託民間辦理政策現況之研究──以臺灣省二十一縣市政府暨鄉鎮市公所為例。項靖博士指導。東海大學公共行政學研究所，碩士論文。

何易展。2006。地方政府政策行銷之研究──以臺北縣金山鄉為例。孫本初博士指導。國立政治大學行政管理碩士學程，碩士論文。

吳秀月。2004。地方政府與社會團體互動關係之研究──以現階段新竹市政府與老人福利團體（2001-2004 年）為例。李台京博士指導。中華大學經營管理研究所，碩士論文。

吳宗榮。2005。地方政府跨域合作──北基與高高屏縣市垃圾處理之比較。廖達琪博士指導。國立中山大學政治學研究所，碩士論文。

吳明孝。2000。地方自治與司法審查之研究──以憲法解釋為中心。徐正戎博士、李惠宗博士指導。國立中山大學中山學術研究所，碩士論文。

吳妲樺。2003。公共組織的知識管理──我國中央與地方政府機關知識管理之實證調查研究。黃朝盟博士指導。世新大學行政管理學研究所，碩士論文。

吳鎮宇。2005。地方自治團體負擔全民健康保險保險費補助款之合憲性研究──以地方財政權與社會保險為基礎。謝榮堂博士指導。中國文化大學法律學研究所，碩士論文。

李文鵬。2005。連江縣推行公共造產以改善地方財政之研究。陳朝建博士指導。銘傳大學公共事務學系碩士在職專班,碩士論文。

李月瑛。2004。政府部門預算執行與績效評估之研究——以美國 PART 模式導入我國地方政府中低收入老人生活津貼預算為例。施光訓博士指導。佛光人文社會學院管理學研究所,碩士論文。

李永祥。2001。臺灣原住民族自治之研究——兼論臺灣族群政治權力之分配。陳延輝博士指導。國立臺灣師範大學三民主義研究所,碩士論文。

李仲彬。2001。我國地方政府推動地理資訊系統之成效及其影響因素——以高雄市與臺中市為例。黃紀博士指導。國立中正大學政治學研究所,碩士論文。

李阿興。2004。臺北縣鄉鎮市垃圾處理跨域治理之研究。陳朝建博士指導。銘傳大學公共事務學系碩士在職專班,碩士論文。

李俊杰。2006。地方政府清潔隊之標竿學習——以名間鄉公所向竹山鎮公所學習為例。林吉郎博士指導。暨南國際大學公共行政與政策學研究所,碩士論文。

李香穀。2002。地方政府員工的知識學習、工作壓力對其組織承諾、工作投入與工作行為影響之研究——以嘉義縣政府為例。陳孟修博士指導。南華大學管理科學研究所,碩士論文。

李慈光。2001。地方政府資訊業務委外策略研擬。朱斌好博士、劉靜怡博士指導。國立中山大學公共事務管理研究所,碩士論文。

李輝文。2005。地方政府運用共同供應契約採購之研究——以「宜蘭縣國民中、小學午餐業務外包採購」為例。朱春生博士指導。佛光人文社會學院公共事務學研究所,碩士論文。

杜昱潔。2006。地方政府政策行銷之研究——以宜蘭國際童玩藝術節為例。吳定博士指導。國立政治大學公共行政研究所,碩士論文。

汪麗珍。2001。地方政府福利服務民營化及其訂價模式之探討——以臺南市老人正式照顧體系為例。王正博士指導。國立中正大學社會福利研究所,碩士論文。

周芸燕。2007。地方政府業務委託民間經營之研究——臺中市與南投縣之比較分析。孫同文博士指導。暨南國際大學公共行政與政策學研究所,碩士論文。

周俊妹。2001。我國行政區劃重新調整之研究——以都會地區為例。江大樹博士指導。暨南國際大學公共行政與政策學研究所,碩士論文。

周達權。2004。鄉鎮市合併之研究——以桃園市、蘆竹鄉為例。郭文忠博士、徐學忍博士指導。元智大學管理研究所,碩士論文。

周銘(王美)。2006。全球化下的地方社會福利政策分析——以雲林縣為例。李佩珊博士指導。國立中正大學政治學研究所,碩士論文。

官伸科。2005。地方政府公共造產經營模式與問題之探討──以宜蘭縣政府為例。張世杰博士指導。佛光人文社會學院公共事務學研究所，碩士論文。

官美雲。2002。地方政府暨所屬人事人員工作壓力與因應策略之研究──以新竹縣市為例。田效文博士指導。中華大學科技管理研究所，碩士論文。

林士凱。2005。從 SARS 事件看府際關係與危機管理──以中央政府與臺北市政府為例。魯俊孟博士指導。中國文化大學政治學研究所，碩士論文。

林立婷。2005。地方政府運用地理資訊系統之成效分析──以「臺中市政府」為例。魯俊孟博士指導。東海大學公共行政學研究所，碩士論文。

林辰穎。1999。地方政府與民間慈善組織在社會救助政策執行上的互動關係──以嘉義縣為例。官有垣博士指導。國立中正大學社會福利研究所，碩士論文。

林宜蓉。2002。地方政府舉辦節慶活動之經營策略與行銷活動研究。陳以亨博士指導。國立中山大學傳播管理研究所，碩士論文。

林明德。2002。地方政府推動守望相助工作之研究──以龜山鄉護鄉巡守大隊為例。洪啟東博士指導。銘傳大學公共管理與社區發展研究所碩士在職專班，碩士論文。

林信宏。2005。臺灣中央及地方政府網站無障礙空間之評估。黃朝盟博士、魏中平博士指導。南華大學公共行政與政策研究所，碩士論文。

林建龍。2003。六輕問題與地方政府因應作為──網絡府際管理之觀點。宋興洲博士指導。東海大學政治學研究所，碩士論文。

林柔妤。2005。地方政府在文化創意產業發展中的角色──以新竹市玻璃工藝為例。曾建元博士指導。中華大學經營管理研究所，碩士論文。

林珍玉。2003。地方政府實施 ISO 制度對服務品質影響研究──以宜蘭縣政府為例。朱春生博士指導。佛光人文社會學院公共事務學研究所，碩士論文。

林振祿。2005。放任或管制──地方政府在寺廟負責人選任過程中的角色之探討。陳建仁博士指導。立德管理學院地區發展管理研究所，碩士論文。

林善裘。2006。地方公共財外溢性之解決途徑──全民健康保險費政府間補助款分配為例。王業立博士指導。東海大學政治學研究所，碩士論文。

林進雄。2001。地方政府管理之研究。紀俊臣博士、張世熒博士指導。銘傳大學公共管理與社區發展研究所碩士在職專班，碩士論文。

林慈玲。2004。地方政府跨域合作研究──日美與我國經驗之比較。許介鱗博士指導。臺灣大學政治學研究所，碩士論文。

林碧真。2002。地方政府教育視導人員專業素養與視導功能關係之研究。鄭彩

鳳博士指導。國立高雄師範大學成人教育研究所在職專班，碩士論文。

林麗湄。2006。強化地方政府資源回收政策執行能力之研究——新竹市個案分析。石振國博士指導。中華大學行政管理學研究所，碩士論文。

林顯榕。2003。臺北市地下街的空間區位及營運管理之研究。陳憲明博士指導。國立臺灣師範大學地理研究所，碩士論文。

武德玲。2004。我國地方政府設施委外經營之研究——以臺北縣、高雄市、臺東市個案為例。李宗勳博士指導。國立東華大學公共行政研究所，碩士論文。

邱建豪。2005。地方政府間公共支出的策略互動——臺灣實證研究。林翠芳博士指導。國立臺北大學財政學研究所，碩士論文。

邱謝明。2005。社造組織與地方政府的社群夥伴關係——以基層社造為例。丁仁方博士指導。國立成功大學政治經濟學研究所專班，碩士論文。

施正瀛。2001。府際關係的協調——高屏溪養豬離牧政策的個案分析。孫同文博士指導。暨南國際大學公共行政與政策學研究所，碩士論文。

施志忠。2004。非營利組織接受地方政府機關補助款之研究——以嘉義市為例。傅篤誠博士指導。南華大學非營利事業管理研究所，碩士論文。

柯木。2006。地方政府生產力構成面向之研究。史美強博士指導。東海大學公共事務在職專班，碩士論文。

柯惠珠。2003。九十一年度教育部對地方政府教育局特殊教育行政績效評鑑之研究。邱上真博士指導。國立高雄師範大學特殊教育學研究所，碩士論文。

柯週仁。2006。我國行政區劃與地方政府層級之研究。仉桂美博士指導。中國文化大學政治學研究所碩士在職專班，碩士論文。

洪英宗。2002。地方公教人員退休政策的失靈——以嘉義市國中教師為例。廖坤榮博士指導。國立中正大學政治學研究所，碩士論文。

洪嘉仁。2000。鄉鎮縣轄市長官派政策對地方選舉的衝擊——以臺北縣為例。洪啟東博士指導。銘傳大學公共管理與社區發展研究所碩士在職專班，碩士論文。

洪維彬。2007。基層地方政府災害防救管理之研究——以南投縣為例。梁錦文博士指導。暨南國際大學公共行政與政策學研究所，碩士論文。

胡水旺。2004。地方政府救災體系之研究——以南投縣七二水災為例。楊永年博士指導。東海大學公共事務碩士學程在職進修專班，碩士論文。

胡俊雄。2000。地方政府社會福利機構公設民營協力互動關係之研究——以高雄縣政府為例。陳文俊博士指導。國立中山大學政治學研究所，碩士論文。

孫宜嘉。2006。資訊時代地方政府資訊單位變遷之研究——以高雄市政府資訊

中心為例。蔣麗君博士指導。國立成功大學政治經濟學研究所，碩士論文。

徐素雲。2006。地方政府間發展策略性夥伴關係之研究——以新竹縣大隘三鄉觀光產業為例。劉坤億博士指導。玄奘大學公共事務管理學研究所，碩士論文。

徐清雲。2005。地方政府業務委外辦理績效評估之個案研究。黃萬傳博士指導。臺中健康暨管理學院經營管理研究所，碩士論文。

馬紀維。2001。地方政府推動學習型組織與組織行政績效關聯性之研究——以嘉義縣政府為例。陳孟修博士指導。南華大學管理研究所，碩士論文。

康景翔。2005。觀光節慶中地方政府與 GONGO 之間的合作關係——以宜蘭國際童玩藝術節為例。王俊豪博士指導。臺灣大學國家發展研究所，碩士論文。

張育真。2005。地方政府節慶規劃策略之研究。吳英偉博士指導。國立高雄餐旅學院旅遊管理研究所，碩士論文。

張長桂。2001。標竿學習法應用於地方政府之個案探討。鄭博文博士、朱斌妤博士指導。國立中山大學公共事務管理研究所，碩士論文。

張建興。2003。我國災害防救體系之研究——以地方政府核子事故緊急應變為例。鄭博文博士指導。國立中山大學公共事務管理研究所，碩士論文。

張偉賢。2001。志工對地方政府推動志願服務團隊績效評價之研究——以新竹市為例。孫本初博士指導。國立政治大學行政管理碩士學程，碩士論文。

張國雄。2002。地方自治警衛事權之研究。鄭善印博士指導。中央警察大學行政警察研究所，碩士論文。

張銘憲。2003。夥伴關係與府際協調——南投縣濁水溪開採砂石政策之解析。孫同文博士指導。暨南國際大學公共行政與政策學研究所，碩士論文。

曹劍秋。2003。地方政府機關資訊人員工作壓力、工作滿足及離職傾向之研究——以臺灣省各縣市政府為例。池文海博士指導。國立東華大學公共行政研究所，碩士論文。

莊孟勳。2007。我國城鄉數位落差之探討——地方政府 e 化程度之分析。鄭興弟博士指導。佛光大學公共事務學研究所，碩士論文。

許長林。2007。地方政府垃圾強制分類執行成效之研究——以臺北縣為例。仉桂美博士指導。中國文化大學政治學研究所碩士在職專班，碩士論文。

陳三民。2004。地方政府危機管理與災害防救之研究——以彰化縣為例。黃木榮博士指導。國立彰化師範大學商業教育學研究所，碩士論文。

陳正昇。2005。地方政府領導型態、工作滿意、組織承諾與工作績效關係之結構性探討。趙志揚博士指導。國立彰化師範大學工業教育與技術學研究所，碩士論文。

陳田雄。2005。地方政府自辦國中小校長職前儲訓課程之研究——以臺中縣為例。林明地博士指導。國立中正大學教育研究所，碩士論文。

陳亭君。2004。地方政府與企業合作推動地方永續發展之夥伴模式——以臺北縣為例。張世賢博士指導。國立臺北大學公共行政暨政策學研究所，碩士論文。

陳俊志。2006。地方政府的社區公關——南投市個案研究。汪睿祥博士指導。大葉大學人力資源暨公共關係學系碩士在職專班，碩士論文。

陳冠伍。2001。從地方政府到地方管理——以臺中市違規車輛拖吊為例。宋興洲博士指導。東海大學公共事務碩士學程在職進修專班，碩士論文。

陳勇志。2005。地方政府業務委外協力關係模式之研究——以臺北市違規停車拖吊為例。仉桂美博士指導。開南管理學院公共事務管理學研究所，碩士論文。

陳昭靜。2004。影響電子化政府線上資訊服務之因素探討——政策創新觀點。黃朝盟博士指導。世新大學行政管理學研究所，碩士論文。

陳秋政。1999。地方政府管理之理念與實踐。江明修博士指導。國立政治大學公共行政學研究所，碩士論文。

陳重廷。2001。臺灣行政區劃調整之研究——兼論大臺中都會行政區劃之遠景。鄭興弟博士指導。國立政治大學中山人文社會科學研究所，碩士論文。

陳時斌。2003。我國地方政府「府際關係」運作之探討——以1994年至2003年嘉義縣為例。吳重禮博士指導。國立中正大學政治學研究所，碩士論文。

陳景清。2000。水權下放後地方政府之水權分配與管理策略研究——以屏東縣為例。吳濟華博士、林新沛博士指導。國立中山大學公共事務管理研究所，碩士論文。

陳逸鴻。2004。影響鄉鎮市政府執行災後重建措施因素之探討——以921震災重建區為例。洪鴻智博士指導。國立臺北大學都市計畫研究所，碩士論文。

陳達章。2000。臺灣地區地方政府公辦國際文化活動之研究——以嘉義市文化局舉辦國際管樂活動為例。陳國寧博士指導。南華大學美學與藝術管理研究所，碩士論文。

陳德奎。2001。我國災害防救體系中第三層級（鄉鎮市公所）運作機制之探析。沈子勝博士指導。中央警察大學消防科學研究所，碩士論文。

陳錦木。2004。地方政府機關與非營利事業組織辦理公益活動之研究——以湖本社區發展協會、螺陽文教基金會、大廍花鼓文化促進會為例。傅篤誠博士指導。南華大學非營利事業管理研究所，碩士論文。

陳儷文。1999。臺灣地方財政不均與區域發展之研究。李顯峰博士指導。國立臺北大學財政學研究所，碩士論文。

彭金鑾。2005。教育服務役役男協助學校及地方政府處理學生中輟問題之探討——以苗栗縣為例。張國聖博士指導。開南管理學院公共事務管理學研究所，碩士論文。

曾民賢。2001。我國縣市綜合發展計畫制度之研究。吳介英博士指導。東海大學公共行政學研究所，碩士論文。

曾瓊慧。1999。公共建設負擔與地方財政——以財政衝擊評估法分析宜蘭縣清水大鎮勞宅開發案。華昌宜博士指導。國立臺灣大學建築與城鄉研究所，碩士論文。

游景玩。2001。取消鄉鎮市級自治選舉可行性之研究——以桃園縣龜山鄉公所與臺北市士林區公所為例。張世熒博士指導。銘傳大學公共管理與社區發展研究所碩士在職專班，碩士論文。

游鎔潞。2005。地方政府推動城鄉新風貌政策執行機制之研究——以中和市為例。蘇瑛敏博士指導。國立臺北科技大學建築與都市設計研究所，碩士論文。

湯世明。2004。影響地方政府公共服務業務簽約外包因素之研究——以宜蘭縣鄉鎮市公所行政業務委外為例。許文傑博士指導。佛光人文社會學院公共事務學研究所，碩士論文。

賀世中。2006。以系統思考探討地方政府違建處理問題——以臺北縣為例。劉俊杰博士指導。中華大學土木與工程資訊學研究所，碩士論文。

黃聖銘。1999。我國地方政府水利事權整合之研究。翁興利博士指導。國立中山大學公共事務管理研究所，碩士論文。

黃靖惇。2006。地方政府採購稽核人員之風險認知——以宜蘭縣政府為例。施光訓博士指導。佛光大學管理學研究所，碩士論文。

黃輝銘。2004。地方政府辦理節慶活動振興觀光文化產業策略之研究——以鹿港慶端陽為例。謝雅惠博士、邴傑民博士指導。大葉大學事業經營研究所碩士在職專班，碩士論文。

黃懷德。2001。臺灣地方派系之研究——以關係網絡的特質來探討戰後地方派系之演變。王輝煌博士指導。東吳大學政治學研究所，碩士論文。

黃耀儂。2004。地方政府救災資源整備能力之初探——以臺北縣永和市為例。林利國博士指導。國立臺北科技大學土木與防災研究所，碩士論文。

黃懿美。2001。跨組織資訊系統之績效評估——以地方政府之公文電子交換為例。方國定博士指導。雲林科技大學資訊管理研究所，碩士論文。

楊弘琪。2006。地方政府社會救助之績效分析。張其祿博士指導。國立中山大學政治學研究所，碩士論文。

楊明諭。2003。鄉鎮市課徵地方稅政治可行性之研究——以臺中縣為個案分析。

黃錦堂博士指導。臺灣大學政治學研究所,碩士論文。

楊雄飛。2005。地方政府對外籍配偶照顧輔導措施之治理網絡分析——以臺中縣為例。江大樹博士指導。暨南國際大學公共行政與政策學研究所,碩士論文。

萬泰宜。2001。臺灣地區地方政府在財政壓力下因應策略之研究。何東波博士指導。國立成功大學都市計畫學研究所,碩士論文。

葉怡君。2005。南部科學園區之中央政府、地方政府與高科技企業投資三邊關係分析。郭建中博士指導。臺灣大學國家發展研究所,碩士論文。

葉明祓。2004。臺灣鄉鎮層級地方派系之研究——以屏東縣鹽埔鄉為例。謝敏捷博士指導。國立中正大學政治學研究所,碩士論文。

葉劍英。2000。跨越自治與管制——鄉鎮市長官派對我國民主政治的影響。傅恆德博士指導。東海大學政治學研究所,碩士論文。

董運聰。2004。我國地方政府經濟發展誘因設定之初探。黃智彥博士指導。逢甲大學土地管理研究所,碩士論文。

詹立煒。2004。臺灣跨域治理機制之研究——理論、策略與個案。李長晏博士指導。中華大學經營管理研究所,碩士論文。

詹家佳。2006。淡海新市鎮的發展。陳國川博士指導。國立臺灣師範大學地理學系在職進修碩士班,碩士論文。

詹富堯。2005。臺灣地方財政支出的政治景氣循環分析。王鼎銘博士指導。國立成功大學政治經濟學研究所,碩士論文。

詹雅琬。2006。地方政府對違章工廠管理之研究——以彰化縣為例。歐信宏博士指導。東海大學公共事務碩士學程在職進修專班,碩士論文。

廖楷煌。2005。地方政府新聞單位與媒體記者互動關係之研究——以臺中縣市為例。傅恆德博士指導。東海大學公共事務碩士學程在職進修專班,碩士論文。

趙容瑄。2005。府際關係與跨域管理機制之建構——行政院中部聯合服務中心之重構為例。趙永茂博士指導。臺灣大學政治學研究所,碩士論文。

趙恭岳。2001。跨區域管理的府際關係研究——以臺北捷運為例。陳立剛博士指導。東吳大學政治學研究所,碩士論文。

劉秀卿。2005。公益彩券盈餘是否會排擠地方政府社會福利支出。林恭正博士指導。逢甲大學財稅研究所,碩士論文。

劉厚君。2001。新莊社會變遷的研究。賴澤涵博士指導。國立中央大學歷史研究所,碩士論文。

劉姿君。2003。組織成員個人特徵對地方政府推行組織學習的影響——以豐原市公所為例。傅啟榮博士指導。開南管理學院企業管理研究所,碩士論文。

劉舒綺。2003。我國地方政府行政機關公文電子交換實施成效及其影響因素分析——以縣市政府、鄉鎮市區公所為例。蔡允棟博士指導。國立中正大學政治學研究所，碩士論文。

劉麗蓉。2005。國際化、上海崛起與高雄市城市發展之研究。范錦明博士指導。國立中山大學大陸研究所，碩士論文。

歐宛寧。2002。地方政府施行兩性工作平等法之研究——南投縣個案分析。江大樹博士指導。暨南國際大學公共行政與政策學研究所，碩士論文。

潘有諒。2001。地方政府推動地區行銷之策略規劃研究——以燕巢鄉為例。郭瑞坤博士指導。國立中山大學高階經營研究所，碩士論文。

潘福財。2002。地區非營利組織與地方政府的關係。呂朝賢博士指導。南華大學非營利事業管理研究所，碩士論文。

蔡子建。2005。我國地方政府跨域事務合作之研究——以臺中縣市垃圾處理為例。吳介英博士指導。東海大學公共行政學研究所，碩士論文。

蔡文晃。2002。地方政府執行勞基法問題之研究——以彰化縣政府為例。藍科正博士指導。國立中正大學勞工研究所，碩士論文。

蔡伯俊。2005。以賽局理論探討都市發展過程中地方政府與開發商互動行為。賴世剛博士指導。國立臺北大學都市計畫研究所，碩士論文。

蔡志文。2005。非營利組織與地方政府公私協力互動模式之研究——以臺中縣國中、國小教師對童軍教育活動之滿意度為例。傅篤誠博士指導。南華大學非營利事業管理研究所，碩士論文。

蔡佳洲。2005。我國地方政府災害防救體系之研究——以彰化縣為例。溫志超博士指導。雲林科技大學環境與安全工程研究所，碩士論文。

蔡佩珍。2006。地方政府婦女生育津貼之研究——以新竹市政府為例。黃建銘博士指導。中華大學行政管理學研究所，碩士論文。

蔡宜真。2006。我國引進地方自治團體訴訟可行性之研究。陳敏博士指導。國立政治大學法律學研究所，碩士論文。

蔡明華。2004。地方政府處理人民陳情之研究——以高雄市政府為例。徐正戎博士指導。國立中山大學政治學研究所，碩士論文。

蔡春木。2002。地方派系對府會關係影響之研究——以臺中縣為例。王業立博士指導。東海大學公共事務碩士學程在職進修專班，碩士論文。

蔡珍珍。2003。我國地方財政管理之研究——兼論南投縣實例。廖俊松博士指導。暨南國際大學公共行政與政策學研究所，碩士論文。

蔡素菁。2004。鄰近性對地方政府支出關係之研究——臺灣實證。周宜魁博士、

謝文盛博士指導。中國文化大學經濟學研究所，碩士論文。

蔡淑芳。2006。翡翠水庫危機管理機制之研究——府際關係與跨域治理的角度分析。張世杰博士指導。佛光大學公共事務學研究所，碩士論文。

蔡淑瓊。2005。地方財政與預算編列問題之探討——輔以臺中市為例。陳貴端博士指導。逢甲大學經營管理碩士在職專班，碩士論文。

蔡智強。2006。我國地方政府預算決策過程之研究——新制度經濟學中代理人理論的運用。曾憲郎博士指導。國立中山大學經濟學研究所，碩士論文。

蔡緒奕。2000。中央強制性責任對地方財政之衝擊——以全民健保保費補助為例。黃耀輝博士指導。國立臺北大學財政學研究所，碩士論文。

蔡禮光。2005。從治理的觀點探討地方政府間競爭與合作之研究——以大臺北生活圈為例。廖石博士指導。中國文化大學建築及都市計畫研究所，碩士論文。

鄭妙蓉。1999。地方自治立法權之研究。黃人傑博士指導。輔仁大學法律學研究所，碩士論文。

鄭定邦。1999。桃園縣升格為直轄市之可行性研究。紀俊臣博士、李弘暉博士指導。元智大學管理研究所，碩士論文。

鄭崇田。2000。政經變遷中我國府際關係的發展。孫同文博士指導。暨南國際大學公共行政與政策學研究所，碩士論文。

鄭懿婷。2003。跨區域事務處理之研究——以流域管理為例。紀俊臣博士指導。東海大學政治學研究所，碩士論文。

鄧雅仁。1999。政府再造政策執行之分析——兼論中央與地方政府政策執行互動之關係。吳英明博士指導。國立中山大學政治學研究所，碩士論文。

盧正義。2000。地方政府回應利益團體議題之運作機制。汪明生博士指導。國立中山大學公共事務管理研究所，碩士論文。

盧威宏。2006。審議式民主在地方財政之應用——花蓮市民對預算編列態度之分析。魯炳炎博士指導。國立東華大學公共行政研究所，碩士論文。

賴俊佑。2005。地方政府施政效率評估、統籌分配稅款與施政滿意度。黃德芬博士指導。國立東華大學企業管理學研究所，碩士論文。

戴國仰。2002。地方政府重大災害危機管理之研究——以華航大園空難及桃芝風災為例。陳紫娥博士指導。國立東華大學公共行政研究所，碩士論文。

戴章洲。2003。地方政府社政部門競爭力之研究——以新竹地區為例。林博文博士指導。玄奘人文社會學院公共事務管理學研究所，碩士論文。

謝文昇。2005。實施都市計畫容積移轉辦法之問題研究——以高雄市為例。吳濟華博士指導。國立中山大學公共事務管理研究所，碩士論文。

謝坤輝。2002。地方財政問題之研究以南投縣為例。徐仁輝博士指導。東海大學公共事務碩士學程在職進修專班，碩士論文。

簡誠福。2004。中央政府主導工業區開發對地方政府之財政衝擊分析──以臺南市科技工業區為例。謝宏昌博士指導。國立成功大學都市計畫學研究所，碩士論文。

簡適。2004。地方政府網站行政資訊公開電子化之研究。許文傑博士指導。佛光人文社會學院公共事務學研究所，碩士論文。

魏美珠。2004。地方政府水源保護區回饋制度之研究──以臺北水源特定區為例。歐信宏博士指導。東海大學公共事務碩士學程在職進修專班，碩士論文。

魏茂錡。2005。促進民間參與污水下水道建設(BOT)對地方政府財政影響研究。林志棟博士指導。國立中央大學土木工程學系碩士在職專班，碩士論文。

蘇玉坪。2007。中央與地方自治團體就警察事務權限劃分之研究──以日本法制為借鏡。陳慈陽博士指導。國立臺北大學法律學研究所，碩士論文。

蘇春夏。2005。地方政府執行「志願服務法」政策之研究──以高雄市政府為例。吳英明博士指導。國立中山大學高階公共政策研究所，碩士論文。

蘇美華。2003。地方政府與媒體企業之關係──以臺南市有線電視系統為例。宋鎮照博士指導。國立成功大學政治經濟學研究所專班，碩士論文。

蘇毓昌。2004。地方政府反貪腐治理策略之研究──以宜蘭縣為例。江大樹博士指導。暨南國際大學公共行政與政策學研究所，碩士論文。

陸、城市研究

王鏗惠。2002。臺北衛星城市變遷之研究──以戰後永和為例。曾旭正博士指導。淡江大學建築學研究所，碩士論文。

王耀乾。2006。地方政府辦理都市計畫個案變更與其權力自主關係之研究──以桃園縣為例。彭光輝博士指導。國立臺北科技大學建築與都市設計研究所，碩士論文。

王瀞怡。2003。行政轄區調整對地方財政衝擊之研究──以臺中縣市升格為例。王大立博士指導。逢甲大學都市計畫研究所，碩士論文。

史靖超。2002。臺灣地區中央與地方財政劃分之研究。沈玄池博士指導。南華大學公共行政與政策研究所，碩士論文。

吳純明。2004。從都市空間型態探討產業結構變遷影響都市計畫之研究──以樹林都市計畫地區為例。李正庸博士指導。中國文化大學建築及都市計畫研究

所，碩士論文。

李皎榮。2003。都市計畫區公園用地開發經營策略之研究——以高雄市公園用地為例。陳耀光博士指導。國立成功大學建築學研究所，碩士論文。

林羿均。2006。臺中科學園區與臺中都會發展之研究。紀俊臣博士指導。東海大學政治學研究所，碩士論文。

林詩群。2004。花蓮市都市形成發展歷程之研究 (1895–1995)。黃瑞茂博士指導。淡江大學建築學研究所，碩士論文。

林蓮芳。2005。城市行銷之理論與實踐——以新竹市建設「花園城市」為例。林博文博士指導。玄奘大學公共事務管理學系碩士在職專班，碩士論文。

胡朝進。2003。誰打造汐止——新都市政治經濟學分析。葉肅科博士指導。東吳大學社會學研究所，碩士論文。

孫威能。2006。臺中都會區跨域合作之研究——以中部科學園區為核心分析。紀俊臣博士指導。東海大學公共事務碩士學程在職進修專班，碩士論文。

張智皓。2006。新竹縣都市計畫地區公共設施保留地容積移轉審查機制之研究。解鴻年博士指導。中華大學建築與都市計畫學研究所，碩士論文。

陳姿含。2007。城市觀光發展策略之比較分析——以臺南市、高雄市為例。姜渝生博士指導。國立成功大學都市計畫學研究所，碩士論文。

楊璨寧。2006。近代都市街道規劃對臺南府城城西地區的衝擊——以普濟里與三合里市區為例。洪傳祥博士指導。國立成功大學建築學系研究所，碩士論文。

葉韻翠。2004。臺中市的都市發展 (1887–2003)。陳國川博士指導。國立臺灣師範大學地理學研究所，碩士論文。

圖片來源

4–1：二南堂

7–1：意念數位科技股份有限公司

3–1、8–1、9–1、14–1、14–2：Shutterstock

2–1、12–1：Nova Development and Its Licensors

8–2：聯合報系提供，http://udndata.com/

政治學概論　劉書彬／著

　　從健保費調漲、油價漲跌、中國毛巾進口、ETC 招標弊端、貓空纜車事故等新聞中，不難發現政治離生活不遠。有鑑於此，本書嘗試以深入淺出的筆調講解政治學的基本概念原則，並以臺灣遭遇的事件為例，期盼經由本書的出版，協助讀者建立對政治學的興趣及基本的民主法治知識，進而能夠觀察、參與政治，落實自律、自主的民主理想。

政治學　薩孟武／著

　　本書是以統治權為中心觀念，採國法學的寫作方式，共分為五章：一是行使統治權的團體——國家論；二是行使統治權的形式——政體權；三是行使統治權的機構——機關論；四是國民如何參加統治權的行使——參政權論；五是統治權活動的動力——政黨論。書中論及政治制度及各種學說，均舉以敷暢厥旨，並旁徵博引各家之言，進而批判其優劣，是研究政治學之重要經典著作。

比較政府與政治　李國雄／著

　　本書針對西方工業民主國家及國際社會的重要成員國，在有關民主化過程、制度、設計、成長與變遷的特徵上，都作了適當的著墨。全書採用共同的分析架構，探索各國的歷史背景、地理因素、社會結構、文化因素與政經關係等客觀環境，藉以說明各國正式及非正式政治制度成形的背景，及實際運作的真相，以作為各國相互比較的基礎。

日本政治制度　許介鱗、楊鈞池／著

　　從一九四五年到二〇〇五年，日本在政治、經濟、社會、文化等各方面產生很大的變化。二次戰後在美國的指導下，日本建立了一套合乎國際要求的政治制度，現在又在以美國為首的國際壓力下，面臨重大的改變，在「自由化」、「國際化」的口號下，進行了「法制化」的結構改革，政治制度也隨之變形。本書不僅探討靜態的制度層面，並兼及外部環境變遷所造成的不同行為模式。

西洋古代政治思想家——蘇格拉底、柏拉圖、亞里斯多德 　謝延庚／著

　　本書以蘇格拉底、柏拉圖、亞里斯多德三人為主題，剖析其學術旨趣與彼此間的思想傳承。從蘇格拉底之死到後亞里斯多德時代的亂世哲學，其間不乏引人入勝的關鍵論點。作者默察繽紛與寥落，頗能執簡馭繁，以敏銳的筆觸提出精闢的論述和詮釋，絕對值得一讀。

行政學 　吳瓊恩／著

　　本書第三版針對當前學術界的最新發展，調整內容的安排，增列「組織學習能力」、「平衡計分卡與策略管理」、「策略性人力資源管理的實務與專業技能」等單元，並以專章闡述公共行政、公共管理、公共服務三個模式的良窳。本書透過吸收西方理論的精華，從而提出具有人文特色亦即中國式的行政學理論，允為治行政學研究者最重要的參考依據。

非營利組織管理 　林淑馨／著

　　本書是專為剛接觸非營利組織的讀者所設計之入門教科書。除了緒論與終章外，全書共分四篇十五章來介紹非營利組織，希望能藉此提供讀者完整的非營利組織概念，並用以提升其對非營利組織的興趣。本書配合每一單元主題介紹相關理論，並盡量輔以實際的個案來進行說明，以增加讀者對非營利組織領域的認知與瞭解。

三民網路書店　www.sanmin.com.tw　書種最齊全・服務最迅速

現在加入網路書店會員
憑通關密碼：B2796
首次購書即可享15%紅利積金

好康多多～
1. 滿$350便利超商取書免運費
2. 平時購書享3%～6%紅利積金
3. 隨時通知新書及優惠訊息